Elogios para *Vive in crescendo*

«Hay otro hábito de las personas altamente efectivas: visualizan el futuro en una trayectoria ascendente. Este maravilloso último regalo de Stephen Covey, hecho junto con su hija Cynthia, lo inspirará a soñar en grande y de forma más audaz».

ADAM GRANT, exitoso autor de *Piénsalo otra vez* y presentador del pódcast de TED *WorkLife*

«Stephen Covey vivió su vida *in crescendo* y constantemente inspiró a otros a hacer lo mismo. Ayudó a cambiar la trayectoria de mi carrera futbolística y de mi vida, cuando por casualidad nos sentamos juntos en un avión. En ese vuelo, me sentí inspirado y rejuvenecido. Había estado en presencia de la grandeza mientras él, de manera magistral, compartía los principios en este libro, que me revelaron las tremendas oportunidades que tenía ante mí. Su legado brilla a través de este libro y de la vida de su familia».

STEVE YOUNG, exmariscal de campo, integrante del Salón de la Fama de la NFL, presidente y cofundador de HGGC

«El dicho que promuevo dice: "Ganar dinero puede ser la felicidad, pero hacer felices a otras personas es una superfelicidad". En pocas palabras, la felicidad proviene de muchas fuentes, no solo del éxito financiero. Es cuando compartimos y servimos a los necesitados que experimentamos la verdadera alegría a un nivel mucho más profundo y satisfactorio. *Vive in crescendo* nos enseña cómo lograr una vida de propósito, significado y contribución, dando mucho, con todo el corazón, por el bien mayor. Gracias, Stephen y Cynthia, por vivir la vida *in crescendo*, y por este hermoso, inspirador e importante trabajo».

PROFESOR MUHAMMAD YUNUS, Premio Nobel de la Paz en 2006 y fundador del Grameen Bank

«Stephen Covey, en su último libro sobre liderazgo, *Vive in crescendo,* en colaboración con su hija Cynthia, propone un cambio de paradigma en torno al retiro, sugiriendo que, aunque podamos jubilarnos de un trabajo o una carrera, nunca tenemos que jubilarnos de hacer contribuciones significativas hacia quienes nos rodean. Con nuevas reflexiones e inspiradoras historias personales, este libro nos ayuda a centrarnos en llevar una vida de servicio con la misma pasión que tuvimos para construir carreras exitosas».

ARIANNA HUFFINGTON, fundadora y directora ejecutiva de Thrive

«Jubilarse no es un fin, sino verdaderamente un comienzo. Tenemos más tiempo para construir relaciones aún más fuertes y para contribuir y retribuir a nuestra gran comunidad. Este hermoso e inspirador libro nos brinda ejemplos, historias y la sabiduría necesaria para crear legados duraderos que vivirán mucho más allá de nuestro tiempo. Gracias, Stephen y Cynthia, por *Vive in crescendo*, este maravilloso libro, que es un tributo a Stephen R. Covey y su legado».

INDRA NOOYI, exdirectora ejecutiva y presidenta de la junta directiva de Pepsi-Co; autora del célebre libro *Mi vida plena*

«Me encanta *Vive in crescendo.* Ayudará a todos aquellos que buscan mejorar sus vidas y está lleno de historias divertidas, sabias y geniales. [Leerlo] fue como tener al Dr. Covey conmigo una vez más. *Los 7 hábitos de la gente altamente efectiva* fue importante para mí como joven médico, pero su nuevo libro, escrito con su hija Cynthia, me parece aún más importante, ya que nos guía, sin importar nuestra edad, para llegar más lejos de lo que nunca creímos posible».

DANIEL G. AMEN, doctor en medicina, director ejecutivo y fundador de Amen Clinics; autor de *You, Happier* y *The End of Mental Illness*

«Ya sea que se haya disfrutado del éxito, se haya enfrentado la adversidad o se sienta estancado, nuestros mejores tiempos aún pueden estar por venir. Con la sabiduría y la calidez características de Stephen Covey, este libro deliciosamente esperanzador muestra cómo la vida, en verdad, puede seguir mejorando cada vez más».

DANIEL H. PINK, autor de libros exitosos como *El poder del arrepentimiento*, *¿Cuándo?* y *La sorprendente verdad sobre qué nos motiva*

«Es una gran tentación creer que hemos hecho nuestro mejor trabajo. Que hemos llegado a la cima. Que estamos en declive. Que nuestros días de gloria quedaron atrás. Así que este libro de Stephen Covey y Cynthia Covey Haller es una bocanada de aire fresco. Invierte la situación por completo y nos invita a creer que nuestro mayor aporte está siempre más adelante. De hecho, la publicación de este libro, diez años después del fallecimiento de Stephen, ilustra su premisa. Cynthia ha capturado fielmente el espíritu del trabajo de su padre y también ha agregado su voz esencial. Leerlo ha sido una gran bendición para mí y de igual manera lo será para usted. Nunca volverá a pensar en su vida de la misma manera».

GREG MCKEOWN, célebre autor de *Esencialismo* y *Sin esfuerzo*

«Como casi todos los de nuestra generación, hemos hecho la hermosa transición de ser padres a ser abuelos, y nuestra escritura ha cambiado en consecuencia. Justo cuando tratábamos de crear un libro sobre la alegría del cuarto trimestre de la vida, descubrimos que nuestro antiguo y querido amigo Stephen ya lo había escrito —o la mayor parte— antes de morir. Su extraordinaria hija mayor, Cynthia, que había trabajado con él desde el principio, tomó la batuta y lo terminó. El resultado es *Vive in crescendo*, ¡y es fabuloso!».

RICHARD Y LINDA EYRE, exitosos autores de *Cómo formar hijos con principios*, *Grandmothering* y *Being a Proactive Grandfather*

«Los libros de Stephen R. Covey han dado forma a mi vida y liderazgo. Este libro, *Vive in crescendo*: *tu mayor éxito está un paso adelante*, basado en su propia declaración de misión, es una invitación a vivir la vida plenamente y participar en cada encuentro. Para todos los que ven la vida como una oportunidad para avanzar en cuanto a crecimiento e impacto, esta es una lectura obligada de uno de los mejores autores del tema. En él encontrarás pruebas de que cada persona puede hacer una increíble contribución con su vida».

CELESTE MERGENS, fundadora de la galardonada organización global sin fines de lucro Days for Girls

«Cynthia Covey Haller, para este inspirador libro, se basa en el trabajo del difunto y gran Stephen Covey. *Vive in crescendo* dará a todos los que lo lean inspiración y esperanza para vivir una vida productiva y significativa, de principio a fin».

ARTHUR C. BROOKS, profesor de la Escuela Harvard Kennedy y de la Escuela de Negocios de Harvard; autor del superventas *From Strength to Strength*

«*Vive in crescendo* es un gran recordatorio de que cada uno de nosotros tiene una historia, experiencias dolorosas y traumas, pero, en última instancia, tenemos el poder en nuestro interior para levantarnos y continuar, no solo para sobrevivir a lo que a menudo se siente imposible, sino seguir adelante para volver a ser felices. Es alentador y está escrito con mucho amor. Me siento honrada de que mi historia esté incluida».

ELIZABETH SMART, autora de los éxitos *My Story* y *Where There's Hope*

«Cynthia Covey Haller, como la fiel traductora de su padre, capturó tan bellamente lo que en verdad significa *vivir la vida in crescendo*. Puedo escuchar la voz del Dr. Covey mientras leo cada página. Este libro nos inspira a todos a aprovechar cada momento viviendo una vida de propósito, servicio, amor y contribución, conscientes de que nuestro trabajo más importante siempre está un paso adelante».

MURIEL SUMMERS, exdirectora de A. B. Combs Leadership Magnet Elementary

VIVE
IN CRESCENDO

VIVE
IN CRESCENDO

TU MAYOR ÉXITO
ESTÁ UN PASO ADELANTE

Stephen R. Covey
y Cynthia Covey

PAIDÓS

Título original: *Live Life in Crescendo. Your Most Important Work si Always Ahead of You*

Publicado por acuerdo con el editor original, Simon & Schuster, Inc. a través de International Editors' Co.

Traductor: Alejandro Romero Álvarez

Diseño de portada: Planeta Arte & Diseño
Diseño de interiores: Eunice Tena Jiménez

Bajo el sello editorial PAIDÓS M.R.
Avenida Presidente Masarik núm. 111,
Piso 2, Polanco V Sección, Miguel Hidalgo
C.P. 11560, Ciudad de México
www.planetadelibros.com.mx
www.paidos.com.mx

Primera edición impresa en México: mayo de 2023
ISBN: 978-607-569-437-5

Impreso en los talleres de Litográfica Ingramex, S.A. de C.V.
Centeno núm. 162-1, colonia Granjas Esmeralda, Ciudad de México
Impreso y hecho en México – *Printed and made in Mexico*

Para mis inspiradores padres, Stephen
y Sandra Covey, quienes ejemplificaron el
«vivir in crescendo*» a lo largo de su existencia.*
Y para mi esposo y mejor amigo, Kameron,
por su buen humor, su tenacidad constante
y su amor incondicional

Índice

Prólogo. Crear la mejor versión de su futuro

por Cynthia Covey Haller

Lo que dejamos atrás no es lo que permanece grabado
en los monumentos de piedra, sino lo que queda
entretejido en la vida de los demás.
PERICLES

Mi papá me enseñó que la mejor forma de predecir tu futuro es crearlo. Siempre planeó trabajar y contribuir mientras tuviera vida, y planeaba vivir para siempre. Les dejó muy claro a sus hijos y a quienes lo conocían que «la palabra con *r*» —retiro— no estaba en su vocabulario. Mentía descaradamente sobre su edad y ponía cara de incomodidad cada vez que alguien se refería a la etapa de la vida en que estaba como sus «años dorados».

Vivía con una actitud de *carpe diem* —o de «no dejes para mañana lo que puedes hacer hoy»— y les enseñó a sus nueve hijos a hacer lo mismo. Le encantaba citar el consejo de Thoreau de «extraer toda la esencia de la vida» siempre que se nos presentaba una gran oportunidad. Esta actitud lo mantuvo joven y en constante aprendizaje. Teníamos claro que no pensaba desperdiciar ni una oportunidad de disfrutar su vida y marcar una diferencia en la de los demás.

Después de que mi papá se graduó de la Escuela de Negocios de Harvard, a los 25 años, su hermano le preguntó qué pensaba hacer con su vida. Él, simplemente, respondió: «Quiero dar rienda suelta al potencial humano». Durante los siguientes cincuenta años, cumplió con ese objetivo, en todo el mundo, a través de sus inspiradores libros y su método dinámico de enseñanza que, en general, se basaba en lo que él llamaba *liderazgo centrado en principios*. El símbolo de su compañía era la brújula, que representaba la importancia de alinear tu vida con lo que él llamaba el *verdadero norte*, es decir, con los principios fundamentales que no cambian a pesar del paso del tiempo. Mi papá creía que enseñar estos valores atemporales y universales, con los que cualquiera se puede identificar, podía lograr un cambio positivo y tener un impacto profundo y permanente en los individuos y las organizaciones. Era un hombre visionario con grandes ideas e ideales.

Le gustaba conocer a los demás preguntándoles sobre su vida, su trabajo, su familia, sus creencias y aquello que les apasionaba, solo para aprender de ellos. A menudo consultaba a otras personas para tener diferentes perspectivas de alguna situación; escuchaba sus opiniones con atención y les hacía preguntas como si fuesen expertos en la materia. Escuchaba a profesores, taxistas, doctores, directores ejecutivos, meseras, políticos, emprendedores, padres, vecinos, obreros, profesionistas y hasta jefes de Estado, y les dedicaba a todos el mismo interés y curiosidad. Esto a veces le molestaba a mi mamá, quien solía poner los ojos en blanco y decirle: «Steven, ¿por qué cada vez que hablas con alguien actúas como si no supieras nada?». Y él respondía, como si fuera lo más evidente del mundo: «Sandra, yo ya sé lo que sé, ¡pero quiero saber lo que ellos saben!».

Ya que soy la mayor de nueve hermanos, crecí escuchando a mi padre discutir sus ideas centradas en principios, tanto en casa como en sus diversas presentaciones a múltiples audiencias alrededor del mundo. Uno de mis principios favoritos era el de *primero lo primero*, que también es el título de uno de sus libros y uno de los *7 hábitos*. Mi papá siempre se esforzaba por vivir de acuerdo con sus enseñanzas, y las relaciones familiares eran una prioridad para él. A pesar de que éramos nueve hijos, cada uno de nosotros se sentía un miembro importante de la familia y teníamos una buena relación con nuestros padres.

Uno de mis recuerdos favoritos de la infancia es cuando cumplí 12 años y mi papá me invitó a acompañarlo por unos días a un viaje de negocios a San Francisco. Yo estaba muy emocionada y entre los dos planeamos cuidadosamente cada minuto que tendríamos juntos después de sus presentaciones.

Decidimos que la primera noche pasearíamos por la ciudad en los famosos tranvías de los que había oído hablar y luego compraríamos ropa para la escuela en las tiendas elegantes. A los dos siempre nos encantó la comida china, así que teníamos planeado ir a Chinatown y luego regresar al hotel para nadar un poco antes de que la piscina cerrara. La cereza en el pastel de nuestra velada sería pedir servicio a la habitación (un enorme helado de chocolate) antes de dormir.

Cuando nuestra gran noche al fin llegó, yo lo esperaba con ansias mientras daba su presentación. Al terminar, justo cuando se acercaba a mí, vi a uno de sus viejos amigos de la universidad saludándolo con emoción. Mientras se abrazaban, yo recordé todas las historias que mi papá me había contado sobre sus grandes aventuras y lo mucho que solían divertirse en aquellos años. «Stephen», lo escuché decir, «creo que llevamos unos diez años sin vernos. A Lois y a mí nos encantaría invitarte a cenar esta noche, para ponernos al corriente y hablar de los viejos tiempos». Escuché a mi papá explicarle que yo lo había acompañado en el viaje; su amigo me miró y agregó: «Ah, desde luego nos encantaría que tu hija nos acompañe también. Podríamos cenar en el muelle».

Todos los planes grandiosos para nuestra noche especial a solas se estaban desmoronando frente a mí; podía ver el tranvía avanzando por las vías, colina abajo, sin nosotros, y nuestra comida china reemplazada por mariscos, que no me gustaban. Me sentía traicionada, pero también me daba cuenta de que mi papá probablemente preferiría pasar tiempo con su buen amigo que con una niña de 12 años.

Mi papá abrazó con afecto a su amigo y le dijo: «¡Guau, Bob, a mí también me da mucho gusto verte! Lo de la cena suena genial… pero no esta noche. Cynthia y yo tenemos una noche especial planeada, ¿verdad, cielo?». Me guiñó el ojo y, para mi sorpresa, nuestros planes volvieron a armarse; no podía dejar de sonreír.

No podía creerlo y creo que su amigo tampoco, pero no quisimos quedarnos para averiguarlo: salimos y emprendimos nuestro camino.

—Papá… —dije al cabo de un rato—, ¿estás seguro?

—Oye, no me perdería esta noche especial contigo por nada del mundo. De cualquier manera, prefieres comida china, ¿no? Así que ¡vamos a tomar el tranvía!

Cuando recuerdo mi infancia en general, esta experiencia, aparentemente insignificante, sigue siendo muy representativa del carácter de mi papá, y ayudó a construir un nivel de confianza en nuestra relación que conservé de ahí en adelante. Él me enseñó que «en las relaciones, las cosas pequeñas son las más importantes», y siempre lo aplicó en su propia vida. De igual manera, todos mis hermanos y hermanas tienen sus propias experiencias, similares a la mía en San Francisco, que los hicieron sentirse importantes y valorados. Esta garantía de amor y confianza fue fundamental para nuestra autoestima y marcó una gran diferencia para nosotros al crecer.

Mi papá creía que todos debemos desarrollarnos como lo que él llamaba *personas de cuatro cuadrantes*: equilibradas física, mental, social y espiritualmente, ya que cada una de esas áreas es fundamental para la realización personal. Cada día, mi papá hacía un esfuerzo consciente por llevar una vida equilibrada, desarrollándose en cada área, y les enseñó a otros a hacer lo mismo. Él escribió: «Nuestra energía debe dirigirse al desarrollo de nuestro propio carácter, que a menudo es invisible para los demás, como las raíces que sostienen a los grandes árboles. A medida que cultivemos las raíces, empezaremos a ver los frutos».

Claro que también tenía que lidiar con sus propias imperfecciones, como todos nosotros, pero él siempre trataba de mejorar y superar sus defectos más que cualquier otra persona. Sabíamos que su vida profesional era admirable, pero sentíamos que esta palidecía en comparación con su vida privada, que conocíamos como familia. Durante décadas, junto con nuestra madre, se comprometió activamente en la creación de una rica cultura familiar en nuestro hogar; siempre trató de dar rienda suelta a nuestro mayor potencial, igual que lo hacía con otros a través de su labor profesional. Nuestra familia nunca imaginó que llegaría el día en que él sería incapaz de abordar la vida de la misma manera proactiva con la que siempre lo había hecho.

Sin embargo, en abril de 2012, a la edad de 79 años, mi papá tuvo un accidente mientras andaba en bicicleta; aunque llevaba puesto su casco, como estaba demasiado flojo, se golpeó la cabeza y sufrió una hemorragia cerebral. Estuvo varias semanas en el hospital y, al volver a casa, ya nunca fue el mismo. A la larga, el sangrado volvió y terminó con su vida.

Aunque estábamos muy afligidos por su fallecimiento, sabíamos que nuestro padre era un hombre muy espiritual, que nos había enseñado que Dios siempre tiene un propósito detrás de lo que sucede en nuestras vidas, incluso en esta situación, en la que él se iba mucho antes de lo que habíamos imaginado. Como familia, fue una bendición haber tenido durante muchos años un padre tan maravilloso y nos sentimos agradecidos por el amor incondicional y los esclarecedores consejos que recibimos de él. También estamos muy agradecidos por nuestra amorosa madre, la matriarca de la familia Covey, quien recientemente también pasó a mejor vida.

Varios años antes de su fallecimiento, mi papá me pidió ayuda con un nuevo libro basado en lo que, según su instinto y sus propias palabras, era su última *gran idea*. Él solía trabajar en varios libros y proyectos a la vez, pero yo me sentía intrigada y entusiasmada por esta idea en particular, así que quería involucrarme.

Al igual que el plan maestro para su vida, él tenía claro el título completo del libro, años antes de completarlo: *Vive in crescendo: tu mayor éxito está un paso adelante*. Él creía que, al adoptar lo que llamó una *mentalidad crescendo*, uno podía mirar hacia adelante y progresar a través de todas las edades y etapas de la vida. Solía hablar con gran entusiasmo al respecto; a aquellos que no estaban contentos con su situación actual o que se encontraban desalentados debido a desafíos o fracasos pasados, los animaba a pensar y a actuar de manera proactiva sobre su futuro y lo que aún podrían lograr y contribuir en años venideros. Para él, el mejor *fin en mente* (uno de los hábitos de su libro *Los 7 hábitos de la gente altamente efectiva)* que uno podía tener era el de hacer contribuciones significativas, de manera constante, que llenaran de bendiciones la vida de los demás; a la larga, esta mentalidad sería la clave para alcanzar una felicidad real y duradera.

Creía tanto en la *mentalidad crescendo* como en todo lo demás que había enseñado en su labor profesional. Antes de escribir al respecto, comenzó a introducir la idea en algunas de sus presentaciones, como solía hacerlo, y en sus últimos años, se convirtió en su *declaración de misión personal*. Le apasionaba mucho el concepto de *vive in crescendo*, y realmente creía que, si esto se implementaba, podría tener un tremendo impacto positivo en todo el mundo.

Trabajamos en el libro, juntos y con gran empeño, durante tres años; nos veíamos a menudo para que yo pudiera grabar sus pensamientos e ideas. Siempre me alentó, e incluso me instó, para que terminara mi parte, la cual estaba retrasando la publicación del libro, pero también comprendía mis limitaciones de tiempo con niños pequeños en casa, entre otras responsabilidades apremiantes. Si bien compartía su profunda pasión por el tema, y me dediqué a recopilar material y escribir lo más que pude, lamentablemente mi parte del libro aún estaba incompleta cuando él se marchó de forma tan inesperada.

Durante los últimos años, terminé de escribir las historias, los ejemplos y los comentarios que correspondían a mi parte del proyecto, tal como me lo había pedido. Usted notará que algunas partes suenan como si él aún estuviera con vida; esto se escribió a propósito de esa manera. Gran parte del material, que él me entregó hace años, refleja sus pensamientos, experiencias y puntos de vista en ese momento. Lo demás se tomó de sus escritos, presentaciones y conversaciones personales. De manera consciente, decidí escribir este libro desde *su* voz porque la idea de vivir *in crescendo* es en exclusiva suya, no mía. También incluí historias y experiencias reales de su vida, así como observaciones e interacciones que tuvo con varias personas a lo largo de su carrera respecto a este material; estas experiencias aparecen destacadas para indicar que se narran específicamente desde mi perspectiva y mi voz.

Él visualizaba *Vive in crescendo* como la introducción de esta nueva idea a personas de todo el mundo. Este libro representa lo que nosotros como familia consideramos su contribución final, su *última conferencia*, su obra maestra. Victor Hugo alguna vez escribió: «No hay nada más poderoso que una idea a la que le ha llegado su tiempo». Aunque nuestro padre escribió muchos otros libros centrados en principios, creemos que la idea detrás de este es única y muy necesaria hoy en día. Él creía que la *mentalidad crescendo* promovería la noción de mirar hacia el futuro con esperanza y optimismo, con la certeza de que siempre podemos seguir creciendo y aprendiendo, de que podemos servir y contribuir, en cada etapa de nuestras vidas, y que nuestros mayores y más importantes logros aún están por venir.

Vive in crescendo gira en torno a esta singular idea central, ilustrada a través de cuatro partes que representan diferentes etapas y edades para apoyar y reforzar la comprensión de este principio. También ofrece formas prácticas de implementar esta mentalidad en cada período de la vida. Mi papá y yo quisimos incluir una amplia gama de historias y ejemplos inspiradores, tanto de gente conocida como de personas comunes, para enfatizar esta idea. Esperamos que las experiencias de otros inspiren a muchos a creer que ellos también pueden contribuir, de manera positiva y continua, a impactar en las vidas de otras personas, dentro de su propio *círculo de influencia*.

Varios días después de la muerte de nuestro padre, mi hermana Jenny y yo hablábamos de lo diferente que serían nuestras vidas sin él. De golpe, ambas nos percatamos de la verdad cuando ella dijo: «Aunque no esté aquí, en realidad no se ha marchado; vive a través de nosotros, sus hijos, sus nietos y todo aquel que trata de implementar en su vida los principios que él enseñaba. *Este* es su legado».

Ralph Waldo Emerson escribió: «Nuestra muerte no es el fin si podemos vivir en nuestros hijos y en la generación más joven. Porque ellos son nosotros».

Quizá Jim Collins capturó mejor esta idea en el prólogo de la edición del vigésimo quinto aniversario de *Los 7 hábitos de la gente altamente efectiva*:

> Nadie vive eternamente, pero los libros y las ideas perduran. Al abordar la lectura de estas páginas, emprenderá un viaje con Stephen Covey en el culmen de su poder. Sentirá cómo sale del texto y le dice: «Escuche, de verdad creo en esto, déjeme ayudarlo... Quiero que *entienda* todo esto, que aprenda de ello, quiero que evolucione, que sea mejor, que aporte más, que viva una vida valiosa». La vida de Covey llegó a su fin, pero su obra no.

Solo espero ser una fiel traductora de la visión que mi padre tenía para este libro; tal vez esto lleve a las personas, como él solía decir, «a comunicar a otra persona su valor y potencial, con tal claridad que se sientan inspirados para verlo en sí mismos».

Mi padre, Stephen Covey, creía profundamente que *Vive in crescendo* podría influir e inspirar de manera poderosa a aquellos que se esfuerzan por crear un mejor futuro, lo que en última instancia se convertirá en su propio legado único. Por mi parte, espero que este libro sea una parte viva y duradera del gran legado de mi padre y que sirva para liberar el mayor potencial *de usted*. Y, aunque él se nos ha perdido de vista por el momento, su legado realmente continúa *in crescendo.*

Introducción.
La *mentalidad crescendo*

Fui a los bosques porque quería vivir deliberadamente; enfrentar solo los hechos esenciales de la vida y ver si podía aprender lo que esta tenía que enseñar, para no darme cuenta, al momento de morir, de que no había vivido. No quería vivir lo que no era vida, quería sentir profundamente y extraer toda la médula a la vida.

HENRY DAVID THOREAU

¿Cómo contempla las múltiples edades y etapas de su vida, a medida que avanza a través de ellas? ¿Cómo responderá a su propio viaje único a través de la vida? En mi opinión, es crucial tener un plan de vida para saber cómo manejar los altibajos de esta: los estancamientos, los éxitos, los desafíos inesperados y los grandes cambios que probablemente enfrentará. Es crucial crear su mejor futuro antes de vivirlo.

Este libro es una introducción a la *mentalidad crescendo* para poder aplicarla a cada etapa de la vida. Vivir *in crescendo* es una actitud y un principio de acción. Es una perspectiva única para abordar la vida contribuyendo a los demás y siempre buscando lo que aún falta por lograr. Redefine el éxito y lo mide de una manera distinta a los preceptos impuestos por la sociedad. Adoptar la *mentalidad crescendo* puede significar un gran cambio en su vida, en aquellos que lo rodean e incluso en todo el mundo.

En términos musicales, *crescendo* significa aumentar de manera progresiva la magnificencia e incrementar la energía, el volumen y el vigor. El símbolo *crescendo* (<) significa que, si sigue alargando las líneas, la música sigue subiendo de volumen y aumentando de forma indefinida. *Diminuendo* —o *decrescendo*— significa exactamente lo contrario: la música disminuye en volumen y poder, baja su energía, retrocede y, como lo muestra el símbolo (>), a la larga, se desvanece, se extingue y llega a su fin. Vivir la vida en *diminuendo* significa que usted no busca estirarse, crecer o aprender más; está satisfecho con lo que ya ha logrado y, con el tiempo, deja de producir y contribuir.

Cuando una pieza musical abarca un *crescendo*, no solo se vuelve más fuerte. Esa sensación de crecimiento, intensificación y expansión en una composición o interpretación resulta de una mezcla expresiva de ritmo, armonía y melodía. Estos, a su vez, se basan en los elementos fundamentales del tono y el ritmo, así como en la dinámica del volumen, combinados con el paso del tiempo.

Del mismo modo, intentaré demostrar que *vivir in crescendo* equivale a expresar nuestras pasiones, intereses, relaciones, creencias y valores, lo que a su vez se basa en los principios fundamentales que nos guían a través de todas las etapas de la vida.

Vivir *in crescendo* implica un crecimiento continuo en cuanto a sus contribuciones, su aprendizaje y su influencia. La mentalidad de que «tu mayor éxito está siempre un paso adelante» es una forma de pensar optimista y con visión al futuro, que nos enseña que siempre podemos seguir contribuyendo, sin importar lo que nos haya sucedido o la etapa en que nos encontremos. ¡Imagine cómo cambiaría su vida si adoptara la perspectiva de que sus mayores contribuciones, logros e incluso la felicidad no solo se encuentran detrás, sino que siempre están *delante* de usted! Así como la música se basa en notas anteriores, pero nos deja anticipando la siguiente nota o acorde, su vida se basa en su pasado, pero se desarrolla en el futuro.

Esta mentalidad no es algo que se haga una sola vez y se olvide, sino que, a lo largo de la vida, se convierte en una parte rica y proactiva de su ser. La *mentalidad crescendo* promueve usar lo que usted tenga —su tiempo, talentos, habilidades, recursos, dones, pasión, dinero, influencia— para enriquecer las vidas de las personas a su alrededor, ya sea que formen parte de su familia, vecindario, comunidad o del mundo.

El significado de la vida es encontrar su don. El propósito de la vida es compartirlo.
PABLO PICASSO

Las palabras de Picasso podrían ser la declaración de misión de este libro. Usted puede elegir una mentalidad avanzada que se centre en aprender y crecer siempre a través de los altibajos de la vida, mientras busca continuamente formas de aportar a quienes le rodean.

La versión griega de esta filosofía era primero «conócete a ti mismo», después, «contrólate a ti mismo» y luego «entrégate a ti mismo». Los griegos enfatizaron la importancia y el poder de esa secuencia. Cuando usted vive con un sentido del propósito de su misión única y toma el control de su vida, a través de buenas decisiones, entonces puede servir a los demás y ayudarlos a encontrar su propio propósito y misión. Esto conduce a un sentido de realización y alegría en los demás y en usted mismo.

Vive in crescendo está dividido en cuatro partes principales, basadas en las etapas fundamentales de la vida, durante las que, dependiendo de su respuesta, usted podría elegir si quiere vivir *in crescendo* y continuar haciendo su mejor trabajo o vivir en *decrescendo* para, poco a poco, desaparecer y no tener influencia. Así como los compositores e intérpretes se expresan a través de la música que, sin importar cuán compleja sea, siempre se basa en los fundamentos, todos vivimos nuestras vidas de manera que encarnan los principios fundamentales del comportamiento y la interacción humanos.

Primera parte: La crisis de la mediana edad

Esta etapa se refiere a dónde está usted en comparación con dónde quiere estar. Al llegar a la mediana edad, es posible que se sienta desanimado y crea que ha logrado poco de valor. Es más, tal vez ya se haya dado por vencido y crea que su oportunidad de lograr algo ha pasado. Sin embargo, la realidad es que posiblemente ha logrado más de lo que cree si se pone a pensar en lo más importante. Si, en efecto, su vida necesita mejorar, puede tomar la decisión consciente de cambiar, y transformarla en una existencia de contribuciones y éxito verdadero.

Segunda parte: La cima del éxito

Si ha experimentado gran éxito en alguna parte de su vida, es posible que decida sentarse a disfrutar de su botín y descansar. Quizá tenga una actitud de «ya pasé por eso» y sienta que ha dado todo lo que es capaz de dar. Sin embargo, vivir *in crescendo* significa dejar de mirar por el espejo retrovisor enfocándose en éxitos (o fracasos) del pasado;

en vez de eso, hay que *ver hacia adelante*, a la que será su siguiente gran meta o contribución significativa. Es posible que, en esta emocionante etapa de su vida, lo mejor aún esté por llegar.

Tercera parte: Contratiempos que cambian la vida

Ocurre un accidente, padece un problema de salud serio, lo despiden de su empleo, le diagnostican una enfermedad terminal, alguien cercano a usted fallece. A lo largo de nuestras vidas, enfrentamos un sinnúmero de contratiempos. En esos momentos, es natural que uno reevalúe su vida, sus metas y sus prioridades. ¿Qué hacer? ¿Darse por vencido? ¿Dejar que esta experiencia lo defina? ¿O es hora de enfrentar el desafío, elegir conscientemente cómo responder, reorientar su vida, seguir avanzando y contribuyendo de manera significativa?

Cuarta parte: La segunda mitad de la vida

Al llegar a la edad de jubilación, o lo que la sociedad denomina erróneamente el «momento de relajarse», se enfrenta a una importante elección: qué hacer con su tiempo. Este período de la vida puede ser una fase muy egoísta, incluso monótona e insatisfactoria que uno simplemente pasa o soporta. O puede optar por ser en extremo productivo y hacer enormes contribuciones a quienes están dentro y fuera de su *círculo de influencia*. Su potencial puede usarse o desperdiciarse; depende de si usted cree o no que sus contribuciones más importantes podrían estar aún más adelante.

La *mentalidad crescendo* utiliza principios clave para guiarlo a través de cada una de estas cuatro etapas de la vida:

- La vida es una misión, no una carrera.
- Ame servir a los demás.
- Las personas son más importantes que las cosas.
- El liderazgo implica comunicar valor y potencial.
- Busque expandir su *círculo de influencia*.

- Elija vivir *in crescendo*, no en *diminuendo.*
- Transite del trabajo a la contribución.
- Cree recuerdos significativos.
- Detecte su propósito.

Aunque puede haber cosas que nos separen a unos de otros —diferencias culturales, malentendidos, disparidad en oportunidades, antecedentes y experiencia—, como parte de la familia humana, compartimos puntos en común mucho más importantes de lo que podemos comprender. Si alguna vez ha viajado y ha conocido a personas de todo el mundo, habrá descubierto que todos somos básicamente iguales: ricos y pobres, famosos y desconocidos, todos luchamos por la felicidad y el valor, y todos compartimos las mismas esperanzas, temores y sueños. La mayoría de las personas se preocupan mucho por sus familias y tienen la misma necesidad de ser comprendidas, amadas y aceptadas.

Estoy de acuerdo con la frase que se le atribuye a George Bernard Shaw: «Hay dos cosas que nos definen: nuestra paciencia cuando no tenemos nada y nuestra actitud cuando lo tenemos todo».[1] La forma en que respondemos a esos opuestos en la vida es tanto un desafío como una oportunidad, lo cual se ilustrará a lo largo de este libro.

Soy optimista respecto a la gente; no creo en una visión cínica del mundo y, aunque nuestros problemas son grandes y en aumento, creo que la mayoría de las personas tienen en su núcleo bondad, decencia, generosidad, compromiso con la familia y la comunidad, ingenio, inventiva, un espíritu extraordinario, agallas y determinación. Aún más, veo una gran esperanza y potencial en la nueva generación. Tiene usted un tremendo potencial, mucho más allá de lo que pueda imaginar.

PRIMERA PARTE
LA CRISIS DE LA MEDIANA EDAD

fermata (sustantivo): símbolo utilizado para indicar una pausa; pausa de duración no especificada

Hay tres cosas esenciales para ser feliz en esta vida: tener algo que hacer, algo que amar y algo que esperar.
JOSEPH ADDISON

Muchas personas subestiman sus capacidades, principalmente porque no tienen una visión correcta de sí mismas. Se quedan atascadas haciendo las mismas cosas de la misma manera, y nunca logran liberarse de sus propias etiquetas y de cómo las ven los demás. Ya que creen que son personas comunes y corrientes que no pueden marcar una diferencia, tienen expectativas tan bajas de lo que pueden hacer y lograr que terminan por cumplir su propia profecía y producen poco. Por lo mismo, se privan de tener una vida llena de significado a través de la contribución y se relegan a sí mismas a la mediocridad, al menoscabar su valor y su felicidad.

Sin embargo, sus anhelos de ser y hacer más siguen existiendo. Entonces, si usted tiene estos sentimientos ¡debe estar agradecido! En el fondo, todos tenemos el anhelo de vivir una vida de grandeza y contribución, de importar, de marcar una diferencia verdadera. Podemos decidir conscientemente dejar la vida de mediocridad que creemos tener y cambiarla por una vida de grandeza en el hogar, en el trabajo y en nuestra comunidad.

Capítulo 1
La vida es una misión, no una carrera

No hay mayor regalo que puedas dar o recibir que honrar tu vocación: es la razón por la que naciste y es así como llegas a estar verdaderamente vivo.
Oprah Winfrey

El clásico filme navideño *¡Qué bello es vivir!* cuenta una significativa historia para todos los que alguna vez nos hemos preguntado si nuestra vida en verdad importa. Como tal vez recuerde, en esa película, George Bailey es un buen hombre que renuncia a sus grandes sueños y decide quedarse en su pequeño pueblo natal de Bedford Falls para encargarse de los ahorros y el préstamo de su padre. Parece estar condenado a vivir en un trabajo mal pagado, y cuando se enfrenta a la ruina financiera por causas ajenas a él, George cae en la desesperación. Convencido de que no queda esperanza alguna, considera saltar de un puente.

Al igual que George Bailey, ¿alguna vez ha sentido que se le ha ido la vida, que ha dejado de lado sus sueños y aspiraciones? ¿Se encuentra donde siempre quiso estar o tenía una visión distinta para su futuro? ¿Siente que su currículum es escaso y que su carrera no avanza? ¿Su pasión por la vida se desvanece porque se siente desilusionado, más cínico y menos seguro de lo que realmente puede lograr? Como en el caso de George Bailey, ¿alguna vez ha querido buscar un puente desde el que saltar, preguntándose si lo que hace marca alguna diferencia para alguien?

La sociedad tiene un nombre para esta aflicción: se llama *crisis de la mediana edad*. Puede ser bastante abrumador para quienes la estén atravesando, hombres y mujeres de 40 a 70 años, quienes descubren que no están donde pensaban que estarían, o que no son quienes pensaban que serían. A menudo, sienten que no están a la altura de quienes los rodean, cuyas vidas parecen estar más encaminadas y ser más «exitosas».

Las personas se enfrentan a muchos desafíos durante esta etapa crucial de la vida:

- Su jefe no reconoce ni recompensa sus habilidades y talentos.
- Se siente sobrecargado de trabajo y subestimado; se pregunta si su trabajo vale la pena.
- Su trayectoria profesional es aburrida e insatisfactoria; se siente atrapado y con pocas opciones.
- Tiene dificultades en su matrimonio o en otras relaciones importantes.
- Se siente incapaz de alcanzar la realización personal y la verdadera felicidad, y se pregunta si debería empezar desde cero.
- No puede creer que esté en la situación en la que se encuentra; pensaba que estaría más lejos en el camino del éxito de lo que realmente está.

Estas son algunas de las señales que indican que alguien puede estar experimentando una crisis de la mediana edad:

- Depresión, apatía, agotamiento
- Falta de propósito real o de ambición
- Falta de visión a largo plazo
- Indiferencia egocéntrica ante las necesidades de los más cercanos a ellos
- Búsqueda de estimulación artificial o externa

Durante esta etapa de la mediana edad, las personas a veces entran en pánico y hacen cosas que normalmente no harían, como comprar un auto costoso y llamativo (para «parecer» exitosos), renunciar a un trabajo estable y comenzar una nueva carrera arriesgada, vestirse y actuar como un adolescente o incluso participar en actividades atrevidas o peligrosas.

Lo peor es que a veces se dan por vencidos y abandonan a su pareja y a su familia con la esperanza de que un entorno diferente y un nuevo comienzo o una nueva relación los hará sentir más jóvenes y mejorarán esa imagen estancada que tienen de sí mismos.

Cuando el padre de un amigo tenía cuarenta y tantos años, experimentó la clásica crisis de la mediana edad. Hablé con él y me compartió su historia, la cual incluyo aquí con sus propias palabras:

> Cuando mi padre tenía 43, lo transfirieron a otra ciudad que estaba a unas horas de distancia, por lo que mi mamá, mis hermanos menores y

> yo tuvimos que desplazarnos y abandonar las escuelas con las que estábamos encariñados —y justo antes de mi graduación—. Tratamos de sacarle el mayor provecho a la situación; sin embargo, a los pocos meses, tuvimos que mudarnos de nuevo porque mi papá renunció a su trabajo en el banco, donde llevaba varios años, para ir detrás de una nueva oportunidad. Fue unos meses después de esto cuando mi padre le dijo a mi mamá que iba a dejarla a ella y a la familia para irse con su secretaria, quien era 17 años más joven que él.
>
> Unos meses después, descubrimos que mi padre y su nueva esposa (su antigua secretaria) se habían mudado a Carolina del Sur, mientras mi devastada madre seguía lidiando con la crisis emocional que todo eso le había ocasionado. Fue un dolor indescriptible, aunque *espantoso* se acerca bastante. Su matrimonio de 22 años había terminado; tres hijos adolescentes enfrentaban la incertidumbre, la falta de comprensión, el abandono, la ausencia de un padre en el hogar y poca o, más bien, ninguna explicación. La perturbación que esto causó en la estabilidad emocional de todos fue inconmensurable, todo ello mientras nuestro papá se paseaba por San Diego, jugando golf y presumiendo a su nueva esposa trofeo.
>
> Las repercusiones de la crisis de la mediana edad de mi padre siguen presentes en la actualidad, casi 38 años después. Una madre que quedó afectada emocionalmente por el resto de su vida, que permaneció soltera durante treinta años y murió joven, mientras que mis hermanos y yo aún sufrimos dudas personales, nos falta confianza, funcionamos por debajo de nuestro potencial, no confiamos en el amor, experimentamos una disfunción familiar general e incluso nos hemos divorciado. Y la lista continúa. Claro, «supérenlo» ha sido el consejo que más hemos recibido durante décadas, pero no es tan fácil.[2]

Pero si no le gusta la vida que lleva ahora mismo, la solución suele ser afrontar los problemas de frente, no huir de ellos. Abandonar a su familia rara vez soluciona los problemas, y solo los deja devastados. No es que el pasto sea más verde del otro lado de la cerca; tal vez solo necesite regar el suyo. Es aconsejable buscar razones para arreglar su situación actual y preservar las relaciones con sus seres queridos en las que ya ha invertido tanto.

Creo que es buen momento para recordar lo que le ocurrió a George Bailey. En la película, asignan a Clarence Odbody (un ángel que aún necesita ganarse sus alas) como el encargado de evitar que George salte del puente, y cuando le dice al ángel que desearía nunca haber nacido, este le concede su deseo y le muestra lo distinta que sería la vida en Bedford Falls sin él.

Sin su presencia e influencia, Bedford Falls se convierte en el oscuro y deprimente pueblo de Pottersville. En su ausencia, el maravilloso pueblito del que George quería escapar se convierte en un conflictivo nido de gente amargada a merced del banquero Henry Potter, que solo está motivado por la codicia y la sed de poder.

Consternado, George reza fervientemente por una oportunidad más de vivir y disfrutar la vida que nunca apreció por completo. Sus plegarias son escuchadas, y él corre a casa, donde se encuentran todas las personas importantes para él, aunque todavía debe enfrentar un arresto por fraude bancario. Pero su familia y amigos se han reunido para rescatarlo de la ruina, y retribuirle los muchos sacrificios que George ha hecho por ellos a lo largo de los años.

«Qué curioso, ¿verdad?», le dice Clarence a George. «La vida de cada hombre toca muchas vidas, y cuando uno no está, deja un gran agujero, ¿no crees? Ya ves, George, realmente has tenido una vida maravillosa».[3]

Al igual que George Bailey, es posible que usted sea exitoso en muchos aspectos de su vida sin siquiera darse cuenta. El verdadero éxito no siempre es lo que parece o lo que otros celebran. Tal vez no esté a la altura de las expectativas de los demás, pero si tiene éxito en los roles más importantes de su propia vida, tendrá éxito en las cosas que verdaderamente importan.

Si bien el trabajo es indispensable para mantenernos a nosotros y a nuestras familias, no es la misión de nuestras vidas. Una parte crucial de la *mentalidad crescendo* es no preocuparse por ser exitoso ante los ojos del mundo. En vez de eso, hay que redefinir lo que significa el éxito y esforzarse por ser una influencia significativa y buena en el mundo.

Cree su propio futuro

La mejor forma de predecir tu futuro es crearlo.
PETER DRUCKER

En mis presentaciones, suelo pedirles a las personas que escriban su obituario. Aunque suene extraño, este proceso les permite pensar en lo que quieren que la gente recuerde de ellos, y luego pueden esforzarse por realizarlo. Cree la mejor versión de su futuro. Para descubrir su propia definición del éxito, póngase a pensar con detenimiento en lo que le gustaría que dijeran de usted en su funeral.

Para ayudarlo a empezar a escribir su obituario, tómese un momento para responder las siguientes preguntas:

- ¿Qué quiere que digan de usted en su funeral?
- ¿Por qué quiere ser recordado?
- ¿Cuáles serán sus mayores logros?
- ¿Qué le brindaría más dicha y satisfacción al recordar su vida?
- ¿Qué legado quiere dejar?

A continuación, compare el obituario que espera que se escriba sobre usted con lo que está haciendo actualmente, en su mediana edad, para lograrlo. ¿Su vida se alinea con cómo quiere terminar? ¿Está en el camino correcto para ser recordado por lo que en verdad le importa? Con estas importantes preguntas en mente, puede comenzar a crear su vida futura: planificar, establecer metas, hacer ajustes y luego ponerse a trabajar para lograrlo.

Mientras se examina a sí mismo y analiza dónde se encuentra durante esta etapa crítica de la mediana edad, tenga en cuenta estos dos principios de la *mentalidad crescendo*:

- Primero: Vea el éxito verdadero por lo que es, sin compararse con los demás, y esfuércese para tener éxito en sus papeles más importantes.
- Segundo: Identifique lo que necesita mejorar en su vida y, con valentía y proactividad, genere un cambio positivo. ¡Utilice su iniciativa y trabajo para lograrlo!

Mida con su propia vara

Sin importar cómo se sienta o lo que crea, usted en verdad tiene el poder de elegir cómo responde a las circunstancias de su vida. Las personas ineficaces transfieren la responsabilidad y culpan a los demás o a su entorno: algo o alguien «allá afuera» es la razón por la cual no pueden tener éxito. Esta clase de monólogo interior no ayuda en nada a mejorar su situación.

En cambio, la gente proactiva dice: «Soy consciente de mis guiones internos, pero yo *no soy* esos guiones. Puedo reescribirlos. No necesito ser víctima de las condiciones o condicionamientos. Puedo elegir mi respuesta a cualquier situación. Mi comportamiento está en función de mis decisiones».

A través del liderazgo y el ejemplo, Mahatma Gandhi enseñó que continuamente debemos aprovechar las oportunidades para crecer y mejorar. Él dijo: «Vive como si fueras a morir mañana. Aprende como si fueras a vivir para siempre».

Mi amigo, el de la historia que conté antes, es un buen ejemplo de cómo lograr un cambio positivo al mejorar intencionalmente su vida. Él no podía hacer nada respecto a la mala decisión de su padre de abandonar a su familia; sin embargo, podía aprender de lo que le había sucedido y tomar decisiones diferentes en relación con su propia familia. Podía elegir ser proactivo y no solo reactivo frente a lo que le había sucedido. Y esto es lo que al final eligió hacer, unos treinta años después.

El ciclo de devastación y comportamiento destructivo terminó ahí, con él. Aprendió que su comportamiento era una función de sus decisiones, no de sus condiciones, y se esforzó para convertirse en una *figura de transición* (trataré esto más adelante). Estaba determinado a no repetir la misma horrible situación con su familia; en su lugar, eligió transmitir amor, lealtad y responsabilidad. Aunque era comprensible que pudiera arrastrar un poco las consecuencias de su doloroso pasado, a través del autocontrol y el esfuerzo consciente, optó por no dejar que eso definiera su presente. Como resultado, él y su esposa han creado una cultura familiar nueva, hermosa y exitosa.

Mi amigo siente que su carrera no ha sido tan exitosa como hubiera querido, pero, desde mi punto de vista, él *es* la historia de éxito. Ha logrado superar un pasado difícil, ha construido un matrimonio amoroso y una cultura familiar fuerte con sus seis hijos, les ha dejado un legado muy distinto al que él tuvo. ¿Qué podría ser más exitoso que eso?

Si siente que está atrapado en una crisis de la mediana edad o está experimentando una *fermata* —una pausa de duración no especificada—, no se asuste ni salga corriendo. En vez de eso, use su don de autoconciencia para separarse de la situación y observarla desde afuera. Dese cuenta de que puede elegir conscientemente el rumbo que lo hará feliz en los años venideros.

La única persona en la que estás destinado a convertirte
es la persona que tú decidas ser.
RALPH WALDO EMERSON

Dentro de la libertad de elegir se encuentra el poder de lograr el crecimiento y la felicidad, y de crear su propio camino.

Recuerdo haber oído hablar de un hombre que se avergonzó un poco cuando le pidieron que hablara de sí mismo con un líder destacado. Él dijo:

> Bueno, no he tenido mucho éxito que digamos, pero hemos tenido una vida hogareña feliz. Siempre he tenido un trabajo decente, pero en realidad no me he distinguido en mi carrera ni he ganado mucho dinero. Hemos llevado un estilo de vida modesto en un hogar promedio, y ciertamente no soy muy conocido fuera de mi círculo cercano.
>
> Sin embargo, mi mayor alegría es que tengo una esposa maravillosa desde hace casi cincuenta años y cinco hijos de los que estoy muy orgulloso. Mi hijo menor se casó hace poco. Nos sentimos bendecidos de que todos nuestros hijos hayan crecido y se hayan convertido en adultos responsables, independientes y afectuosos. Aman a sus hijos y les están enseñando buenos valores. Estamos agradecidos de tener una familia tan maravillosa. Pero... en relación con mi carrera o con ser una persona destacada, nunca he sido realmente exitoso y a veces me pregunto si he hecho una gran diferencia.

El líder le respondió sorprendido: «¡Pues esa es una de las mayores historias de éxito que he escuchado! ¡Pocas veces he conocido a gente tan exitosa!». Este hombre era como un pez que descubre el agua: estaba tan inmerso en su elemento que no estaba ni consciente de él.

En realidad, ya había experimentado un éxito verdadero y siempre tuvo aquello que más importaba, pero no se daba cuenta. En nuestra sociedad, por lo general, el éxito se asocia a la riqueza, la posición social y la prominencia en una carrera; según esos estándares, esta persona no tenía éxito en su vida. Sin embargo, el éxito que se define aquí se mide de manera muy diferente.

Hay una canción de Phil Vassar, llamada «Don't Miss Your Life» (No te pierdas la vida), que habla de dónde pasamos nuestro tiempo y lo que realmente importa más. Aquí hay algunos versos traducidos:

En un avión a la costa oeste, con la laptop sobre mi bandeja,
papeles esparcidos en mi asiento y una fecha límite que cumplir.
Un hombre mayor que estaba sentado a mi lado me dijo: «Perdón por entrometerme; hace treinta años, mi ocupado amigo, yo era tú.
Gané un montón de dinero y escalé de posición,
sí, yo era Superman, pero, ahora, ¿qué importa?

»Me perdí los primeros pasos de mi hija.
La vez que mi hijo interpretó al Capitán Garfio en «Peter Pan»,
yo estaba en Nueva York, y dije "Lo siento, hijo, papá tiene que trabajar".
Me perdí el baile de padre e hija.
El primer jonrón, sin segunda oportunidad
de estar allí cuando él cruzó el plato;
el momento se ha ido, ahora es demasiado tarde.
La fama y la fortuna tienen un alto precio,
así que no te pierdas de la vida».[4]

Qué conmovedor recordatorio de uno de nuestros papeles más importantes en la vida. En este caso, el de ser padre. No se pierda de su *vida real*, aquella que brinda felicidad duradera gracias al tiempo que pasa usted con sus seres queridos.

Esto no quiere decir que su profesión no sea esencial para brindar seguridad y oportunidades a su familia. Simplemente, es importante reconocer que *vivir in crescendo* significa no sacrificar relaciones importantes y experiencias valiosas con quienes más amamos a cambio de cosas temporales que tienen poca importancia al final.

Cuando alguien se enfrenta a una grave crisis de salud que pone en peligro su vida, lo que más lamenta es no poder pasar más tiempo con sus seres queridos. Solo como un experimento, intente esto: al conversar con las personas, comience hablando sobre sus familias y vea lo mucho que se enternecen casi de inmediato. En mi experiencia, esta es una reacción universal.

Clayton Christensen, un estimado amigo y profesor de negocios de Harvard, escribió un libro cuyo título plantea una pregunta que invita a la reflexión: *¿Cómo valorarías tu vida?* Después de graduarse de la Escuela de Negocios de Harvard, en 1979, relata Clayton, todos sus compañeros de clase tomaron caminos diferentes, con grandes sueños de tener éxito en todos los aspectos de sus vidas. Cinco años después, cuando Clayton asistió a la reunión de exalumnos, descubrió que la mayoría de sus amigos estaban casados, tenían hijos, estaban iniciando empresas comerciales y recién comenzaban a ganar dinero. Para las reuniones de diez y 15 años después, muchos de sus excompañeros de clase tenían gran éxito en sus carreras y eran extremadamente ricos.

Sin embargo, Clayton se sorprendió al descubrir que muchos de ellos ya estaban divorciados e infelices con sus vidas personales. Con el paso del tiempo, muchos de sus amigos ya no vivían con sus hijos y tenían relaciones limitadas con ellos porque estaban dispersos por todo el país. Fue revelador para él darse cuenta de que su éxito en el mundo de los negocios no necesariamente se traducía en vivir felices al lado de las familias que habían estado con ellos al comienzo de su travesía:

> Puedo garantizar que ninguno de ellos se graduó con la estrategia deliberada de divorciarse y criar hijos que acabaran por alejarse de ellos. Sin embargo, un número impactante de ellos implementó esa estrategia. ¿La razón? No mantuvieron el propósito de sus vidas como prioridad cuando decidieron cómo invertirían su tiempo, talentos y energía.

Clayton piensa que el punto es «medir con su propia vara», es decir, elegir el criterio correcto para determinar cómo calibrar su vida:

> De hecho, es muy importante que tenga éxito en lo que sea que esté haciendo, pero esa no será la medida de su vida... Con demasiada frecuencia, medimos el éxito en la vida según el progreso logrado en nuestras carreras. Pero ¿cómo podemos asegurarnos de que no nos estamos desviando de nuestros valores como humanos en ese camino?[5]

Mi abuelo Stephen L. Richards tuvo éxito tanto en su vida privada como en su vida pública. Quizá nada de lo que enseñó me haya impactado más que este poderoso principio: «La vida es una misión, no una carrera».

A medida que trabajamos para descubrir y utilizar nuestras habilidades, creencias, talentos, pasión, inteligencia, tiempo, recursos —todo lo que somos—, finalmente, descubrimos nuestra misión única. Cuando escuchamos y seguimos nuestra conciencia con regularidad, la capacidad de discernir a quién ayudar y qué hacer se fortalece. La respuesta llegará por sí sola.

Esto significa que no debe usted permitir que las redes sociales, la industria del entretenimiento, su vecino, amigo, el carnicero, el panadero, el fabricante de velas o incluso su peluquero definan el éxito para usted. El éxito es diferente para cada persona. Debe alinear su definición de éxito con sus valores. Muestre integridad al ser fiel a usted mismo.

Hay ciertos principios universales que son generalmente conocidos y aceptados por la mayoría de las personas y que trascienden la cultura y la geografía: honestidad, justicia, decencia, lealtad, respeto, consideración, integridad, etc. Como el Norte que señala una brújula, estos principios son objetivos y externos; reflejan leyes naturales, no valores que son subjetivos o internos.

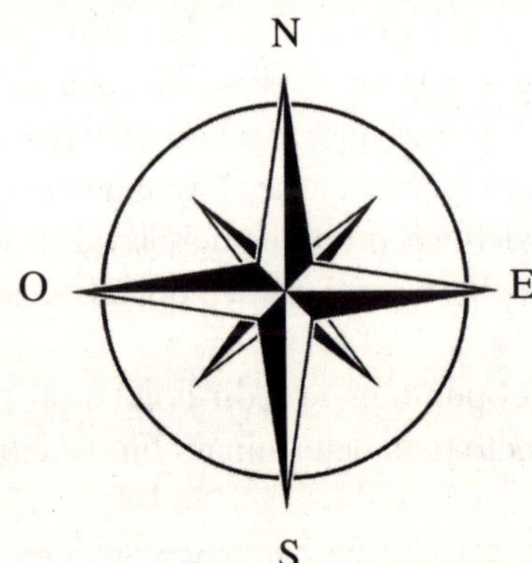

Una brújula proporciona dirección, propósito, visión, perspectiva y equilibrio. Cuanto más alineados estén nuestros valores con los principios correctos, más precisos y útiles serán. Y si sabemos leer mapas, no nos perderemos, confundiremos o nos veremos engañados por voces y valores en conflicto.

Es importante descubrir su propósito y misión respecto a su familia, su ocupación, su comunidad y cualquier otro papel que pueda desempeñar. Y luego, vivir por ese propósito. A medida que atravesamos los altibajos de la vida, especialmente en la fase de la mediana edad, necesitamos usar nuestra brújula moral para que nos guíe y dirija.

Vivir la *mentalidad crescendo* significa que puede tomar el control, responder a lo que le sucede y mejorar o cambiar su situación, consciente de que puede tomar decisiones positivas que transformen su paradigma de una mediana edad desafiante, e incluso estancada, a una vida plena en expansión.

> *La vida no se trata de encontrarse a sí mismo,*
> *sino de crearse a sí mismo.*
> Adagio atribuido a GEORGE BERNARD SHAW

Si cree verdaderamente que «su mayor éxito está siempre un paso adelante», logrará tener la motivación para seguir intentándolo, aprendiendo, cambiando y adaptándose a nuevos desafíos y contratiempos temporales. Creer y responder de manera proactiva le devolverá el timón de su vida y lo capacitará para trazar su propio rumbo emocionante... a cualquier edad, ya sea mediana edad u otra.

Si está experimentando problemas de mediana edad, la adopción de este paradigma es clave. He aprendido que, si uno quiere hacer pequeños cambios en su vida, hay que cambiar de actitud. Pero *si quiere hacer cambios grandes y significativos, trabaje en cambiar su paradigma*. Como un par de anteojos, un paradigma es la lente a través de la cual vemos la vida. La lente que elija afectará la forma en que ve todo.

Primero lo primero

A menudo enseño que uno no quisiera llegar al final de su vida y darse cuenta de que la escalera hacia el éxito que ha estado subiendo está apoyada en la pared equivocada. Debe asumir la responsabilidad y tener iniciativa para decidir lo que valora y prioriza en cuanto a las cosas más transcendentales, es decir, aquellas cosas que en verdad importan a largo plazo. *Primero lo primero* es el tercero de *Los 7 hábitos de la gente altamente efectiva*; y este es a menudo el más crucial que uno debe aplicar en la batalla de la mediana edad. Es un principio de acción y poder.

La *mentalidad crescendo* promueve la idea de que nunca es demasiado tarde para comenzar, independientemente de su edad o la etapa de la vida en que se encuentre, incluso si nunca ha tenido éxito. Aunque puede que esté luchando y sienta que está perdiendo la batalla de la mediana edad, tiene en sus manos todo el poder de cambiar. Nunca es demasiado tarde para reparar las relaciones rotas dentro de su familia, para comenzar a pasar más tiempo con sus seres queridos, para realinear sus prioridades.

Depende completamente de usted tomar la decisión de comenzar a restaurar relaciones importantes, incluso si es necesario, antes de ello, hacer un poco de control de daños y disculparse por el comportamiento pasado o la negligencia. Reúna el coraje y la visión para hacerlo realidad. Será una de las mejores decisiones que tomará y de las que nunca se arrepentirá. Alcanzar el éxito en los roles y relaciones más importantes de su vida equivale a encontrar el éxito verdadero y la felicidad.

Como comentó el secretario general de las Naciones Unidas, Dag Hammarskjöld: «Es más noble entregarse por completo a un individuo que trabajar diligentemente por la salvación de las masas». Un ejecutivo puede estar muy involucrado y dedicado a su trabajo, a los proyectos de su iglesia o de la comunidad y, aun así, no tener una relación profunda ni significativa con su propio cónyuge. Se necesita más nobleza de carácter, más humildad y más paciencia para desarrollar una relación con una pareja de lo que se requeriría para prestar un servicio continuo y dedicado a muchas personas.

A menudo justificamos el hecho de descuidar a los individuos, en parte porque recibimos muchas expresiones de estima y gratitud de las masas. Sin embargo, es crucial reservar tiempo y entregarse por completo a las personas. Los niños, en particular, son más abiertos cuando convives con ellos a solas, cuando se sienten realmente comprendidos y queridos.

Recuerdo haber escuchado una historia sobre un padre que llevó a su familia a varias vacaciones durante un verano, incluyendo la visita a algunos sitios de importancia histórica. Al final del verano, le preguntó a su hijo adolescente qué había disfrutado más. Y, en lugar de elegir alguno de los lugares importantes que habían visitado, su hijo simplemente respondió: «¡Lo que más me gustó del verano fue esa noche en la que los dos nos quedamos acostados en el césped y observamos la estrellas y platicamos!».

Para el padre fue todo un cambio de paradigma darse cuenta de que en realidad no importa lo que se hace, sino lo que sentimos cuando se hace. Siempre tuvo la capacidad de darle a su hijo algo de gran valor sin siquiera salir de su patio trasero. ¡Y no le costó ni un centavo!

Las cosas que más importan nunca deben estar a merced
de las cosas que menos importan.
Frase atribuida a Johann Wolfgang von Goethe

Entonces, ¿qué tiene que ver todo esto con vivir una vida *in crescendo*, particularmente durante la etapa de la mediana edad, que a menudo es complicada, y a veces incluso una batalla? Muchas personas se sienten empujadas en demasiadas direcciones cuando atraviesan por este período y deben luchar para apegarse a las prioridades que valoran. Hay tanta presión para sobresalir en su carrera, para lograr el «éxito» como lo define el mundo, para hacerlo todo a cierta edad o en cierta etapa, que esto opaca (y distorsiona) las cosas que realmente importan más en la vida. Es una pelea constante en contra de la tendencia a ceder a las normas sociales, de tratar de seguirle el paso a la «gente exitosa» y dejarse llevar por ese pensamiento egocéntrico que siempre quiere más.

Aunque hay muchas cosas importantes que un individuo o una familia necesitan, como un hogar cómodo, oportunidades educativas, transporte y recreación, lo que más necesitan es tiempo, amor y atención.

Esfuércese por tener éxito en sus papeles más importantes

Todas las familias tienen situaciones únicas y es posible que usted desempeñe muchos roles diferentes dentro de la suya. Es posible que usted mismo no sea padre o madre, pero como hijo o hija puede ser una bendición para sus padres mayores, que pueden tener problemas de salud. Conozco a una mujer soltera que vive con su madre, quien sufre de diabetes y una afección cardíaca. Ella se toma en serio su papel de hija y de cuidadora, hace sacrificios personales y rara vez sale con amigos. Un par de veces al año, una hermana que vive fuera de la ciudad la releva durante un par de días. Pero, ya que sabe que le queda muy poco tiempo con su madre, esta otra hija se contenta con amarla y cuidarla en su propia casa, donde es más feliz.[6]

Tal vez usted tenga un hermano o una hermana que se ha ido por el camino equivocado y podría necesitar ánimo, consejos o ayuda. Tal vez no tenga hijos propios, pero si es tía o tío, puede tener una gran influencia en su sobrina o sobrino solo con mostrar interés en ellos. Puede ir a sus partidos de futbol u obras de teatro, ofrecerse para cuidarlos, llevarlos a clases de música o ayudarlos con algún proyecto escolar.

Conozco a alguien que es diligente en su papel de hermano solidario de su hermana mayor, Jenny, que es soltera y vive sola. Debido a que sus padres ya mayores viven a cuatro horas de distancia y tienen muchos problemas de salud, no están tan involucrados en la vida de su hija como les gustaría. Jenny no tiene mucho contacto con sus otros hermanos, a menudo les dice cosas insensibles sin pensar y, a veces, se aprovecha de ellos económicamente.

Sin embargo, su hermano Blake toma la iniciativa de mantenerse en contacto con Jenny cada semana, ya sea por medio de llamadas telefónicas o mensajes de texto; le ayuda a encontrar empleo, le brinda apoyo durante los problemas de salud o simplemente se mantiene al pendiente de ella. La esposa de Blake es también comprensiva y se asegura de incluir a Jenny en muchas de las actividades familiares, sobre todo, durante las vacaciones y los eventos especiales. En consecuencia, Jenny se siente cómoda en las reuniones familiares y tiene una buena relación con sus sobrinos.

Un día, Blake la invitó a una cena por su cumpleaños, en su restaurante favorito y con su familia. Jenny le confesó que se habría quedado sola en casa, en esa fecha especial, si él no hubiera planeado una celebración en su honor. Qué vida tan distinta tendría ella si Blake no valorara su importante papel como hermano e hiciera el esfuerzo de involucrarse en su vida, bendecido por una valiosa conexión familiar.[7]

Siempre he creído y enseñado que el trabajo más importante que uno puede hacer en la vida es dentro de su propio círculo familiar y, en última instancia, es ahí donde podemos encontrar la felicidad y la realización más duraderas.

> *Independientemente de lo importante que sean sus obligaciones como doctores, abogados o líderes empresariales, antes que nada, son humanos. Y las conexiones que formen con su pareja, sus hijos y sus amigos serán las inversiones más importantes que harán en su existencia. Al final de su vida, nunca se arrepentirán de no haber aprobado un examen más, de no haber ganado otro veredicto o de no haber cerrado un último trato; se arrepentirán del tiempo que no pasaron con su pareja, sus amigos, sus hijos o sus padres... Nuestro éxito como sociedad no depende de lo que suceda en la Casa Blanca, sino de lo que suceda dentro de su casa.*
>
> Barbara Bush a un grupo de graduadas de Wellesley College[8]

Sin importar los roles específicos que son trascendentes y significativos para usted —dentro de su familia, como mentor, como amigo confiable, en su trabajo y carrera, como miembro contribuyente de la comunidad, brindando servicio a causas valiosas—, todos ellos son una buena medida del éxito. Entonces, el éxito se determina por lo que usted valora y por cómo responde, en lugar de cómo lo define la sociedad o cómo se compara con los demás y qué tanto está a su altura. A medida que trabaje para tener éxito en sus roles más importantes en la vida, alineará su definición de éxito con sus valores.

Uno muestra integridad cuando es fiel a *sus* propios valores.

En su clínica en Etiopía, el Dr. Rick no tiene el equipo necesario para ver las radiografías, así que improvisa sosteniéndolas hacia el sol abrasador. Esto funciona, y así puede diagnosticar a las muchas personas que ve todos los días sin costo alguno para ellas. La dura realidad es que en Etiopía solo hay un médico por cada 40 000 personas. Muchos de los pacientes de este doctor viajan cientos de kilómetros desde aldeas remotas, a veces en la parte trasera de camiones, para atenderse en su clínica de una habitación, en la Misión de la Madre Teresa, en Addis Abeba. El doctor los examina, hace un diagnóstico y luego trabaja creativamente para obtener el medicamento, la cirugía o la atención especial que necesiten, confiando en la generosidad de otros para solicitar fondos y en los médicos para realizar cirugías gratuitas. Hace todo lo que puede para ayudar a sus pacientes, ya que sabe que puede ser su única esperanza para sobrevivir.

Originario de Long Beach, el Dr. Rick Hodes fue por primera vez a Etiopía como trabajador humanitario durante la hambruna de 1984. De inmediato, se sintió atraído por la gran necesidad del trabajo humanitario que vio de primera mano, y desde que descubrió la Misión de la Madre Teresa, regresó varias veces para ayudar, hasta que finalmente decidió quedarse. En 2001, siendo un hombre soltero de mediana edad, decidió adoptar a dos huérfanos para que pudieran operarlos con cargo a su seguro médico. Mientras pensaba y oraba al respecto, «la respuesta que me llegó», recuerda, «fue "Dios te está ofreciendo la oportunidad de ayudar a estos chicos. ¡No la rechaces!"».

El Dr. Hodes es especialista en cáncer, enfermedades cardíacas y afecciones de la columna. Hace arreglos para que los médicos estadounidenses realicen cirugías gratuitas a muchas personas con paladar hendido u otras deformidades faciales y diversas condiciones médicas. También comparte su modesto hogar en Addis Abeba, a veces hasta con veinte niños, que viven felizmente con él. Ha adoptado a cinco, el número máximo permitido en Etiopía. «Siempre que queda medio colchón disponible, acojo a alguien nuevo», dice con sencillez.

Cuando el Dr. Irving Fish, entonces director de Neurología Pediátrica de la Facultad de Medicina de la Universidad de Nueva York, visitó la misión donde trabajaba el Dr. Hodes, quedó impresionado por su gran generosidad y su asombrosa habilidad para resolver problemas médicos difíciles. «Rick podría haber sido muy exitoso ejerciendo como médico en Estados Unidos, pero eligió hacer algo mucho más difícil», dice el Dr. Fish. «Nunca he conocido a nadie como él. Es excelente para diagnosticar. Solo él, su estetoscopio, su cerebro y su corazón».

Mientras la mayoría de los estadounidenses dan por sentado el hecho de tener agua caliente y electricidad, el Dr. Hodes vive sin estas comodidades. Ha hecho enormes contribuciones a la salud de toda la región donde vive y trabaja. Por todo ello, su labor ha inspirado a cineastas, autores y medios de comunicación por igual. Su mantra personal, tomado de su pasaje favorito del Talmud, nos da una idea de dónde se encuentran sus prioridades: «Salvar una vida es como salvar un mundo entero».[9]

Ahora que ha llegado a la etapa de la mediana edad, el Dr. Rick Hodes sigue siendo fiel a lo que más valora: el servicio a una comunidad desfavorecida, y tiene un gran éxito en este papel tan importante. Para él, la vida es definitivamente una misión y no solo una carrera.

¡Tome el control y actúe!

Hace muchos años, sin darme cuenta, me topé con una idea poderosa que verdaderamente me cambió la vida y ha influido desde entonces en mi forma de pensar. Aunque nunca he podido localizar la fuente o el autor, la idea, en esencia, es esta:

> Existe un espacio entre el estímulo y la respuesta. Dentro de ese espacio se encuentra nuestra libertad y el poder de elegir nuestras respuestas. En esas elecciones radica nuestro crecimiento y felicidad.

La segunda perspectiva de la *mentalidad crescendo* en la etapa de la mediana edad es clara: si está librando una batalla con dicha fase, atrapado en una rutina, si necesita cambiar algún comportamiento destructivo y mejorar o reinventarse a sí mismo, sus relaciones o su carrera, acéptelo, tome el control y actúe para generar un cambio positivo.

Con un peso de 180 kg, el director Ernie Nix apenas podía caminar por los pasillos de su escuela secundaria sin sentirse exhausto. Su nivel de colesterol estaba en 440, su presión arterial era de 220 sobre 110 y su médico le dijo que se dirigía a una muerte muy dolorosa, probablemente dentro de cinco o seis años.[10]

«Si quería ser de utilidad para alguien… si quería llevar la escuela a donde sé que tenía que estar… el líder de esta necesitaba cambiar», admitió Nix. «No había manera de seguir adelante con esos 180 kg».

Ernie decidió asumir la responsabilidad y tomar el control de su salud y, en última instancia, de su futuro, mediante grandes cambios en su vida. Se despertaba a las 4:30 cada mañana y caminaba de 5 a 6 a. m. Con su apretada agenda, ese era el único momento en que podía hacer este cambio significativo en su estilo de vida. Además de empezar a hacer ejercicio de manera regular, se unió a Weight Watchers para recibir educación y apoyo, con lo que cambió por completo sus hábitos alimenticios. Su esposa tampoco estaba en buena forma, por lo que se unió a él en esta búsqueda de un estilo de vida saludable.

Aunque fue un proceso muy lento y requirió mucha disciplina, a la larga, valió la pena. Ernie perdió 78 kg el primer año. Esto inspiró al subdirector, la secretaria, el conserje, algunos maestros y un consejero a seguir su ejemplo, y todos ellos también perdieron mucho peso. Ernie quería ser un buen ejemplo, por lo que ofreció a sus alumnos opciones de almuerzos más saludables e hizo que las clases de Educación Física fueran más competitivas y divertidas. Una de sus mayores recompensas fue cuando un estudiante, al que no había visto en mucho tiempo, se detuvo en seco al encontrarlo y exclamó con entusiasmo y una enorme sonrisa: «Sr. Nix, ¡guau!».

Cuando perdió 68 kg, Ernie comenzó a correr y, tiempo después, a participar en maratones, incluso apareció en la revista *Runner's World*. Después de dos años, Nix había perdido un total de 100 kg (su esposa bajó 45) y tenía mucha más energía y entusiasmo que ofrecer a sus estudiantes y a la administración. Se sentía saludable y feliz por primera vez en años.

Ernie usó ese «espacio» entre el estímulo y la respuesta para hacer una pausa y cambiar sus hábitos, y, finalmente, esto lo llevó a salvar su vida y a mejorar la de aquellos que lo rodeaban. En sus palabras: «Elijo no ser miserable, *es una elección*».[11]

Si se siente estancado en la etapa de la mediana edad, la buena noticia es que hay mucho que puede hacer; puede dar un giro, cambiar y hacer mejoras. Como aprendió Ernie Nix, su comportamiento depende de sus decisiones, no de sus condiciones. Usted tiene el poder de reinventarse para que sus mejores días aún estén por llegar.

A veces, cuando se está en medio de una carrera exitosa, puede suceder algo inesperado que nos obliga a cambiar por completo de dirección.

Steve, el dueño de un negocio, se vio obligado por sus socios a abandonar de la noche a la mañana una empresa que había fundado veinte años atrás. A los 46 años, estaba desanimado, desempleado y con una familia de cuatro; temía por su futuro. Después de deliberar cuidadosamente, decidió cambiar de carrera, y entró a la Facultad de Derecho a los 47 años. Era, por mucho, el estudiante de mayor edad en la clase.

Después de algunos meses, Steve recuerda haber llegado al estacionamiento vacío de su escuela, a las 5 a. m., en una sombría mañana de invierno. Todo estaba completamente oscuro y helado; de pronto, el pensamiento aterrador de «¿qué he hecho?» se cernió sobre él como una nube de tristeza. Le aguardaban varios años de estudio y, a su edad, no podía evitar sentir dudas y ansiedad. Casi paralizado por sus pensamientos de fracaso, luchó contra sus miedos y reafirmó su determinación de que iba a salir adelante a pesar del duro camino que tenía por delante. Decidió concentrarse solo en mirar hacia un nuevo futuro y siguió adelante con coraje y optimismo.

Steve estudió con ahínco durante todo el año y terminó graduándose en dos años y medio. A los 49 años, creó su propio bufete de abogados, el cual, en poco tiempo, estaba prosperando: tenía más trabajo del que podía manejar, en una carrera nueva y satisfactoria.[12]

¡Siga avanzando!

Aunque puede ocurrir una *fermata* (pausa) inesperada durante la etapa de la mediana edad, no se desanime ni se dé por vencido. Con el nuevo paradigma de *mentalidad crescendo*, sabe que aún quedan muchas más sinfonías por escribir e interpretar. Aunque no siempre puede elegir qué rumbo tomará su vida, siempre es posible concentrarse en lo que sí puede controlar: mirar con optimismo hacia el futuro, trabajar duro, perseverar y creer con firmeza que su situación mejorará a la larga. Use ese espacio entre el estímulo y la respuesta para dar un paso hacia atrás, examinar, reiniciar y elegir sabiamente.

Muchas veces, las personas se sienten insatisfechas con su trabajo, en la mitad de una carrera, porque no se han mantenido al día con las nuevas prácticas, los métodos, la capacitación o la tecnología. El aburrimiento o la falta de realización no son las únicas razones por las que las personas se estancan o quieren cambiar de carrera. A menudo se debe a que no se han esforzado mucho por mantenerse actualizadas y competentes en el campo elegido.

Es posible que deba reinventarse, volver a la escuela, investigar lo que le apasiona o descubrir aquello por lo que tiene una inclinación natural y establecer contacto con personas que podrían ayudarlo a emprender un cambio de carrera significativo. Necesitamos evolucionar constantemente para evitar quedar obsoletos.

¡Recuerde que el presente no dura para siempre! Una vez que haya superado la crisis, puede darse cuenta de que lo que aprendió en el camino fue la parte más valiosa del viaje.

No conozco ningún hecho más alentador que la incuestionable capacidad de la humanidad para elevar su vida mediante un esfuerzo consciente.

HENRY DAVID THOREAU

Aunque no lo consideré una crisis de la mediana edad, yo mismo pasé por una lucha personal durante esa etapa de mi vida. Después de obtener una maestría, sentí que mi pasión y mis habilidades estaban orientadas a la enseñanza, así que, en lugar de ingresar al negocio hotelero familiar, que no me interesaba, acepté un puesto docente en una universidad privada. Me encantaba enseñar a los estudiantes nuevos conceptos e ideas que pudieran aplicar a sus vidas, así como a una carrera futura. Enseñé una variedad de clases de comportamiento empresarial y organizacional durante más de veinte años. Después de casi una década, me dispuse a completar mi doctorado, algo que realmente amplió mi visión en el área del desarrollo humano.

Durante la década de 1970 y principios de la de 1980, comencé a realizar consultoría empresarial privada para varios líderes y organizaciones en todo Estados Unidos. Me encantaba tomar los principios que había desarrollado en el salón de clases y aplicarlos directamente a las muchas empresas que me contrataron. En ese momento, me sentí muy honrado y emocionado cuando mis colegas en el Departamento de Comportamiento Organizacional me nominaron para convertirme en profesor titular. Sin embargo, el jefe de mi departamento emitió un voto en contra e influyó en el comité para que no me otorgara la cátedra completa aún, porque no había investigado lo suficiente ni publicado lo suficiente como para justificar el ascenso.

Fue una gran decepción, ya que sentí que la enseñanza era mi verdadera pasión y misión, no la investigación. Aunque leía y escribía con frecuencia en mi área de especialidad y había comenzado a explorar lo que luego se convertiría en *Los 7 hábitos de la gente altamente efectiva*, tenía poco interés en publicar dentro de las revistas de mi departamento. También había soportado una gran carga de enseñanza, de 12 a 15 horas por semestre, mientras la mayoría de los profesores enseñaban de seis a nueve horas. Sin embargo, sabía que la investigación y la publicación eran cruciales para el éxito en una universidad, por lo que tuve que reconsiderar seriamente mis opciones.

Comencé a trabajar más como consultor de negocios y se me hizo difícil hacer malabares con la enseñanza y los viajes mientras ayudaba a mi esposa, Sandra, a criar una familia. Pero enseñar lo que llamé *liderazgo centrado en principios* a ejecutivos de empresas que podían aplicar mis ideas directamente a sus empleados y organizaciones fue estimulante. Después de veinte años de enseñanza, y ya que me sentía un tanto estancado en mi trabajo en esos últimos días, era hora de un cambio.

Sandra y yo lidiamos con la decisión por un tiempo, pero al final resolvimos dar un gran salto de fe y entrar al mundo de los negocios por nuestra cuenta. Alejarme de un salario estable, a la edad de 51 años fue un movimiento arriesgado, pero sabía que quería comenzar mi propia firma de consultoría. Decidimos hipotecar tanto nuestra casa como nuestra cabaña y comenzar una nueva empresa: Stephen R. Covey & Associates. Sandra fue cómplice en esta determinación y tenía plena confianza en que yo podría llevarla a cabo, además de que me brindó todo el apoyo que necesitaba para emprender este gran cambio en nuestras vidas. Con varios niños viviendo en casa y algunos en la universidad, sabíamos que tendríamos que apretarnos el cinturón y hacer muchos sacrificios. Pero ambos sentimos que era el momento indicado.

La decisión resultó ser la correcta. Trabajar como consultor de negocios a tiempo completo desafió y amplió mis habilidades y capacidades de maneras diferentes a las que había experimentado antes.

Después de pasar diez años desarrollando el material para mi libro, Simon & Schuster se arriesgó con un autor desconocido y en

1989 publicó *Los 7 hábitos de la gente altamente efectiva*. A partir de ese momento, las cosas despegaron. Pude cumplir mi sueño de hablar alrededor del mundo sobre los principios básicos que creía que eran innatos en cada cultura y pueblo.

Siempre me he considerado un maestro de corazón, aunque nunca hubiera tenido la oportunidad de llegar a tantas personas si no hubiera dejado la universidad cuando lo hice. Siempre he estado agradecido por mis años de enseñanza que proporcionaron la base para iniciar mi propio movimiento durante la mediana edad y me permitieron tener una carrera de consultoría y escritura, es decir, de *vivir la vida in crescendo*.

Comparto mi experiencia personal aquí porque no siempre es fácil descubrir dónde se encuentran nuestras pasiones, talentos o misiones en la vida. Le puede llevar algo de tiempo y un esfuerzo considerable descubrir en qué es bueno y qué quiere hacer.

Sin embargo, es vital tomar el control de lo que está estancado en su vida y *actuar* de manera proactiva y valiente para lograr un cambio positivo. Al igual que el signo *crescendo* <, durante esta etapa de la mediana edad usted debe progresar, aumentar continuamente, ampliando su alcance y oportunidades, anticipando cosas nuevas que aprender y lograr, con el fin de prepararlo para la próxima oportunidad emocionante que llegue a su vida.

CAPÍTULO 2
Ame servir

Hay mucha gente que puede hacer grandes cosas. Pero hay muy pocas personas que harán las cosas pequeñas... Quizá no hagamos grandes cosas en esta tierra, pero podemos hacer cosas pequeñas con gran amor.
MADRE TERESA

El amor por servir a los demás es una característica central de vivir *in crescendo.* Sin importar en qué etapa de la vida se encuentran, las personas que sirven observan más allá de sí mismas y encuentran necesidades que pueden satisfacer. Aunque parezcan ordinarias o aparentemente sin importancia, nuestras pequeñas y buenas acciones pueden convertirse en algo que valga la pena para otra persona.

Hacer pequeños actos de servicio es muy parecido a plantar una semilla de mostaza, que es tan pequeña que apenas se puede ver. Pero cuando se planta y crece, se convierte en la mejor hierba de todas y, finalmente, en un árbol enorme, tan grande que los pájaros llegan a posarse en sus ramas. Lo mismo ocurre con las oportunidades de servir: están a su alrededor si tan solo usted las busca. Muchos pequeños actos de servicio pueden producir enormes resultados.

Muestre gratitud

Cultive el hábito de ser agradecido por todo lo bueno que recibe y dé gracias continuamente. Y, puesto que todas las cosas han contribuido a que usted progrese, debe incluirlas en su gratitud.
RALPH WALDO EMERSON

Cuando empieza a sentir que la vida se le ha pasado, lo mejor que puede hacer, irónicamente, es reconocer y agradecer todo lo que tiene. Vivir *in crescendo* incluye mostrar gratitud constante, incluso cuando sienta que no hay mucho por lo que estar agradecido. Cambiar su forma de pensar, de la autocompasión a la objetividad y la gratitud, resulta curativo e incluso transformador.

El amor por servir comienza cuando miramos fuera de nosotros mismos. Una vez que lo hacemos, podemos ver cosas por las cuales estar agradecidos, a pesar de los posibles contratiempos de la mediana edad; nuestra gratitud puede darnos una perspectiva sobre cualquier lucha que estemos atravesando.

A los 53 años, la vida de John Kralik se encontraba en un punto bajo, terrible y aterrador. Su pequeño bufete de abogados estaba fracasando. Estaba pasando por un doloroso segundo divorcio. Se había distanciado de sus dos hijos mayores y temía perder el contacto con su hija pequeña. Vivía en un pequeño departamento donde se congelaba en invierno y se asaba en verano. Tenía casi 20 kg de sobrepeso. Su novia acababa de terminar con él. En general, los sueños de su vida parecían haberse deslizado más allá de su alcance para siempre.

Inspirado por una hermosa y sencilla nota que su exnovia le había enviado para agradecerle por su regalo de Navidad, John imaginó que podría encontrar una manera de sentir gratitud escribiendo notas de agradecimiento. Para seguir adelante, se fijó la meta de que, sin importar lo que pasara, escribiría 365 notas de agradecimiento el próximo año.

Una por una, día tras día, comenzó a escribir a mano notas de agradecimiento por obsequios o atenciones que había recibido de sus seres queridos y compañeros de trabajo, de antiguos socios comerciales e incluso de abogados opositores, de amigos de la universidad y médicos, empleados de tiendas, gente de mantenimiento, vecinos... de cualquiera, absolutamente cualquiera, que hubiera hecho una buena acción en su favor, por pequeña o grande que fuera.

Poco después de haber enviado sus primeras notas, John comenzó a recibir importantes y sorprendentes beneficios, desde ganancias financieras hasta una verdadera amistad, desde perder peso hasta encontrar la paz interior. Mientras John escribía sus notas, la economía colapsó y el banco al otro lado de la calle de su oficina quebró; sin embargo, nota de agradecimiento tras nota de agradecimiento, su vida entera cambió. Irónicamente, descubrió que mientras miraba hacia afuera y expresaba su sincera gratitud a aquellos que habían bendecido su vida, sanaba por dentro y podía volver a ver el futuro con optimismo.

Después de ejercer como abogado durante treinta años en California, John Kralik logró su sueño y fue nombrado juez en el Tribunal Superior de Los Ángeles. Solo dos años después de que su vida estuviera en su punto más bajo, John publicó la historia de cómo superó su aparente crisis de la mediana edad en un libro titulado *A Simple Act of Gratitude: How Learning to Say Thank You Changed My Life* (Un simple acto de gratitud: cómo aprender a decir gracias cambió mi vida).

Su simple mensaje buscar activamente razones para mostrar gratitud hacia las personas en nuestra vida, a través de una nota sincera escrita a mano, ha inspirado a muchos otros que se convirtieron en beneficiarios de sus acciones. Aunque decir «gracias» es algo que aprendemos cuando somos jóvenes, en realidad, escribir una nota a mano es una práctica poco común y sorprendentemente valorada en esta era digital.[13] Esta es la forma de pensar de la *mentalidad crescendo*; a medida que usted cambia su enfoque —de sí mismo a los demás—, su vida e influencia se expanden y, como descubrió John, sus mejores años aún pueden estar por delante.

La Madre Teresa, quien llevó una vida de servicio, conocía la importancia de la gratitud y las recompensas para el que da:

> Un mendigo se me acercó un día y me dijo: «Madre Teresa, todos te dan cosas para los pobres. Yo también quiero darte algo. Pero hoy, solo pude obtener diez centavos. Quiero darte eso».
>
> Me dije a mí misma: «Si los tomo, es posible que tenga que irse a la cama sin comer. Si no los tomo, lo lastimaré». Así que los tomé. Y nunca he visto tanta alegría en el rostro de una persona que donara su dinero o comida como vi en el rostro de ese hombre. Estaba feliz de que él también pudiera dar algo.[14]

Esta ofrenda de un hombre tan pobre, en apariencia pequeña, probablemente lo bendijo más que a cualquiera que la haya recibido, pero su sentido de gratitud era evidente. Experimentó la verdadera alegría de poder dar algo a alguien aún menos afortunado que él. Estaba lleno de gratitud. Del mismo modo, si usted encuentra formas de mostrar gratitud por lo que tiene, incluso en medio de la crisis de la mediana edad, le prometo que descubrirá una gran cantidad de alegría que nunca pensó que fuera posible, y obtendrá información sobre cómo mejorar su propia situación.

La importancia de dar

La mejor parte de la vida de un buen hombre son sus pequeños, anónimos y olvidados actos de bondad y amor.
WILLIAM WORDSWORTH

Si está experimentado dificultades en la etapa de la mediana edad esperando que suceda algo bueno, olvídese de usted mismo y de sus problemas por un tiempo, salga y sea de utilidad para alguien más. A medida que ayuda a alguien o lo alienta, aunque sea de una manera pequeña, puede aligerar su carga y levantarle el ánimo de una manera que también levantará el suyo.

Una pareja organizó un pequeño grupo para limpiar la casa y el patio de una de sus vecinas, que estaba abrumada y necesitaba una pequeña inyección de esperanza. Trabajaron arduamente durante varias horas mientras ella no estaba e hicieron que su casa y su jardín se vieran más limpios y relucientes. Cuando la vecina regresó a casa, muy sorprendida y agradecida, publicó este conmovedor mensaje en Facebook:

> Un enorme y sincero agradecimiento a las «hadas de la limpieza» que decidieron visitar mi casa hoy, quienquiera que sean. ¡Tuvo que ser más de una para poder mover mi refrigerador! Las palabras no pueden expresar lo agradecida y bendecida que me siento por tener amigos como ustedes en mi vida. Lloré cuando entré esta noche a mi casa. Estoy abrumada por el amor que siento. ¡Realmente conocen el significado del servicio y nunca podría transmitir cuánto los aprecio! Me han quitado una gran carga de encima, así que, desde el fondo de mi corazón, ¡GRACIAS![15]

Además del impacto positivo en la vida de esta persona, imagine los efectos en quienes iniciaron el esfuerzo. A veces, si miramos a nuestro alrededor, podemos encontrar a alguien en una situación aún más difícil que la nuestra. Aunque no sabemos a qué desafíos personales se estaba enfrentando esta joven pareja en el momento, el resultado final de aligerar la carga de una vecina en apuros traería gozo a sus propias vidas. Eso es algo que el dinero no puede comprar y de lo que nunca te cansas. El acto de dar a los demás sin esperar nada a cambio es su propia recompensa.

Cuando enfrente momentos difíciles, imagine la sensación de ofrecer una mano amiga a alguien que se encuentra en una situación similar. Parte de la *mentalidad crescendo* implica creer firmemente que «su trabajo más importante está siempre por venir», así que ofrezca de forma activa su ayuda a otros durante sus momentos de necesidad, en especial si usted mismo ha recibido ayuda.

Jorge Fierro creció en Chihuahua, México, y siempre soñó con empezar un negocio en los Estados Unidos. Cuando finalmente cruzó la frontera, estaba solo, con muy poco dinero y no hablaba ni una palabra de inglés. Su primer trabajo fue en El Paso, Texas, cavando zanjas por un dólar la hora. Luego, trabajó como pastor de ovejas en Wyoming. Sin embargo, sabía que no lograría las altas metas que se había propuesto a menos que aprendiera inglés, y estaba muy comprometido a trabajar duro y hacer lo que fuera necesario para vivir el sueño americano algún día.

Jorge escuchó de otros inmigrantes que, si lograba llegar a Salt Lake City, podría aprender inglés en varios programas que ya estaban en marcha. Entonces, se dirigió a Utah por su cuenta. Cuando llegó, no conocía a nadie, por lo que inmediatamente se convirtió en parte de la población sin hogar. No obstante, pronto descubrió que estaba en una comunidad de personas de buen corazón. De alguna manera, siempre había alguien que lo alimentaba. Jorge se quedó en un refugio durante un par de meses, comenzó a aprender inglés y a trabajar por un salario mínimo lavando platos para mantenerse.

Cierto día en que extrañaba mucho su hogar, ansiaba comer un platillo mexicano clásico de frijoles y arroz, pero no encontraba disponible algo parecido a lo que anhelaba. Recordó con cariño la deliciosa receta de frijoles pintos de su madre y decidió preparar algunos para vender en el mercado de agricultores del centro. Se sintió animado cuando la gente probó los auténticos «frijoles de olla», como los llamaba él, y siguió preparando más para varios clientes que regresaban. Pronto se convirtió en un vendedor habitual en el mercado. Jorge también comenzó a hacer sus propios burritos y los vendía junto con otros platillos mexicanos.

Jorge sentía un gran deseo de compartir los diversos y coloridos sabores de su cocina nativa, por lo que se convirtió en una especie de embajador de su cultura y su comida. Poco a poco, expandió su negocio de frijoles pintos y burritos, a tortillas, arroz, salsa, guacamole; a la larga, tuvo más de 75 productos.

Hoy en día, estos productos se venden bajo la marca Rico Brand y se entregan semanalmente a casi cien supermercados, cafeterías y restaurantes de su comunidad. A lo largo de los años, Rico Brand ha prosperado y se ha convertido en una corporación multimillonaria.

Algunos amigos se acercaron a Jorge con la idea de que participara en Burrito Project (Proyecto Burrito), un movimiento nacional, sin afiliaciones políticas ni religiosas, con la misión de alimentar a los hambrientos y personas sin hogar en ciudades de todo el mundo. Jorge, ahora en su etapa de la mediana edad, de inmediato quiso ser parte de esta iniciativa, ya que valoraba el servicio como uno de sus roles más importantes. Como alguien que había experimentado la falta de vivienda en carne propia, se había comprometido personalmente a que algún día retribuiría a los demás. «Pay it forward» (devuelve el favor) se convirtió en el mantra de Jorge, y estaba tan comprometido con esta idea inspiradora que se la tatuó en el brazo. Con la oportunidad perfecta para ayudar a la población sin hogar, Jorge fundó Burrito Project SLC (en Salt Lake City).

Desde el almacén de distribución de Rico Brand, los voluntarios de Burrito Project prepararon y distribuyeron, por semana, entre seiscientos y mil burritos de arroz y frijoles, entre abril y diciembre de 2012. Bajo la dirección de Jorge, se prepararon tortillas, arroz y frijoles. Luego, grupos de voluntarios se reunieron para enrollar burritos en papel de aluminio y colocarlos en hieleras o bolsas para retener el calor, y otro grupo de voluntarios los entregaron en automóvil, a pie o en bicicleta, hasta quinientos burritos por día.

Desde 2012, cientos de voluntarios han donado su tiempo y servicios para hacer de este proyecto humanitario único un gran éxito, y fiel a su misión, Burrito Project está «comprometido a acabar con el hambre, un burrito a la vez». Desde 2017, Burrito Project SLC ha elaborado y entregado entre novecientos y 1 400 burritos calientes y nutritivos en Salt Lake City cuatro días a la semana (de lunes a jueves), más días que cualquiera de las otras treinta ciudades de Estados Unidos donde se lleva a cabo el Burrito Project.

Jorge explica su motivación diciendo: «A menudo no nos damos cuenta de lo bendecidos que somos. Estaba ansioso por ser un estadounidense exitoso y agradecido con aquellos que me ayudaron a tener éxito». Burrito Project es un esfuerzo humanitario único porque cualquiera puede participar y marcar la diferencia: no es necesario ser rico para ayudar, solo se necesita donar tiempo. Jorge cree que este programa ha tenido un gran impacto en la población sin hogar porque «más que nada, además de alimentarlos, les hacemos saber que nos importa su situación».[16]

Este servicio bendice tanto a quienes reciben el alimento como a Jorge y los voluntarios, porque estos, en lugar de enfocarse en sus propios problemas, canalizan la atención a los más necesitados. Así, *vivir la vida in crescendo* puede traducirse también como ver una necesidad y hacer algo al respecto, sin importar cómo le esté yendo a usted en ese momento. Estos son componentes clave para ayudarlo a conquistar sus batallas de la mediana edad. Mientras usted mire hacia afuera para bendecir a otros, también encontrará formas de superar sus propias batallas.

Nunca podemos pagar en gratitud; uno solo puede pagar «en especie» en otro momento de la vida.
ANNE MORROW LINDBERGH, *North to the Orient*

Brian LeStarge empezó a ejercer como docente porque quería encender el fuego en sus estudiantes por una materia que le apasionaba: la ciencia. Le encantaba pensar en tantos experimentos prácticos como pudiera para involucrar a sus alumnos de octavo grado. Sabía que, si podían superar la teoría y las reglas de cómo funcionan las cosas, sus alumnos se divertirían convirtiendo la ciencia en acción.

Él explica su filosofía de esta manera: «Como maestro de secundaria, siento que mi trabajo es lograr que los estudiantes se "enamoren" de mi disciplina. Necesito ganármelos para que mi materia resulte más interesante. Siempre estoy monitoreando si los chicos disfrutan de la clase y trato de enseñar con entusiasmo».

Cada año, lograba que los estudiantes se *enamoraran* haciendo sus propios cohetes, lanzándolos en el jardín trasero de la escuela, midiendo qué tan lejos llegaban y discutiendo por qué algunos tenían más propulsión que otros. Este era el punto culminante del año, y los estudiantes se volvían muy competitivos mientras construían el mejor cohete posible para ganar el preciado premio que se le otorgaba a aquel que llegara más lejos. También hacían estallar cosas en clase usando ciertos químicos (bajo circunstancias supervisadas), y a los chicos les encantaba encontrar las combinaciones correctas para lograrlo. El Sr. LeStarge era un maestro popular porque mostraba un interés genuino en sus alumnos, se aprendía sus nombres y compartía su pasión por la ciencia de una manera divertida e interesante.[17]

Sin embargo, después de muchos años de enseñanza y durante su etapa de mediana edad, comenzó a preguntarse si realmente lograba marcar una diferencia en cómo se sentían sus estudiantes acerca de la ciencia y si estaba influyendo en su futuro. Le resultaba difícil ver los resultados reales de las metas que se había fijado y, al no tener mucha retroalimentación positiva, se desanimó y comenzó a perder de vista el motivo por el cual había decidido dedicarse a la enseñanza.

Por fortuna, casi al mismo tiempo, fue inesperadamente nominado para un prestigioso premio de enseñanza en su distrito escolar por un grupo de padres que, sin que él lo supiera, sabían el impacto que estaba teniendo en sus alumnos. Muchos exalumnos escribieron sobre la influencia directa que él había tenido en ellos cuando decidieron ingresar a un campo relacionado con la ciencia en la universidad.

Después de que LeStarge ganara, su esposa escribió esta nota de agradecimiento a los involucrados:

> No tengo palabras para agradecerles por haber nominado a mi esposo para el premio de enseñanza. Significa tanto para nosotros saber que alguien se tomó el tiempo e hizo el esfuerzo. Mi esposo pone todo su empeño en su trabajo, desde hace muchos años, pero francamente es una labor agotadora que, a menudo, no recibe ni el crédito ni el respeto que merece. Este reconocimiento no podía llegar en mejor momento, ya que, en días recientes, mi esposo había estado desanimado por su trabajo e incluso había considerado cambiar de profesión después de tantos años. Sin embargo, el hecho de haber ganado este premio le ha demostrado que sus esfuerzos sí han marcado una diferencia en las vidas de muchos de sus exalumnos, ¡y se siente totalmente renovado! Él siempre ha tenido la esperanza de inspirar a otros por medio de su dedicación y pasión al enseñar ciencia, y ahora se da cuenta de que lo ha logrado. Por favor, transmitan nuestra profunda gratitud a todos aquellos que ayudaron con esta nominación.[18]

En años venideros, varios exalumnos llegaban de vez en cuando y sin previo aviso al salón de clases de LeStarge y le agradecían por la influencia que había tenido en ellos, eso siempre lo motivó a seguir trabajando.

Una década después de tomar su clase, un estudiante, que se graduó de la universidad en ingeniería mecánica y consiguió un trabajo en ese campo, volvió para contarle el impacto que su enseñanza tuvo en su vida. «Quiero que sepa», le dijo, «que usted fue la chispa que encendió mi interés por lo que terminé haciendo en la universidad y más adelante en mi carrera. La semilla que plantó creció y creció. Hizo un gran trabajo y tuvo un gran impacto en mí».[19] Incluso después de 27 años de enseñanza, fue maravilloso escuchar eso.

Como mencioné antes, durante la etapa de la mediana edad, muchos simplemente no se dan cuenta de cuán exitosos son en la vida de los demás porque es posible que no vean su impacto directo de inmediato. O es posible que no obtengan la retroalimentación necesaria que refleje su influencia positiva. Muchas personas tienden a compararse con otras para medir su éxito, pero el éxito verdadero no siempre es lo que parece ser. Un sentimiento de éxito verdadero puede llevar a que alguien reconozca el impacto positivo que otra persona tuvo sobre él y se lo devuelva a cambio. Un éxito, generalmente, promueve otro; esto continúa una y otra vez, haciendo el bien a lo largo del camino.

Existe una gran variedad de formas de servicio. Recuerde que el primer principio de vivir *in crescendo*, durante la etapa de la mediana edad, es esforzarse para tener éxito en sus papeles más importantes. A menudo, las personas que sirven a los demás no se dan cuenta del impacto positivo que tienen en la vida de aquellos a quienes sirven, el cual, a la larga, refleja el éxito verdadero en la propia. Los siguientes ejemplos son de personas comunes que hicieron cosas extraordinarias y bendijeron a otros en su etapa de mediana edad.

Una mujer cuenta la siguiente historia:

> Mi madre fue abordada en una tienda de comestibles por un señor mayor que conocía a su madre, Cleo Smith, y quería compartir el impacto que ella había tenido en su vida. Relató que él y su hermano fueron criados por un padre alcohólico y tuvieron una infancia muy dura e infeliz. Su madre se marchó cuando él era pequeño y no tenía ningún

recuerdo de ella. Vivían en las afueras de la ciudad, en una casa destartalada y rara vez recibían visitas. Pero en cada cumpleaños, escuchaba que alguien tocaba la puerta y, cuando la abría, ¡ahí estaba parada la Sra. Smith con un pastel para celebrarlo! Ella era la única persona que le había ofrecido ese detalle al crecer, la única en su vida que lo había hecho sentir especial y amado; era una luz en su mundo difícil. Años más tarde, este hombre recordó que, de todas las cosas de su infancia, este evento sobresalió y marcó una diferencia significativa en cómo se sentía consigo mismo; gracias a él, pudo recrear una vida mejor y más feliz para él y para su propia familia.[20]

Robyn era presidenta de una asociación de padres de familia, una mujer cariñosa y proactiva, cuyos hijos asistían a una escuela secundaria con más de cien refugiados de treinta países diferentes. Ella notó que muchos de estos estudiantes no podían concentrarse durante las tutorías después de la escuela porque tenían mucha hambre. Obtuvo permiso para limpiar un viejo almacén en la cafetería, pidió a los padres que donaran algunos alimentos y pronto los estudiantes tuvieron refrigerios nutritivos que estaban disponibles para ellos después de la escuela. Robyn se sorprendió cuando un joven le preguntó si podía llevar algo a casa para que comieran sus hermanos, lo que la llevó a expandir los refrigerios limitados a una despensa completa. La comunidad respondió a sus solicitudes de alimentos enlatados y suministros; pronto, comenzaron a aparecer voluntarios, además de donantes, para ayudar a abastecer el almacén y distribuir los alimentos a los estudiantes necesitados.

Desde entonces, el dispensario ha crecido hasta convertirse en uno grande y eficiente que distribuye de manera semanal cientos de productos enlatados, artículos de higiene, pan, otros comestibles y, a menudo, frutas y verduras frescas, que siempre tienen mucha demanda. El pequeño comedor de Robyn ahora es una despensa de alimentos comunitaria administrada de manera eficiente y actualmente atiende a más de cien familias de refugiados una o dos veces por semana. Al igual que la semilla de mostaza, este proyecto comenzó siendo pequeño y se ha convertido en un servicio grande y muy necesario.[21]

Los servicios prestados por amor conllevan una poesía inmortal.
Harriet Beecher Stowe

Hay un sinnúmero de formas en las que uno puede brindar un servicio muy necesario a los demás.

Una mujer se ofrece como voluntaria para entregar alimentos para Meals on Wheels y lleva consigo a sus hijos mayores. Ella quiere que sirvan para que puedan conocer a personas maravillosas, pero a veces olvidadas, que necesitan ayuda y anhelan amistad en sus últimos años.

Un abogado ocupado ofrece su tiempo como voluntario los fines de semana, ayudando de forma gratuita, a las personas sin hogar, a resolver sus problemas legales, para que puedan tener acceso a los recursos que necesitan, encontrar un empleo adecuado y mejorar su futuro.

Otra persona maneja un camión móvil de ducha y corte de cabello, y brinda servicios gratuitos a cualquier persona que necesite mejorar su higiene y, en consecuencia, su confianza y capacidad para asegurar un trabajo.[22]

Mike le dijo a su madre que su nuevo amigo TJ nunca traía almuerzo a la escuela o que, a veces, solo compraba una bolsa de papas fritas. Descubrió que TJ no tenía mamá, y su padre hacía todo lo posible por criar a tres niños pequeños y conservar dos trabajos al mismo tiempo. TJ jugaba en el equipo de baloncesto con Mike, así que sabía que cuando tuvieran práctica, justo después de la escuela, él se quedaría sin energía. A partir de ese momento, todos los días, cuando la mamá de Mike preparaba el almuerzo para sus hijos, preparaba uno extra para que se lo llevara a TJ. Nunca sintió que fuera un inconveniente preparar uno más, porque sabía que TJ se beneficiaría de un almuerzo nutritivo, al igual que Mike.

Siguió haciendo este pequeño servicio para TJ durante toda la escuela secundaria y preparatoria. Los chicos siguieron siendo buenos amigos mientras jugaban juntos en el mismo equipo. Una vez, cuando alguien le preguntó a TJ sobre su familia, dijo con orgullo: «Oh, tengo una mamá que cuida de mí». El servicio de la madre de Mike, aunque pequeño, construyó un fuerte vínculo de amor entre ellos, eso le trajo mucha alegría al verlo progresar a través de los años.[23]

Si no puedes alimentar a cien personas,
alimenta solo a una.
MADRE TERESA

Es posible que brindar nuestro servicio a los demás no siempre sea fácil, conveniente o placentero, pero es muy necesario. Durante la etapa de la mediana edad, tener esta mentalidad de servicio genera autoestima, gratitud y enriquece su vida y la de las personas a las que usted sirve. Marian Wright Edelman, fundadora y presidenta del Children's Defense Fund (Fondo de Defensa para los Niños), hizo esta perspicaz observación: «El servicio es el alquiler que pagas por existir. Es el propósito mismo de la vida y no solo algo que haces en tu tiempo libre».[24]

Qué idea tan poderosa: *el servicio es el verdadero propósito de la vida*. Al igual que los ejemplos de aquellos que «hacen cosas pequeñas con gran amor», usted también tiene el poder y la capacidad de amar el servicio, y bendecirá a los demás, así como a usted mismo, en el proceso.

Dormía y soñaba que la vida era alegría.
Desperté y vi que la vida era servicio.
Serví y comprendí que el servicio era alegría.
RABINDRANATH TAGORE[25]

Les he preguntado a muchas personas, a lo largo de los años, quién es su modelo a seguir o su mentor más influyente, y casi todos pueden nombrar de inmediato a alguien (un maestro, un pariente, un amigo, un líder) que tuvo un impacto significativo en su vida. Trabajar para tener éxito en un papel importante como mentor es una forma poderosa de impactar a otra persona, sobre todo en los años de la mediana edad. Y mientras busca elevar a alguien más y ayudarlo a desarrollar su potencial, es posible que, sin darse cuenta, descubra el suyo. Veamos otro ejemplo de *éxito verdadero* como lo hemos definido durante la etapa de la mediana edad.

Solo su familia y amigos cercanos lo saben, pero Michael Clapier ha sido mentor de casi dos mil jóvenes a lo largo de los años, mientras criaba a su propia familia. Durante ese tiempo, Mike trabajó tiempo extra sin paga con niños que necesitaban mejorar sus habilidades de lucha y desarrollar su confianza para poder competir a nivel de secundaria, preparatoria y club. Alentó su progreso, les dio una visión positiva de sí mismos a futuro y celebraba incluso sus más pequeños éxitos como si fueran sus propios hijos.

Él y su esposa Linda también llevaron a algunos de estos atletas a su casa y les dieron el amor y la atención que no recibían en sus propias familias. Provenían de hogares donde no eran realmente apreciados y algunos incluso fueron abandonados por sus padres. Ansiaban el amor y la atención que recibían de los Clapier, que estaban criando a seis hijos propios. Linda siempre los hacía sentir bienvenidos y, a menudo, los invitaba a disfrutar de una comida casera o a compartir unas vacaciones o una ocasión especial con su familia.

A pesar de que Michael y Linda no eran muy adinerados, compartieron lo que tenían y fueron muy generosos cuando vieron una necesidad, sin importar su propia situación financiera. Sin reconocimiento alguno e incluso sin que alguien se los pidiera, les compraron ropa y equipo deportivo a estos chicos cuando lo necesitaban y los alimentaron regularmente durante años. Los Clapier se convirtieron en «segundos padres» para muchos y se ganaron el amor y la gratitud de niños vulnerables que carecían de dirección y confianza.

Uno de los padres de esos chicos le dijo a Michael con pesar: «Has pasado más tiempo ayudando a mi hijo en la lucha libre que yo como su padre». Como resultado directo de los esfuerzos de Michael y Linda, estos «hijos adoptivos» se han convertido en jóvenes sobresalientes, mejor equipados para salir al mundo y llevar vidas productivas. Años más tarde, obtuvieron títulos universitarios, se casaron y formaron sus propias familias. Ahora tienen carreras exitosas, lo cual es muy satisfactorio para los Clapier, quienes contribuyeron enormemente durante sus años formativos.

Hace años, durante uno de los combates de lucha de su hijo, Michael conoció a Lewis, un brillante profesor jubilado que había enseñado ingeniería en el MIT. Michael descubrió que Lewis tenía 72 años, estaba divorciado y solo, sin ningún familiar que viviera cerca de él. La familia Clapier lo adoptó de inmediato y pasaron muchos domingos, días festivos y celebraciones de cumpleaños juntos. Lewis era amado y apreciado por los hijos adultos de los Clapier, las parejas de estos y los nietos, quienes disfrutaban de su compañía y lo consideraban un «abuelo adoptivo». A su vez, instruyó a los niños Clapier más jóvenes en matemáticas y ciencias, y los guio a partir de sus experiencias de vida.

Lewis falleció a los 92 años, después de disfrutar veinte de ser parte importante de la familia Clapier, donde se sintió amado y valorado. Qué diferente vida, llena de alegría, experimentó Lewis, la cual no habría conocido si no hubiese sido incluido en la familia que nunca había tenido.[26]

¿Suena a un *éxito verdadero*? ¡Sin duda alguna! La perspectiva *crescendo* nos recuerda que este puede no ser lo que parece o como lo perciben los demás. Los Clapier disfrutan de una cultura familiar rica que ni todo el dinero del mundo puede comprar. Además de los seis hijos sobresalientes que han criado, han enriquecido muchas otras vidas, porque Michael y Linda también se preocuparon por tener éxito en su papel como maestros inspiradores. Frente a esto, lo más probable es que quienes solo aparentan tener «éxito» aprovecharían la oportunidad de cambiar de lugar con este tipo de éxito si pudieran.

Su obra más importante aún está por llegar

En la cima de su carrera, la estrella de la música *country*, Garth Brooks, conmocionó al mundo de la música cuando inesperadamente anunció su retiro, en octubre de 2000. Para ese entonces, ya había ganado cuatro veces el premio a artista del año en los Country Music Awards. Había actuado ante cerca de un millón de personas en el Central Park de Nueva York, en 1997, para un concierto especial en vivo de HBO. Había vendido la asombrosa cantidad de 100 millones de álbumes.[27]

Sin embargo, a pesar de estos éxitos profesionales, se enfrentaba a desafíos personales. Su madre, Colleen, quien era su mayor apoyo, había muerto recientemente de cáncer, y el matrimonio con su esposa, Sandy, estaba llegando a su fin. Sin embargo, su mayor angustia era que sentía que había perdido el contacto con sus tres hijas pequeñas. «Alguien más las estaba criando», dijo con pesar. Reconoció que todavía tenía «un trabajo importante por delante»: criar a sus hijas pequeñas. Debía concentrarse en su papel más importante: ser padre. «Todo me decía que necesitaba estar presente para mis hijas. La gente me preguntaba: "¿Cómo pudiste alejarte de la música?". Pero ser padre: nada está por encima de eso».[28]

Así que, a los 38 años, cuando apenas llegaba a la plenitud de la mediana edad, siguió valientemente su corazón y sus instintos paternales y se alejó de una floreciente carrera musical para comenzar otra: ¡criar a sus hijas durante los siguientes 14 años!

Nunca se arrepintió. Él y su exesposa trabajaron juntos para que sus tres hijas pudieran estar con sus padres todos los días. Se convirtió en un padre muy activo, que organizaba proyectos para todo el verano, como la construcción de un puente de 15 m sobre su propiedad. Después de completar juntos esta tarea monumental, sus hijas estaban tan orgullosas de su trabajo que se creían capaces de hacer cualquier cosa, y él sintió una gran satisfacción al saber que estaba involucrado en su crianza.

En 2005, se casó con la estrella de la música Trisha Yearwood, a quien se refería como «el amor de su vida». Y cuando su hija menor finalmente se fue a la universidad, en 2014, Brooks decidió que le daría otra oportunidad a la música. Fue todo un acto de fe intentar volver a la corriente principal de la música *country* y hacer una gira de nuevo. «Temía que nadie fuera a verme, estaba muerto de miedo. Porque uno no quiere decepcionar a la gente... Quería que dijeran: "Fue mejor de lo que recordaba"».

A pesar de sus temores, la Gira Mundial de Garth Brooks con Trisha Yearwood comenzó en Chicago y vendió 140 000 entradas en tres horas. Los fanáticos se aglomeraron en sus conciertos como si nunca se hubiera ido y la gira mundial siguió con éxito de hasta 2017. Después de su «jubilación», ganó el premio a artista del año en 2016, 2017 y luego en 2019, convirtiéndose así en el primer artista en ganarlo siete veces.[29]

Brooks ejemplifica el símbolo *crescendo* < porque, a medida que pasan los años, continúa ampliando o expandiendo sus talentos y oportunidades, en lugar de permitir que disminuyan.

Siempre conscientes de las necesidades que los rodean, Garth y Trisha patrocinaron un especial musical, realizado desde el estudio de grabación de su casa, en marzo de 2020. Quisieron brindar a sus fanáticos un escape muy necesario del estrés de la cuarentena por el coronavirus y enviaron el importante mensaje de que podíamos superar esto juntos. «Estamos viendo cuán grandes pueden ser las cosas cuando todos las hacemos como uno solo. Además del especial, nosotros y CBS donaremos un millón de dólares a organizaciones benéficas que combaten el virus COVID-19», dijeron en un comunicado conjunto.[30]

Mientras ensayaba para su gira de 2019, en el especial biográfico *Garth Brooks: The Road I'm On*, Garth habló con su personal sobre la *mentalidad crescendo* de mirar hacia adelante y no hacia atrás:

> Me encanta tener la historia que tenemos, pero la historia está en el pasado. Esta va a ser la gira más dura en la que hemos estado. Nunca piensen que lo que hemos hecho es suficientemente bueno… Si piensan que el momento más difícil de su vida para desafiarse a ustedes mismos en la música ha pasado, entonces piensen de nuevo.[31]

El creer que «su obra más importante está siempre un paso adelante», trabajar para tener éxito en sus roles más importantes y cambiar lo que necesita mejorar en su vida, le dará la motivación para seguir intentándolo, aprendiendo y adaptándose a nuevos desafíos y contratiempos. Creer y responder de manera positiva le devolverá el timón de su vida y lo capacitará para trazar una emocionante ruta a cualquier edad.

SEGUNDA PARTE
LA CIMA DEL ÉXITO

forte (adjetivo o adverbio): ruidoso, fuerte, dinámico; algo en lo que se sobresale

El éxito es dejar el mundo un poco mejor de lo que estaba, y saber que al menos una vida ha respirado mejor gracias a su existencia.
RALPH WALDO EMERSON

Imagínese conduciendo un automóvil y que, en lugar de mirar hacia adelante, a lo que se aproxima, mirara constantemente en su espejo retrovisor o sobre su hombro para ver lo que dejó atrás. No pasaría mucho tiempo antes de que terminara en una zanja. Debemos evitar la tentación de seguir mirando en el espejo retrovisor lo que hemos logrado en nuestra carrera o en la vida, y en cambio, mirar hacia adelante con optimismo a lo que viene después.

Como hemos visto hasta ahora, la *mentalidad crescendo* tiene tal poder que puede impulsar a alguien desde la crisis de la mediana edad hacia el éxito y la realización. Pero esto no es solo para las personas que luchan y necesitan un reajuste en su vida. Vivir *in crescendo* también puede derramar alegría en la vida de aquellos que creen haber alcanzado, de una u otra forma, la cima del éxito.

Así como navegamos por la etapa de la mediana edad, con todo y sus altibajos, la *cima del éxito* tiene sus propios desafíos. Es fácil relajarse y no sentir mucha responsabilidad u obligación de acercarse a los demás cuando ya ha experimentado un cómodo grado de éxito para usted y su familia. ¡Pero lo mejor aún está por llegar!

La *clave poderosa* para vivir *in crescendo* es en verdad creer que «su mayor éxito siempre está un paso adelante». Cualquier cosa en la que esté trabajando en este momento es su trabajo más importante, es el trabajo al que debe dedicarse ahora, porque lo que ha logrado en el pasado ya quedó atrás. Las personas con visión de futuro miran hacia lo que pueden lograr el día de mañana.

¿Por qué esto es tan importante? ¿Qué motivación y deseo habría para levantarse de la cama por la mañana si pensara que no tiene nada más que ofrecer, si todas sus contribuciones más importantes ya estuvieran terminadas? ¿Cuál sería su propósito? Cuando se levanta cada mañana, debe tener un propósito, una visión y metas por cumplir. Puede que estas sean totalmente distintas a sus metas anteriores, pero sus mayores contribuciones aún pueden estar por llegar.

Para añadir un toque personal a este punto, contaré que una de mis hijas me preguntó una vez si volvería a escribir algo como *Los 7 hábitos de la gente altamente efectiva*. Su pregunta, aunque no era su intención, me ofendió. ¿Acaso todas mis buenas ideas y conceptos de enseñanza estaban contenidos en *7 hábitos*? ¿No tenía nada más que aportar? ¿Acaso era un «artista de un solo éxito»? Si no me quedaba nada de valor que producir, entonces ¿qué estaba haciendo día tras día? Le dije que mi mejor material aún estaba por llegar y que tenía varios libros en mente.

Claro, no lo dije para inflarme el ego o sobrevalorarme, pero ¿por qué no debería sentirme así? ¿Por qué no debería usted también? Siempre he creído que, independientemente de la etapa de vida en la que me encuentre, mi mejor trabajo aún está por delante, esperando que yo lo descubra y lo enseñe. Mantener esa actitud, la *mentalidad crescendo*, es la clave para tener pasión, sueños, entusiasmo y una misión toda la vida. Es por eso por lo que usted y yo debemos levantarnos todos los días.

Peter Jackson trabajó durante 14 años para lograr que la saga de *El señor de los anillos*, de J. R. R. Tolkien, cobrara vida en la pantalla grande. Después de su increíble éxito y numerosos premios de la Academia, se le preguntó si este era su mayor trabajo y legado de vida. Su respuesta refleja exactamente lo que todos deberíamos sentir: «Si digo que sí, estoy asumiendo que no voy a hacer nada mejor. Puede que ese sea el caso, pero no voy a aceptar eso ahora, todavía tengo más que producir».[1]

Y ciertamente lo hizo. Más adelante, Jackson dirigió la trilogía de *El Hobbit*, *King Kong*, *Desde mi cielo* y *Jamás llegarán a viejos*, además de muchos otros proyectos que aún están en su lista de producción. Imagine si él hubiera creído que *El Señor de los Anillos* era todo lo que le quedaba por ofrecer. Sin embargo, después de experimentar un gran éxito financiero en su carrera, Jackson también ha retribuido en gran medida. Él y su esposa, Fran, han contribuido con 500 000 dólares a la investigación con células madre, con la esperanza de que otros se beneficien de ella.[2] También salvaron de la demolición una iglesia histórica muy querida en su comunidad y donaron más de un millón de dólares para la renovación de St. Christopher's en Wellington, Nueva Zelanda.[3] Es claro que, aun después del gran éxito en su profesión, Peter Jackson realiza contribuciones significativas en otras áreas de su vida, a través de sus donaciones caritativas.

La idea de vivir *in crescendo* es muy poderosa y, como dije, es algo que he adoptado como mi *declaración de misión personal.* Cuando he compartido este principio en mi trabajo profesional, he tenido una fuerte reacción positiva y la misma conexión que he sentido con enseñanzas anteriores. Lo he visto motivar y empoderar a personas que creían que no tenían nada más que ofrecer y habían terminado con el trabajo de su vida. He visto las miradas encendidas de quienes encuentran una nueva vida y pasión en su profesión, o en alguna gran causa social por la que se sintieron atraídos, gracias a esta mentalidad motivacional. El hecho de creer que su trabajo más importante o grandioso aún podría estar por venir les ha dado esperanza e inspiración a muchos, independientemente de sus logros y éxitos pasados.

Sé el cambio que quieres ver en el mundo.
MAHATMA GANDHI

Mi objetivo es proporcionar conclusiones prácticas y útiles respecto a vivir *in crescendo* en cada una de las cuatro etapas de la vida identificadas en este libro. Estas se pueden aplicar directamente a su vida personal, a cualquier edad o en cualquier etapa en la que usted se encuentre. Al final de esta sección encontrará un inventario personal que, con suerte, lo ayudará a establecer sus propias metas relacionadas con la *cima del éxito.*

Capítulo 3
Las personas son más importantes que las cosas

No es lo que tenemos, sino a quién tenemos en nuestra vida lo que cuenta.
J. M. Laurence

En el invierno de 1999, mis padres emplearon a un contratista llamado Chip Smith para construir nuestra cabaña familiar en Montana. Chip comparte su historia:

Mientras construía la cabaña de Stephen y Sandra, estaba atravesando un divorcio forzado y mi vida realmente se había puesto patas arriba. Había algunas preguntas críticas y urgentes respecto a la cabaña, que necesitaban respuesta, así que ellos habían acordado conducir más de 550 km para reunirse conmigo durante unas dos horas. Después de cenar, descansarían en el hotel y conducirían de regreso a casa a las 5 a. m. del día siguiente, ya que Stephen tenía que salir de inmediato por un viaje de negocios a su regreso. Sabía que nuestro tiempo juntos sería breve, pero importante, así que había preparado una agenda y tenía todos los planes y materiales listos para una reunión eficiente. Nos saludamos y nos sentamos para hablar de negocios.

Pedimos de cenar y Sandra dijo: «Chip, Stephen y yo entendemos que estás pasando por momentos difíciles en tu vida personal». Le agradecí a Sandra su preocupación y traté de cambiar de tema para pasar a los detalles de su cabaña. Sandra volvió a interrumpir y preguntó si había algo que ella y Stephen pudieran hacer por mí. Le di las gracias y le dije que en verdad estaba bien y que solo necesitaba seguir trabajando en los problemas.

Sandra tomó mi mano y dijo: «Chip, estamos aquí para ti. Por favor, esperamos que sepas que lo que estás atravesando en este momento es mucho más importante para nosotros que las decisiones de la cabaña».

> Bueno, sobra decir que rompí en llanto y pasamos las siguientes tres horas hablando de mis problemas y preocupaciones. Estaba tan avergonzado de que hubieran recorrido una distancia tan grande, en caminos helados, y no hubiéramos abordado ninguna de sus necesidades antes de que regresaran. Fue un momento de unión para mí, ya que me di cuenta de que realmente les importaba y de que yo era más importante para ellos que construir su cabaña familiar.

Tiempo después, Chip recompuso las piezas de su vida y reanudó la construcción de una hermosa cabaña para nuestra familia. Varios años más tarde, cuando mi papá falleció, nuestra familia regresó a la cabaña y descubrió que tenía un grave problema con los murciélagos. Como aún estaba conmocionada por el funeral y no sabía bien qué hacer —ya que mi papá siempre se había encargado de esas cosas—, llamé a Chip y le expliqué la situación. Sin dudarlo, Chip vino de inmediato, trajo un gran equipo con él y trabajó durante todo el día para solucionar el problema; incluso barrió el garaje sin que se lo pidiéramos y se negó a recibir compensación alguna por el trabajo. Insistió en que era su oportunidad de pagarles a mis padres por haber estado ahí para él durante el momento más oscuro de su vida.[4]

CYNTHIA COVEY HALLER

En las relaciones, las personas son infinitamente más importantes que las cosas. Es vital que renueve día a día su compromiso básico con ese principio, que lo unirá con las personas más importantes de su vida. Las diferencias no se ignoran, pero hay que clasificarlas como algo inferior. El problema o el punto que uno quiera aplicar nunca es tan importante como la relación. Siempre agradecerá haberse tomado el tiempo para construir y mantener las relaciones con su familia y amigos, en lugar de dedicarlo a las cosas materiales.

Quien sabe mostrar y aceptar la bondad será un amigo
mejor que cualquier posesión.
SÓFOCLES

La vida se trata de contribuir, no de acumular

No sé cuál será su destino, solo sé que los únicos entre ustedes que serán realmente felices son aquellos que hayan buscado y encontrado la manera de servir.

ALBERT SCHWEITZER

Existe una historia de dos amigos en el funeral de un hombre rico. Uno de ellos voltea a ver al otro y le susurra: «¿Tienes idea de cuánto dejó?». El otro le responde con naturalidad: «Claro que sí. ¡Lo dejó todo!».

En mis presentaciones a lo largo de muchos años, a menudo menciono que nadie que esté en su lecho de muerte desea haber pasado más tiempo en la oficina. En cambio, sí lamentan la alienación de un hijo, los rencores inútiles que guardan, las oportunidades perdidas de servir, los sueños no cumplidos o el tiempo que no pasaron con su familia y seres queridos. Cuando voy al funeral de un amigo cercano o un familiar y me acerco al ataúd, recuerdo, a veces hasta con sorpresa, que el cuerpo de la persona fallecida es lo único que hay allí. Todo lo que queda es el bien que hicieron en vida, sus preciosas relaciones con familiares y amigos, aquellos a quienes amaban y que los amaban a ellos. Este es su legado.

A través de los años, he obtenido la perspectiva de que la *contribución* es lo que trae luz a la vida y significado al alma. Existe un sinnúmero de formas en las que usted puede contribuir a los demás a lo largo de su vida; al hacerlo, experimentará la realización y la felicidad, algo que el dinero no puede comprar. Y para quienes han logrado cierto nivel de éxito financiero o cierta influencia, las oportunidades de dar y contribuir son aún mayores. Creo profundamente que el gran secreto de la felicidad es la contribución, no la acumulación.

Aleksandr Solzhenitsyn criticó abiertamente a la Unión Soviética después de la Segunda Guerra Mundial y, por ello, durante muchos años, se convirtió en prisionero de los campos de trabajos forzados rusos. Estas experiencias difíciles le dieron una perspectiva única sobre la riqueza y la contribución. Él escribió: «La acumulación interminable de posesiones no traerá satisfacción. Las posesiones deben estar subordinadas a otros principios superiores para que tengan una justificación espiritual, una misión».[5] Claramente, si no tenemos una perspectiva correcta sobre las posesiones, ellas pueden llegar a poseernos. Esta sección enseña que vivir la *mentalidad crescendo* y mirar hacia afuera, es decir, vivir una vida de contribución, le brindan una sensación de paz interior y seguridad que las posesiones no pueden igualar.

La Madre Teresa, quien habló con personas en más de cien países, enseñaba que el *propósito* de la riqueza era bendecir a otros con ella:

> Pienso que una persona que está apegada a las riquezas, que vive con la preocupación de las riquezas, en realidad es muy pobre. Si esta persona pone su dinero al servicio de los demás, entonces es rico, muy rico… Mucha gente piensa, sobre todo en Occidente, que tener dinero te hace feliz. Si Dios te ha dado el regalo de la riqueza, utilízalo para su propósito: ayudar a los demás, ayudar a los pobres, crear puestos de trabajo, dar empleo a los demás. No desperdicies tu riqueza.[6]

Es claro que la Madre Teresa creía que la riqueza en sí no era el problema. De hecho, podría ser parte de la solución para aliviar muchos de los problemas más difíciles del mundo. Pero centrarse en acumular riquezas no proporcionará una felicidad y satisfacción duraderas en su vida si no las usa para bendecir a los demás. Estas contribuciones serán lo que llegará a apreciar más que el dinero en sí.

Tomemos como ejemplo la historia de Karl Rabeder, un empresario de decoración de interiores de Austria, quien desde sus humildes comienzos se volvió extraordinariamente exitoso según los estándares mundanos. «Vengo de una familia muy pobre donde la norma era trabajar más para lograr más cosas materiales, y yo apliqué esto durante muchos años», dijo el Sr. Rabeder. «Pero la riqueza no crea la felicidad. Lo sé porque durante 25 años llevé esa vida centrada en el enriquecimiento y me sentía cada vez peor».

Karl era un apasionado del planeador, actividad que realizó en numerosos viajes a América del Sur y África. Ahí fue testigo, de primera mano, de la inmensa pobreza que hay en estos países. Esto tuvo un impacto poderoso en su vida. Después de llevar un estilo de vida lujoso, finalmente admitió que, en el fondo, era miserable y que trabajaba como esclavo por cosas que ni siquiera quería o necesitaba. Después de años de vivir lo que describió como un «horrible estilo de vida de cinco estrellas, sin alma y sin sentimientos», escuchó la voz dentro de él que decía: «Deja de hacer lo que estás haciendo ahora, abandona todo este lujo y consumismo, ¡y empieza a vivir tu vida real!».

Durante muchos años, no tuvo el valor suficiente para dejar las trampas de su cómoda existencia, pero después de unas vacaciones de tres semanas con su esposa en las islas de Hawái, se dio cuenta de que «si no lo hago ahora, no lo haré nunca en la vida». Siguió su impulso interior con valentía y vendió su lujosa villa de 1.4 millones de libras esterlinas con vistas a los Alpes, su hermosa casa de campo valorada en 613 000 libras esterlinas, sus seis planeadores, que se vendieron por 350 000 libras esterlinas, así como su Audi valorado en alrededor de 44 000 libras esterlinas. Se mudó de su hermoso refugio alpino a una pequeña cabaña de madera en las montañas y comenzó a vivir sencilla y felizmente por primera vez en mucho tiempo, según afirma él.

Después de vender sus posesiones, invirtió tres millones de libras esterlinas en una organización benéfica de microcréditos. Esta ofrecía pequeños préstamos comerciales a personas que trabajaban por cuenta propia en América Latina, quienes luchaban por mantener vivas sus pequeñas empresas día a día. Les ofreció microcréditos con poco o ningún interés, para que pudieran comprar suministros que vender y así hacer crecer su negocio. Se dio cuenta de lo notable que era que pudieran tener éxito con tan poco capital. Así, estas personas pudieron ganarse la vida decentemente y mantener a sus familias mientras conservaban su dignidad y, a la larga, pagaron sus préstamos.[7]

Karl descubrió que la clave para la felicidad duradera no es la acumulación de posesiones, sino la contribución a los demás. Mientras viajaba por el mundo, Karl conoció a mucha gente y, en sus propias palabras, «comencé a darme cuenta de que no necesitaba una gran casa, buenos autos, planeadores o cenas caras. El siguiente paso fue conectar con la gente. Durante 25 años, trabajé como un esclavo por cosas que no quería ni necesitaba. Ahora...», exclamó con alegría, «¡mi sueño es no tener nada!».[8]

¿No le parece irónico? *Nada* en términos de riqueza material, pero *todo* en términos de contribución real y valor. Imagínese el impacto que sus préstamos de microcrédito tuvieron en los empresarios en apuros, que gracias a ellos podían mantener a sus familias, ayudar a sus hijos a obtener una educación e incluso tener la esperanza de un futuro mejor. Karl encontró la verdadera felicidad no en acumular riqueza, sino en ayudar a otros a construir la suya.

¿Para qué vivimos si no es para hacernos la vida menos difícil los unos a los otros?
George Eliot

Obviamente, no estoy sugiriendo que debamos renunciar a todo nuestro dinero, vender nuestras posesiones y vivir una vida sencilla en una cabaña de madera como Karl Rabeder, pero hay una gran lección que aprender de su historia. Karl le encontró sentido a su vida cuando se enfocó en servir a otras personas más que en su riqueza material.

El autor Jeff Brumbeau escribió un libro muy astuto para niños titulado *The Quiltmaker's Gift* (El regalo de la artesana de colchas), el cual contiene un mensaje que también resulta beneficioso para los adultos. La historia trata de un rey codicioso que tiene todo lo material que podría desear, pero sus posesiones no lo hacen feliz.

El rey se entera de una anciana que hace las colchas más hermosas del mundo y las regala sin costo a las personas que no pueden pagarlas. Trabaja todo el día en ellas y, aunque tiene pocas posesiones materiales, es muy feliz con su vida sencilla. Entonces, el rey decide que quiere una de esas colchas más que cualquier otra cosa, pero se sorprende cuando ella no le vende una por ninguna cantidad de dinero. Ella le explica que son solo para aquellos que no pueden pagarlos. El rey se pone furioso, pero la anciana no se doblega, sin importar lo que él haga para amenazarla o castigarla… ¡y vaya que lo intenta!

Finalmente, la mujer hace un trato con el rey. Como sabe lo egoísta que es y que no le gusta compartir ninguna de sus hermosas pertenencias, le dice que, por cada posesión que él regale, ella hará un cuadrado para su colcha. Él acepta a regañadientes porque, aunque ama todos sus tesoros, la hermosa colcha es la única cosa que no puede tener. Al principio, no puede encontrar ningún tesoro del que pueda desprenderse, pero finalmente decide regalar una sola canica. Para su sorpresa, el niño que la recibe está tan feliz que el rey decide buscar otras cosas para regalar, y cada vez que ve la alegría en el rostro del destinatario, no puede evitar sonreír.

«¿Cómo puede ser?», exclama el rey. «¿Cómo puedo sentirme tan feliz de regalar mis cosas?». Aunque no entiende por qué, les ordena a sus sirvientes: «¡Saquen todo! ¡Saquen todo de una vez!».

Y así, cada vez que da un regalo, la artesana agrega otra pieza a la colcha para el rey. Una vez que todos en el reino han recibido un regalo de él, comienza a regalar sus cosas a personas de todo el mundo, intercambiando sus tesoros por sonrisas.

Pronto, el rey ya no tenía nada más para dar. La anciana terminó su hermosa colcha y lo envolvió en ella, ya que su ropa real ahora estaba hecha jirones. La anciana le dice: «Como te prometí hace mucho tiempo: cuando llegara el día en que tú mismo fueras pobre, solo entonces te daría una colcha».

«Pero yo no soy pobre», protestó el rey. «Tal vez parezca pobre, pero en realidad mi corazón está lleno a reventar: lleno de los recuerdos de toda la felicidad que he dado y recibido. Soy el hombre más rico que conozco».

Desde entonces, la artesana cose sus hermosas colchas de día, y de noche el rey las lleva al pueblo, buscando a los pobres y desanimados. Nunca había sido tan feliz como cuando está regalando algo.[9]

Das muy poco cuando das algo de tus posesiones. Es cuando das de ti mismo cuando realmente estás dando.
KAHLIL GIBRAN

Viva fuera de usted mismo

La pregunta más urgente y persistente en la vida es: ¿Qué estás haciendo por los demás?
MARTIN LUTHER KING JR.

Esta perspicaz pregunta, formulada con frecuencia por el Dr. King, debería llegar a cada corazón y motivarnos a todos para actuar.

En 2014, Adam Grant era el profesor titular más joven y mejor calificado dc la Escuela de Negocios Wharton de la Universidad de Pensilvania. Escribió un libro titulado *Dar y recibir*, que explica por qué debemos incluir *dar* cuando establecemos nuestras metas personales.

Grant escribió: «Cuando pienso en las personas que dan, simplemente las definiría como el tipo de personas que disfrutan ayudar a los demás y, a menudo, lo hacen sin ataduras». Grant postula que la mayoría de la gente piensa que primero necesita lograr el éxito y luego podrá brindar un servicio caritativo, pero su investigación, en realidad, sugiere todo lo contrario. «Hay algunas personas, como Bill Gates, que primero tienen éxito y luego comienzan a retribuir, pero la mayoría de las personas exitosas comenzaron a dar mucho antes de alcanzar la grandeza». Grant agrega: «Me encantaría redefinir el éxito y añadir que no solo se trata de lo que uno logra, sino también de cuánto ayuda a otras personas a lograr lo propio».[10]

Ahora imagine el impacto que podría tener si su dinero, influencia y esfuerzos salvaran innumerables vidas, como se ilustra en el siguiente ejemplo inspirador.

A lo largo de muchos años, Bill Gates logró forjarse un nombre exitoso en la industria de la tecnología con Microsoft, proyecto que cofundó y convirtió en una empresa multimillonaria que revolucionó la tecnología al hacer que la informática fuera accesible para los consumidores de todo el mundo. Incluso ha encabezado la lista Forbes de las personas más ricas del mundo. Sin embargo, la historia podría honrarlo algún día como el mayor filántropo de nuestros tiempos. Su legado puede ser no solo de innovación, sino también de inspiración para millones de personas, cuyas vidas se han beneficiado debido a sus iniciativas de salud y educación en todo el mundo. Quizá lo más importante es que está inspirando a otros que también tienen una gran riqueza e influencia a hacer lo mismo. Como una roca al arrojarla a un lago: su influencia al dar, y en consecuencia el bien que esto hace, se extiende más y más, y las ondas afectan todo lo que tocan.

En la película *Spider-Man*, el tío Ben le da a su sobrino Peter la clave para usar su don para el bien cuando comparte el axioma, ahora tan familiar para tantos: «Un gran poder conlleva una gran responsabilidad». Bill Gates fue criado por padres que tenían un gran interés en el servicio comunitario y en retribuir a quienes los rodeaban. Esta educación se complementó con la influencia de su esposa, Melinda, quien tenía antecedentes similares y también tiene una gran vocación de servicio. Además, aprendió sobre las vidas de filántropos como Rockefeller y Carnegie, lo cual infundió en Bill el sentido del deber, de dar sus recursos a la caridad —especialmente en vida, para poder administrarlos él mismo—. Aunque nunca conoció a Rockefeller, admiraba la forma estratégica en la que este, antes de morir, entregó la mayor parte de su fortuna a causas en las que creía.

El dinero no tiene ninguna utilidad para mí más allá de cierto punto. Su utilidad radica, por completo, en construir una organización y hacer llegar los recursos a los más pobres del mundo.
BILL GATES[11]

En el año 2000, Bill Gates renunció como director general de Microsoft y comenzó a dedicar más tiempo a la Fundación Bill y Melinda Gates con el objetivo de cambiar el mundo a través del paradigma de dar.[12] Su amigo y fideicomisario Warren Buffett alguna vez le dio un par de buenos consejos sobre la filantropía: «No te limites a buscar proyectos seguros; enfréntate a los problemas realmente difíciles». Bill ha tomado en serio su consejo y se ha puesto a trabajar tomando medidas decisivas.[13]

Con la creencia y la visión de que «todas las vidas tienen el mismo valor», los Gates han creado el fideicomiso filantrópico más grande de Estados Unidos; además, donan su tiempo y dinero a algunos de los problemas más urgentes del mundo, como la atención médica adecuada, la prevención de nacimientos prematuros, la lucha contra las enfermedades infecciosas (en particular, la malaria), la pobreza extrema, los problemas de saneamiento, la inequidad en la educación (sobre todo de las niñas y las mujeres), así como la igualdad de acceso a la información y a la tecnología en todo el mundo.[14]

Bill y Melinda se sorprendieron al saber que medio millón de niños en los países más pobres del mundo —no en los Estados Unidos— morían cada año a causa de enfermedades diarreicas. Las sales para rehidratación oral de bajo costo podrían salvarles la vida, pero nadie sintió la responsabilidad de intervenir en su beneficio.

Los Gates se dieron cuenta de que *tenían* que aprovechar la oportunidad que estaba justo enfrente de ellos para, literalmente, salvarles la vida a estos niños. Comprendieron que podían tener un gran impacto a través de su fundación al buscar problemas que los gobiernos y los mercados no estaban abordando e implementando soluciones que no se estaban intentando. Salvar la vida de los niños fue el objetivo que dio pie a su labor global. Su primera gran inversión fue en las vacunas que aún no habían llegado a los países más pobres.

Una de las iniciativas de vacunación se centró en niños menores de 5 años y ayudó a reducir a la mitad el número de muertes infantiles, de 12 millones a seis millones al año.[15]

Creemos que todas las vidas tienen el mismo valor, pero nos percatamos de que el mundo no actuaba de esa manera, que la pobreza y la enfermedad aquejaban a algunos lugares mucho más que a otros. Queríamos crear una fundación para luchar contra esas desigualdades.

MELINDA GATES[16]

Antes de su campaña de vacunación, la poliomielitis, que se había erradicado en casi todo el mundo, todavía causaba estragos y destruía vidas en Afganistán, India, Nigeria y Pakistán. En 2012, más de la mitad de todos los casos de poliomielitis en el mundo se encontraban en Nigeria. La Asamblea Mundial de la Salud lanzó la Iniciativa para la Erradicación Mundial de la Poliomielitis, en gran medida, a través de una campaña de inmunización masiva, a la que se unieron la Fundación Bill y Melinda Gates, así como Rotary International. Dos años más tarde, la Fundación Gates se comprometió a pagar 76 millones de dólares de la deuda que tenía Nigeria a causa de esta enfermedad (acumulada en el transcurso de veinte años) y, gracias a sus esfuerzos exitosos, no se reportaron nuevos casos de poliomielitis en Nigeria en 2017.[17]

Hasta el 2017, la Fundación Gates había contribuido con casi 3 000 millones de dólares a dicha iniciativa, que ha logrado reducir la cantidad de casos de poliomielitis en un 99.9% y salvar a más de 13 millones de niños de la parálisis. Los que solían ser 350 000 casos de poliomielitis cada año se redujeron a menos de veinte, que se encuentran en solo dos países restantes, Afganistán y Pakistán.[18]

Bill descubrió que trabajar de tiempo completo en la Fundación Gates era tan exigente y agotador como lo era ser el director ejecutivo de Microsoft; además, sigue siendo una labor interesante y desafiante.[19] En cuanto a Melinda, como una mujer estadounidense adinerada y sobresaliente en el mundo de la tecnología, podría haber tomado un camino mucho más fácil y no involucrarse de forma más íntima en los múltiples problemas complicados o críticos de pobreza extrema que hay en todo el mundo, pero tomó una decisión diferente.

Melinda ha influido, sobre todo, en la dirección y las prioridades de su fundación. No se ha limitado a estudiar datos y analizar teorías desde la comodidad de su hogar; ha ido a las comunidades con las que trabaja la fundación. Ha visitado varias veces con su equipo los países de bajos ingresos en África y el sur de Asia; ha hablado con madres, parteras, enfermeras o líderes comunitarios para aprender sobre sus vidas y los desafíos que enfrentan. Melinda, quien no está dispuesta a ignorar problemas difíciles, ha estudiado arduamente para llegar a comprender diversas culturas, con el fin de promover el cambio y el progreso de las mujeres en varias áreas importantes. Muchos de los avances culturales que su equipo ha logrado a través de la educación y el empoderamiento no solo han dado como resultado el enriquecimiento, sino que también han salvado vidas.[20]

Melinda pronto descubrió que «en sociedades de pobreza extrema, a las mujeres se les obliga a estar al margen, son excluidas. Superar la necesidad de excluir es nuestro mayor desafío como seres humanos. Es la clave para acabar con la profunda desigualdad. Por eso hay tantos ancianos, débiles, enfermos y pobres en los márgenes de la sociedad. Para salvar vidas, primero hay que incluir a todos. Nuestras sociedades serán más saludables cuando dejen de marginar personas. Tenemos que seguir trabajando para reducir la pobreza y las enfermedades. No es suficiente con ayudar a los excluidos en su lucha por ser incluidos: el verdadero triunfo llegará cuando ya no expulsemos a nadie».[21]

Después de años de observar de primera mano, aprender y trabajar activamente para encontrar respuestas a problemas complejos, Melinda escribió un relato esclarecedor de sus experiencias y puntos de vista sobre las vidas de quienes sufren pobreza extrema: *The Moment of Lift: How Empowering Women Changes the World* (El momento de levantarse: Cómo empoderar a las mujeres cambia el mundo).

Después de alcanzar la *cima del éxito*, Bill y Melinda han optado por vivir más allá de sí mismos y han ampliado su *círculo de influencia* por todo el mundo. Aunque los Gates se divorciaron en 2021, ambos siguen comprometidos con la fundación como copresidentes y fideicomisarios, dedicados a continuar el trabajo que han estado haciendo desde el año 2000. Qué fácil hubiera sido sentarse y disfrutar de su fortuna. ¿Qué les quedaba por demostrar o conquistar? Sin embargo, *la vida se trata de contribución, no solo de acumulación*, y sus contribuciones mundiales han sido inconmensurables.

En 2010, Bill y Melinda, junto con Warren Buffett, establecieron el movimiento The Giving Pledge (El Compromiso de Dar), cuya misión es «invitar a personas y familias ricas a comprometerse a dar la mayor parte de su riqueza a causas filantrópicas y organizaciones benéficas de su elección, ya sea en vida o después de su muerte». The Giving Pledge «se inspira en el ejemplo de donantes de todos los niveles económicos y antecedentes. Nos inspira el ejemplo de millones de estadounidenses que dan con generosidad (y a menudo con sacrificios personales) para hacer del mundo un lugar mejor».[22]

Alguien está sentado a la sombra hoy porque alguien plantó un árbol hace tiempo.

Warren Buffett

Desde la creación de The Giving Pledge y hasta diciembre de 2021, la membresía del grupo ha aumentado a 231 signatarios de 28 países de todo el mundo, e incluye a personas con edades entre los 30 y los 90 años, quienes han optado por comprometer sus fortunas a todo tipo de causas (givingpledge.org).[23] Este grupo de empresarios y líderes también representa diversas industrias como la tecnología, la medicina, la biotecnología, los bienes raíces y la producción lechera.[24] Desde el cuidado de la salud hasta la educación y el alivio de la pobreza, esta iniciativa de gran alcance es un nuevo enfoque global y multigeneracional para combatir algunos de los problemas más grandes de la sociedad.

Bill Gates se ha comprometido a donar el 95% de su riqueza en vida. En 2006, Warren Buffett prometió que el 99% de su fortuna se destinaría a la filantropía durante su vida o después de su muerte. Explicó: «La reacción de mi familia y mía ante nuestra extraordinaria buena fortuna no es de culpa, sino de gratitud. Si utilizáramos más del 1% de mis cheques de reclamaciones en nosotros mismos, no mejoraría ni nuestra felicidad ni nuestro bienestar. Por el contrario, ese 99% restante puede tener un gran efecto en la salud y el bienestar de los demás».[25]

Al Ueltschi, padre del entrenamiento de vuelo moderno, donó la mayor parte de su fortuna para combatir la ceguera. La enfermedad de cataratas es la causa del 51% de todos los casos de ceguera. Sin embargo, puede revertirla una cirugía de cinco minutos y cincuenta dólares. Ueltschi donó 5.1 millones de dólares a la organización Help-MeSee, que realiza estas operaciones que cambian la vida de las personas. Cuando firmó el compromiso, alentó a otros a no esperar hasta que sea demasiado tarde: «Nunca he visto un coche fúnebre tirando de un remolque. ¡No puedes llevar nada contigo!». Él murió un mes después, en 2012, a la edad de 95 años. Había donado 260 millones de dólares.[26]

Qué increíble diferencia haría para varias causas filantrópicas y organizaciones benéficas si aquellos que han alcanzado la *cima del éxito* aceptaran el desafío y se unieran al Compromiso de Dar. Imagine cómo podrían cambiar la vida de innumerables personas con sus miles de millones de dólares. Su *círculo de influencia* (que incluye las causas que valoran y eligen apoyar) se sentiría en todo el mundo; el impacto no solo cambiaría, sino que quizá salvaría la vida de muchos.

Es probable que, en el caso de la mayoría de nosotros, nuestro *círculo de influencia* sea más pequeño y afecte a personas o grupos más cercanos a nosotros. Pero estas contribuciones siguen siendo muy valiosas. Se necesitan apoyos tanto a grande como a pequeña escala para promover un cambio positivo y un bien duradero en nuestra sociedad.

En lugar de enfocarse en todas las cosas por las que no pueden hacer nada —como éxitos o fracasos pasados—, las personas proactivas que se encuentran en la *cima del éxito* enfocan su tiempo y energía en lo que sí pueden hacer para construir un futuro brillante o en las necesidades que ven a su alrededor, y actúan; se enfocan en las conexiones y los recursos que tienen y con los que pueden influir en los demás para mejorar.

> *Dar nos libera del territorio familiar de nuestras propias necesidades y abre nuestra mente a mundos misteriosos ocupados por las necesidades de los demás.*
>
> Barbara Bush

Tomemos el ejemplo de Kerry y Kevin. Después de años de arduo trabajo para establecerse en un pequeño pueblo en el norte de Texas, donde crían a sus seis hijos, Kerry y Kevin han experimentado una especie de *cima del éxito* en su comunidad. En lugar de despreocuparse y concentrarse solo en su familia, han optado por entregarse, con generosidad, a través del servicio y la participación comunitaria, ya que el pueblo donde habitan tiene muchas necesidades.

Kevin trabaja como dentista, se ha desempeñado como presidente del Rotary Club y ha sido entrenador de la mayoría de los equipos deportivos infantiles, tanto de niños como de niñas, durante muchos años. Un año, el pueblo no pagó la preparación del campo de beisbol local ni el riego del césped, por lo que Kevin hizo el trabajo y pagó el agua él mismo, asegurándose así de que los niños no tuvieran que perderse la temporada de beisbol. Cada año, Kevin y otro dentista local regalan a los niños del pueblo selladores dentales para prevenir las caries, sin cargo alguno.

Además de ayudar a administrar la clínica de selladores dentales, Kerry ha participado activamente en la organización de una jornada navideña de puertas abiertas, con el fin de recaudar dinero para otras organizaciones benéficas locales, incluyendo campañas de recolección de alimentos a lo largo de los años, también trabaja como voluntaria para leer con los estudiantes, de manera semanal, en la escuela primaria de sus hijos.

Un día, una niña de segundo grado llamada María entró a clase llorando. Kerry, espontáneamente, le dio un gran abrazo, lo que la calmó de inmediato. Durante las próximas semanas, Kerry vigiló a María; notó que tenía una personalidad muy fuerte y que no le agradaba a algunos de los niños de su clase, quienes incluso la intimidaban. Además de tener dificultades sociales, las habilidades de lectura y matemáticas de María estaban muy por debajo del nivel de los demás. Sin embargo, el maestro no estaba abordando el asunto en absoluto.

Kerry decidió hacerse amiga de María y le pidió al director la información de contacto de sus padres para poder invitarla a jugar con sus propios hijos después de la escuela. Se sorprendió con la respuesta contundente del director: «Oh, no. Créeme, no te conviene tener nada que ver ni con ella ni con su padre. ¡Su madre está en prisión desde hace mucho tiempo! Toda su familia tiene verdaderos problemas de honestidad: mienten y roban. Sería mejor que te mantuvieras alejada de ellos».

Para Kerry, esto explicaba muchos de los problemas emocionales y de comportamiento que exhibía María. A pesar de la advertencia del director, Kerry determinó que necesitaba acercarse a María y a su hermana menor, Angie. Finalmente, se puso en contacto con su padre.

Kerry descubrió que la familia vivía en las afueras de la ciudad. El padre no tenía automóvil y estaba muy desvinculado de la educación de sus hijas, ya que él mismo era analfabeto. Con la aprobación del padre, Kerry arregló que las niñas pasaran una tarde, después de la escuela, con ella y sus hijos en su casa. La primera vez que fueron, estaban tan felices que lloraron.

Pronto, Kerry descubrió que lo que más les gustaba a las niñas era, simplemente, sentarse cerca de ella mientras les leía libro tras libro —la mayoría para niños pequeños—. Ansiaban atención y amaban que les mostrara cualquier tipo de afecto maternal. Una vez, cuando estaban leyendo, Angie se acercó a Kerry y le preguntó con timidez: «¿Puedes fingir que eres mi mamá?». Su necesidad de una vida familiar normal, con padres amorosos, era desgarradora. Kerry pronto descubrió que, aunque sí les gustaba jugar con sus hijos, lo que más querían era atención y amor de su parte.

Tanto a María como a Angie les encantaba ir a casa de Kerry después de la escuela y ella convirtió la ocasión en un evento semanal. Adoptó la rutina de ayudarlas con su tarea antes de que jugaran y, por lo general, las invitaba a quedarse a cenar. Aunque su padre era un hombre decente, no tenía muchas de las habilidades que requiere un padre soltero y le costaba ganarse la vida. Kerry comenzó a llevarlo a los programas y actividades escolares. Después de un tiempo, empezó a notar lo importante que era para sus hijas que él estuviera presente, y se dio cuenta de que, si no iba, serían las únicas sin un padre que las apoyara.

María y Angie comenzaron a florecer. No pasó mucho tiempo antes de que cesaran los problemas de comportamiento, y sus habilidades de lectura y matemáticas mejoraron de forma drástica gracias a las tutorías de Kerry después de clases. Al jugar con sus hijos, aprendieron a ser más conscientes socialmente, lo que corrigió muchísimo la forma en que se relacionaban con otros niños en la escuela. A medida que sus habilidades mejoraron, su confianza se disparó.

Cuando la actividad anual del Museo de Cera Viviente se presentó en la clase de Angie, Kerry se aseguró de que tuviera su disfraz de personaje histórico, al igual que los demás estudiantes, así como un cartel informativo y un video para presentar de forma adecuada este importante proyecto. Al final de su presentación, Kerry notó que, por primera vez, Angie sabía que podía tener éxito.[27]

Qué infusión de esperanza inyectó esta madre sustituta en la vida de estas dos niñas desatendidas, que carecían de una madre que las amara y las cuidara. Después de crear una hermosa vida hogareña para su propia familia y de convertirse en una persona de influencia en su comunidad, Kerry ayudó a crear una nueva vida para estas niñas, una vida en la que ellas también podían tener éxito y sentirse amadas y valoradas.

La clave de la felicidad es *vivir más allá de usted mismo*, trabajar junto con otros, impulsado por una visión o misión común para contribuir.

Una madre joven recuerda que su abuela siempre decía: «Ha sido un día desafiante. Vamos a buscar a alguien a quien servir». ¡Qué notable y sabia perspectiva! Reaccionar a las necesidades de los demás, dar a otros, a su propio modo, es una parte esencial de vivir la *mentalidad crescendo*.

> *Pero si quieres ser un verdadero profesional, harás algo fuera de ti mismo, algo para reparar las lágrimas en nuestra comunidad, algo para mejorar la vida de las personas menos afortunadas que tú. Eso es lo que constituye una vida significativa para mí. Uno no solo vive para sí mismo, sino para su comunidad.*
>
> Ruth Bader Ginsburg[28]

Capítulo 4
El liderazgo es comunicar valor y potencial

Mi papá tenía muchas habilidades, pero tener una mentalidad mecánica no era una de ellas. Según una historia familiar, en sus primeros años de matrimonio, mi papá contrató a un electricista para que revisara qué estaba mal con una luz; este le dijo que solo necesitaba un foco nuevo. ¡Mi mamá asegura que mi papá le preguntó al electricista cuánto le cobraría por instalarlo! Nunca pudo superar la vergüenza.

Después de la muerte de mi padre, recordé esta anécdota gracias a un buen hombre llamado John Nuness, en quien mi padre confió a lo largo de los años para ayudar a nuestra familia con el equipo cuando íbamos a nuestro lugar de vacaciones favorito, en Montana. Él nos brindaba alegremente un servicio y una atención de primer nivel y se enorgullecía de nuestro equipo como si fuera suyo. Mi papá dependía absolutamente de él. John solía ir al lago por la noche, después del trabajo, para que nuestras motos acuáticas y otros equipos funcionaran a la perfección al día siguiente. Esto siempre fue muy valioso para nosotros, ya que el tiempo de vacaciones para algunos miembros de nuestra familia era limitado.

Después de que mi papá falleció, John siguió ayudándonos, lo cual apreciamos mucho. Un día, cuando le agradecí, me sorprendió con su respuesta:

> «¿Le digo algo? Stephen fue la única persona que realmente apreciaba lo que hago para ganarme la vida. Me encantó trabajar con él a lo largo de los años, sobre todo porque me hizo sentir muy bien conmigo mismo. Valoraba con sinceridad mis habilidades y el servicio que prestaba a su familia. Estoy feliz de seguir ayudándoles, porque su padre me hizo sentir apreciado como persona y en mi profesión. Eso significa mucho para mí».[29]

No tenía idea. Algo tan simple como decir: «En verdad aprecio lo que haces, gracias». ¿Con qué frecuencia le agradecemos sinceramente a alguien que bendice nuestra vida?

CYNTHIA COVEY HALLER

Hace muchos años, Kenneth Blanchard escribió un poderoso libro llamado *El ejecutivo al minuto.* Una de sus grandes ideas es esta contundente pero indiscutible declaración: «¡Los buenos pensamientos no expresados no valen nada!». Blanchard también escribe:

> De todos los conceptos que he enseñado a lo largo de los años, el más importante es el de «atrapar a la gente haciendo las cosas bien». Tengo pocas dudas de que la clave para el desarrollo de las personas es atraparlas haciendo algo bien y elogiarlas por su desempeño. Te darás cuenta cuando lo hagas… la atención de esa persona se anima.[30]

Comprométase ahora a lo siguiente: cuando tenga usted un buen pensamiento sobre otra persona, se tomará el tiempo para expresarlo en ese mismo momento. Si se demora, a veces esa oportunidad desaparece, tal vez para siempre. Al desarrollar este buen hábito, algo que toma solo unos segundos puede alegrarle el día por completo a alguien, reforzar un buen comportamiento, infundir confianza, mostrar aprecio y tal vez ayudarle con una necesidad o problema invisible. Expresar buenos pensamientos sobre las personas las motiva a seguir dando lo mejor de sí mismas. Un proverbio japonés dice: «Una palabra amable puede calentar tres meses de invierno».

No deje pasar el momento porque, como se lamenta una canción que alguna vez fue popular: «Puede que nunca volvamos a pasar por aquí». Ninguna persona decente jamás ha dicho o pensado: «¡Ojalá no hubiera sido tan bueno con mis hijos mientras crecían!».

He llorado en la noche
por mi falta de visión,
que me cegó a las necesidades de los demás.
Pero nunca he tenido una punzada de arrepentimiento
por ser demasiado amable.

C. R. GIBSON[31]

Todos los padres saben que lograr que los niños pequeños se comporten cuando salen en familia a cenar no es tarea fácil, especialmente si uno está solo. Una joven madre soltera llevó a sus hijos a Pizza Hut un fin de semana en Raleigh, Carolina del Norte. Estaba pasando por un divorcio complicado y sus dos hijos pequeños tenían necesidades especiales. Se acercó a un hombre que estaba sentado cerca de ellos y se disculpó de antemano por el ruido y la conmoción que estaban a punto de ocurrir. El hombre le respondió que no se preocupara, que él también era padre y entendía la situación.

No fue sino hasta que la madre se acercó a pagar la comida que la amabilidad del hombre se reveló. Él ya había pagado su cena familiar, les compró una tarjeta de regalo para que pudieran regresar en otro momento y escribió una nota en el reverso del recibo que la hizo llorar:

> No conozco su historia, pero he tenido el privilegio de verla criar a sus hijos durante los últimos treinta minutos y tengo que agradecerle por hacerlo de una manera tan amorosa. La he visto enseñar a sus hijos la importancia del respeto, la educación, los buenos modales, la comunicación, el autocontrol y la amabilidad, todo sin perder la paciencia. No creo que volvamos a vernos, pero estoy seguro de que sus hijos tendrán un futuro increíble. Siga haciendo un excelente trabajo; cuando las cosas comiencen a ponerse difíciles, no olvide que otros pueden estar observando y necesitarán el estímulo de ver cómo se cría a una buena familia. Dios los bendiga. Jake.[32]

Estaba tan agradecida por lo que había sucedido que se puso en contacto con una estación de televisión local, en un intento de agradecer a Jake por darle un gran impulso en un momento muy difícil de su vida. «Uno simplemente no sabe por lo que puede estar pasando la gente», le dijo la madre a ABC11, «¡he experimentado los peores años de mi vida y nunca había recibido un reconocimiento como este! Solo hago lo que puedo para salir adelante. ¡Quiero que él y su familia sepan que es un hombre increíble! Nunca sabes quién te está mirando».[33]

El esfuerzo de Jake de reconocer la paciencia y fortaleza de esta madre soltera en apuros al criar a sus desafiantes hijos fue invaluable. Más allá de pagar la comida y la tarjeta de regalo, Jake reconoció el valor y la importancia dc formar una familia joven.

Con demasiada frecuencia subestimamos el poder de un contacto, una sonrisa, una palabra amable, un oído atento o el acto más pequeño de cariño: todos tienen el potencial de cambiar una vida.

LEO BUSCAGLIA

El principio de Dulcinea: el poder de las afirmaciones positivas

Me encanta la historia del musical clásico *El hombre de La Mancha*, basado en *Don Quijote de la Mancha*, de Cervantes, que nos enseña el mensaje inspirador de creer en el potencial de otra persona. Don Quijote es un caballero medieval que se enamora de Aldonza, una sencilla campesina y una prostituta. Todos los que la rodean la tratan como lo que es, pero el valiente caballero ignora esta realidad: solo él la trata de acuerdo con lo que cree que puede llegar a ser, con su potencial de mujer virtuosa.

En un principio, ella no cree que sea sincero. Sin embargo, Don Quijote afirma su visión, una y otra vez, y la llama por un nuevo nombre: Dulcinea. Esto le brinda a ella una nueva identidad, a través de la cual puede verse a sí misma. Él persiste con paciencia, hasta que sus afirmaciones, gradualmente, comienzan a penetrar la dura coraza de Aldonza. Poco a poco, ella hace cambios en su vida y abraza esta percepción de sí, para gran decepción de quienes solo pueden ver a la prostituta. Gracias a este nuevo paradigma, al cabo de un tiempo, *se convierte* en Dulcinea, una mujer de belleza y virtud; en adelante, con esta nueva imagen, tiene una vida de oportunidades por completo distinta.

Finalmente, cuando don Quijote está muriendo, ella llega a su lecho de muerte, donde él vuelve a afirmar su valía y canta la inspiradora canción «El sueño imposible». Su mensaje para ella es claro: nunca renuncies a tu potencial. ¡Ni a tus sueños! Cree siempre en lo mejor que hay dentro de ti. Él la mira a los ojos, afirma su nueva identidad una vez más y le suplica: «Nunca olvides que eres Dulcinea».[34]

Solo con el corazón se puede ver bien;
lo esencial es invisible a los ojos.
ANTOINE DE SAINT-EXUPÉRY, *El Principito*

Don Quijote vio en Aldonza algo más de lo que era, algo que ni ella misma podía ver. Con amor incondicional, él se lo reveló. Podemos aprender mucho de Don Quijote. La «profecía autocumplida» del *principio Dulcinea* es que las personas estarán a la altura y se convertirán en lo que realmente creamos de ellas.

Cada uno de nosotros tiene el poder de hacer eso por otra persona, en especial si hemos alcanzado la *cima del éxito* en cualquier área de la vida, cuando nuestra influencia tiene más poder del que creemos sobre otra persona. A menudo he aconsejado a aquellos que están en posiciones influyentes que aprovechen esta oportunidad y se concentren en alguien que no sea ellos mismos; en otras palabras, «busquen bendecir, no impresionar».

Mire a su alrededor y encuentre a alguien que necesita que crean en él. Crea y refuerce la grandeza de su carácter, aunque aún no haya dado frutos. Al hacerlo, el potencial de esa persona se convierte en su realidad. Puede amar e inspirar a alguien para que se convierta en quien debe ser, independientemente de su pasado y la realidad de su presente.

Trata a una persona como es y permanecerá como es.
Trata a una persona como puede y debe ser, y llegará a
ser como puede y debe ser.
JOHANN WOLFGANG VON GOETHE

Aprovechar el poder de las *afirmaciones positivas* es el papel de un verdadero mentor, maestro y líder. No hay nada más gratificante que ayudar a otra alma humana a ver su potencial e inspirarla para alcanzar la grandeza.

- Esté abierto a la inspiración, tanto de su propia conciencia como de fuentes externas. Reconozca esto y pronto tendrá una mayor influencia sobre otras personas.
- Reconozca que las personas deben *sentir* que las comprende y que realmente se preocupa por ellas; solo entonces estarán abiertas a su influencia.

- Después de entablar una relación con alguien a quien quiera guiar, busque oportunidades naturales para tener «momentos de enseñanza», en los que pueda transmitir lo que sabe y le parezca relevante.
- Use ejemplos de la vida real para enseñar cómo responder, incluso puede usar juegos de roles.
- Otórgueles una nueva visión brillante de ellos mismos.
- Infunda confianza para convencerlos de que pueden enfrentar los desafíos que se les presenten y tomar buenas decisiones.
- Enséñeles a vivir de su imaginación, no de su historia.

Una persona que nos ame y crea en nosotros puede ser una poderosa fuente de seguridad interna, incluso si no creemos en nosotros mismos. El valor y el poder de las afirmaciones que usted ofrece pueden ser vitales para el crecimiento de otras personas y para que alcancen su potencial. Ofrecerles una gran paz y seguridad internas les permite salir de su zona de confort con menos miedo al fracaso.

Una afirmación es personal, positiva, en tiempo presente, visual y emocional. Debe ser simple, sincera y aplicable a las habilidades de la otra persona:

- «Sé que estas clases de finanzas son realmente duras y competitivas, pero siempre has sido una estudiante muy consciente; de verdad creo que tu arduo trabajo valdrá la pena. Aguanta, Angie, incluso si tienes que repetir una clase. En esta especialización, por lo general, lleva un tiempo comprender los conceptos, pero conozco tu ética de trabajo y sé que, a la larga, tendrás éxito».
- «Eres un artista natural, John. Eres creativo y pintas con tal emoción que tus obras proporcionan una perspectiva diferente a las de la mayoría. Eres valiente por probar trabajar con óleo ahora; adquirirás una amplia gama de habilidades nuevas».
- «Eres mejor padre de lo que crees. ¡No seas tan duro contigo mismo por esas típicas travesuras adolescentes! Pasas tanto tiempo en el campo de beisbol practicando con Sam que sin duda él sabe que te importa. Construir relaciones siempre ha sido tu fuerte».
- «Me gustó cómo interactuaste hoy con los miembros de tu equipo cuando expresaron diferentes opiniones. Eso podría

haber sido complicado, pero dirigiste la discusión de una manera tan abierta y tolerante que todos sintieron que podían compartir sus ideas. Eso no es fácil de hacer; tienes habilidades de liderazgo naturales que realmente pueden ser de ayuda para nuestro equipo».
- «Gracias por siempre escuchar cuando los demás quieren ser escuchados. Dependo de tus consejos para tus hermanos, porque primero los dejas expresarse realmente y luego están más abiertos a tu influencia. Tienes buena cabeza para tomar decisiones difíciles. Tu apoyo es invaluable para mí».

Por supuesto, todas las afirmaciones son subjetivas y dependerán de la persona en cuestión. Sin embargo, si se hacen con atención y sinceridad, podrían tener un efecto enorme, ya que la mayoría de las personas reflejan lo que los demás piensan y creen de ellas. En la *cima del éxito*, uno se encuentra en la posición ideal para afirmar a los demás de manera efectiva siguiendo un par de prácticas simples pero importantes. Haga de esto un hábito y su influencia será poderosa.

Cambie el nombre, antiguo guion o etiqueta de la persona a la que desea afirmar

- Los nombres, etiquetas, títulos, apodos e identidades antiguos bloquean el progreso. En casi todas las sociedades, los ritos de iniciación incluyen la concesión de un nuevo título o nombre, ya que estos facilitan en gran medida los cambios de comportamiento. No necesita literalmente darle un nuevo nombre a alguien, como Don Quijote a Dulcinea, pero debe superar su propia percepción de esa persona y ayudarla a hacer lo mismo.
- Ayúdelos a verse a sí mismos de manera diferente. Es importante enseñar a las personas que ama a vivir según su imaginación, no según su historia.
- Reconozca que, a menudo, uno mismo es su peor enemigo. Nos autodestruimos creyendo viejos guiones de nuestra vida en lugar de recrearnos a nosotros mismos.

Afirme la nueva identidad de esas personas

- Ayudar a alguien a reescribir su vida y misión requiere valor, pero está a nuestro alcance. Los viejos guiones se pueden cambiar o reescribir, sobre todo, cuando alguien más nos ama y cree en nosotros.
- Una gran fuerza y poder surgen cuando esto sucede, en especial cuando las personas aún no creen totalmente en sí mismas. Cuando alguien cree en otra persona, la ayuda a escapar de la victimización y la obliga a asumir la responsabilidad de sus acciones.
- Esto también obliga a las personas a convertirse en agentes activos de cambio, en lugar de aceptar una mentalidad negativa de autocompasión.

Haciendo a la persona consciente de lo que puede ser y de lo que debe llegar a ser, ella hace realidad estas potencialidades.

VIKTOR FRANKL, *El hombre en busca de sentido*[35]

El fundamento de la afirmación es la fe: una creencia profunda en el potencial invisible de una persona, producto o proyecto. Esa creencia, por lo general, proviene de la visión. Los frutos de la innovación y la creatividad son el resultado natural de una visión desafiante, una fe infantil y un trabajo paciente y diligente:

Fe + Trabajo = Frutos

Creer en el potencial invisible de otra persona es como plantar un árbol de bambú. En China, quienes los siembran no ven absolutamente nada sobre el suelo durante cuatro años, excepto un pequeño bulbo y un retoño. Todo su crecimiento estos primeros años se destina a construir la raíz. Pero, increíblemente, en el quinto año, ¡la planta crece veinte metros!

Sin las raíces, no obtenemos los frutos. Los frutos de afirmar a otra persona y creer en su potencial invisible se derivan de permitir que sus raíces crezcan profundas en la tierra y formen una base sólida. Solo entonces —y esto puede llevar años, como en el caso del árbol de bambú— las raíces producirán los frutos. Y qué dulce es el fruto para quien por fin ha florecido, así como para el mentor de confianza que ayudó a sentar las bases. Es fundamental que nunca definamos a una persona por sus debilidades, sino por sus fortalezas.

El liderazgo es una decisión consciente

Durante años, en mis presentaciones, le formulaba a la audiencia la misma pregunta reveladora: «¿Cuántos de ustedes han alcanzado su nivel de éxito actual, en gran parte, porque alguien creyó en ustedes cuando no creían ni ustedes mismos?».

Sin falta, alrededor de dos tercios de los presentes levantaban la mano. Mi siguiente pregunta era: «¿Quién creyó en ustedes? ¿Cómo lo mostraron? ¿Qué impacto tuvo eso en ustedes?».

Luego, caminaba por el recinto y les pedía a algunos que compartieran sus experiencias. Con frecuencia, las personas se emocionaban al contar sus historias personales. Por último, me gustaba hacer la pregunta más importante de todas: «Actualmente, ¿están intentando hacer lo mismo con otra persona?».

Mi mejor definición de liderazgo es *comunicar el valor y el potencial de los demás con tanta claridad que se sientan inspirados para verlos por sí mismos*. La mayoría hemos sido inspirados, alentados y asesorados por alguien que en verdad creía en nosotros; eso marcó la diferencia. Es posible que no nos demos cuenta del poderoso impacto que podemos tener en otra persona, pero este impacto puede extenderse a la próxima generación y más allá.

> *En la vida de todos, en algún momento, nuestro fuego interior se apaga, y luego estalla en llamas gracias a algún encuentro con otro ser humano. Todos deberíamos estar agradecidos por aquellas personas que reavivan nuestro espíritu.*
>
> ALBERT SCHWEITZER

Tuve la suerte de contar con muchas personas en mi vida que creyeron en mí y me inspiraron a alcanzar lo que ellos vieron como mi potencial, comenzando por mis padres. Una vez, me desperté en medio de la noche y descubrí a mi madre, de pie junto a mí, susurrando palabras de afirmación. Aseguraba que me iría bien en una prueba importante que tenía la mañana siguiente. Admito que, en ese momento, me pareció un poco extraño, pero no tuve duda de que ella creía en mí. Hizo todo lo posible para afirmarme en lo que sea que estuviera involucrado, al igual que mi padre. Su creencia colectiva en mí tuvo un tremendo impacto en mi vida.

Cuando tenía 20 años, tuve la oportunidad de brindar servicio voluntario en Inglaterra, algo que también me marcó profundamente. A. Heimer Reiser era el líder adulto allí; después de varios meses, me pidió que entrenara a líderes de las principales ciudades del país, algunos de los cuales tenían dos o tres veces mi edad. Apenas podía creer lo que me estaba pidiendo; yo tenía serias dudas sobre mi capacidad para hacer algo que estaba tan fuera de mi zona de confort, pero él me dijo: «Tengo mucha confianza en ti. Puedes hacerlo». Él vio mucho más en mí de lo que yo vi en mí mismo.

Para mi sorpresa, descubrí que tenía habilidades naturales para transmitir ideas de manera que inspiraran a otros y desarrollé una pasión por la enseñanza. El Sr. Reiser se convirtió en un mentor de confianza que vio mi potencial para enseñar y capacitar a líderes; debido a mi respeto por él, llegué a su nivel de fe y expectativa. Crecí, vi crecer a otros y encontré mi voz. Esta experiencia cambió todo mi paradigma —cómo me veía a mí mismo— y, a la larga, dirigió la profesión de toda mi vida. La enseñanza me condujo a la escritura, que se convirtió en el medio para impactar a más personas, más de lo que nunca hubiera imaginado.

Creo que el verdadero liderazgo es una elección consciente. He encontrado tres métodos de influencia que son obra de verdaderos mentores:

Moldear por medio del ejemplo: Aquellos a quienes asesoramos *ven* lo que hacemos. Fomentamos la obediencia a las leyes de la vida cuando vivimos las leyes del amor. Las personas son extremadamente tiernas por dentro, en particular las que actúan como si fueran duras y autosuficientes. Debemos escucharlos con el *tercer oído*: el corazón. Podemos tener una influencia aún mayor en ellos al mostrarles amor, en particular, amor incondicional. Esto les da a las personas un sentido de valor intrínseco, además de seguridad, sin imponer un comportamiento o compararlos con los demás. Nuestras palabras son huecas a menos de que pongamos el ejemplo de eso en lo que nos gustaría que se convirtieran otras personas. Lo que somos comunica, de manera elocuente y persuasiva, mucho más que nuestro decir o, incluso, nuestro hacer.

Construir relaciones afectuosas: Aquellos a quienes asesoramos *sienten* lo que hacemos. Nuestros esfuerzos por clasificar, categorizar, juzgar y medir a menudo surgen de nuestras propias inseguridades o frustraciones al enfrentar realidades complejas y cambiantes. Hay muchas dimensiones para cada persona. A veces, su potencial es evidente, pero puede estar inactivo para muchos. Las personas responden de acuerdo con cómo las tratamos y lo que creemos sobre ellas.

Algunos pueden decepcionarnos o aprovecharse de nuestra confianza, considerándonos ingenuos o crédulos. La mayoría saldrá adelante, simplemente, porque creemos en ellos. ¡No afecte a la mayoría por unos cuantos! Siempre que asumimos que hay buena fe, nacida de buenos motivos y seguridad interior, apelamos al bien de los demás. Asumir que la gente actúa de buena fe produce buenos frutos.

Guiar por instrucción: Aquellos a quienes asesoramos *escuchan* lo que decimos. Siempre es importante que prepare su corazón y mente antes de preparar lo que va a decir, si de verdad quiere influir en otros. Lo que decimos puede ser menos importante que cómo lo decimos. Tendrá la oportunidad de asesorar a quienes lo admiran y lo siguen, especialmente a sus familiares cercanos.

Si usted es padre o madre, aquí tiene un ejemplo práctico. Antes de que sus hijos regresen a casa de la escuela, llenos de sus propias necesidades, o cuando usted regrese a casa del trabajo, tome un momento para prepararse. En otras palabras, antes de que se encuentre en una situación, deténgase y tome el control, luego, decida cómo va a responder a lo que sea que le lancen.

- Reúna sus recursos.
- Prepare su mente y corazón.
- Opte por la amabilidad y la alegría.
- Elija prestar toda su atención a sus necesidades.

- Prepárese para escuchar lo que dicen (así como lo que no dicen), en lugar de preparar su discurso mientras hablan.
- Elija ser la mejor versión de usted mismo, evitará la fatiga y renovar su ánimo.

Entrene a sus aprendices en lo que yo llamo la *ley de la cosecha*: «cosechamos lo que sembramos». Con la mayoría de las cosas que tienen valor, no hay atajo, ni salida fácil, ni solución rápida. Lo que usted planta en el suelo y cómo lo cuida determinan lo que obtendrá. No hay atajos en una granja: uno no puede adelantarse ni procrastinar. No hay forma alguna de engañar a la madre naturaleza para que produzca una cosecha abundante sin pagar el precio de antemano.

En última instancia, es lo mismo con las relaciones. Enseñe a sus aprendices los eternos principios agrícolas —preparar el suelo, sembrar, cultivar, regar, desmalezar y cosechar— para obtener el éxito en la vida. Recuerde que estamos enseñando una cosa u otra todo el tiempo, porque irradiamos lo que somos constantemente.

Construir puentes

Hay un viejo y revelador poema llamado *The Bridge Builder* (El constructor de puentes) de la poeta Will Allen Dromgoole. Es interesante resaltar que estos versos se publicaron en 1931, una época menos individualista y más orientada al servicio, en comparación con nuestros tiempos. Esta es la traducción del poema:

Un anciano que iba por un camino solitario,
llegó, en la tarde fría y gris,
a un abismo vasto, profundo y amplio
por el que fluía una marea agitada.
El anciano cruzó en la penumbra del crepúsculo,
no temía a la corriente agitada;
pero volteó cuando estuvo a salvo del otro lado
y construyó un puente para cruzar la marea.

«Anciano», dijo un peregrino cercano,
«estás desperdiciando tus fuerzas construyendo aquí;

tu viaje terminará con el final del día,
no volverás a pasar por aquí;
has cruzado el abismo, profundo y amplio,
¿por qué construir este puente en la marea de la tarde?».

El constructor levantó su vieja y gris cabeza;
«Buen amigo, en el camino por donde he venido», dijo,
«venía hoy detrás de mí
un joven cuyos pies pasarán por aquí.
Este abismo, que ha sido nada para mí,
para ese joven de cabello rubio podría ser una trampa;
él también debe cruzar en la penumbra del crepúsculo;
¡buen amigo, estoy construyendo este puente para él!».[35]

A veces, lo que hacemos no necesariamente nos beneficia o nos impacta de forma directa, pero bendice a quienes nos siguen. Qué valioso es tener a alguien sabio y experimentado, parado en la encrucijada, para mostrarnos el camino. Hay muchas buenas personas que han influido e impactado de manera significativa en las nuevas generaciones, brindando ejemplos profundos y haciendo que el camino a seguir sea más fácil.

Todos estamos formados por personas que nunca hemos conocido.
DAVID MCCULLOUGH

Mientras aún estaba en la universidad, un joven tuvo la suerte de que lo contrataran como asistente personal de Scott, el director ejecutivo de un gran banco regional. Scott sorprendió a este joven cuando le dijo en el primer día de trabajo: «No vas a ser solo un pasante que se dedique a archivar papeleo, sino un pasante que aprenda a administrar una empresa multimillonaria».

El director ejecutivo cumplió su palabra. En palabras del propio pasante:

> Scott no solo me asignó algo y se desentendió; en verdad se preocupaba por los proyectos en los que estaba trabajando y me apoyaba cuando daba mi opinión. A menudo me decía lo valioso que era escucharme y obtener una nueva perspectiva; me pedía que presentara mis hallazgos

a los ejecutivos de su junta directiva durante las reuniones semanales de los lunes por la mañana. Sabía que tenía que dar mi mayor esfuerzo, para que ambos ganáramos. Yo tuve la increíble oportunidad de presentarme a altos ejecutivos como pasante de primer año, y Scott obtuvo un informe de calidad que preparé con sumo cuidado y que benefició a la empresa. Naturalmente, quería hacer mi mejor trabajo para él y lograr más cada semana.

Para ser honesto, presentar era difícil e intimidante; en realidad me desafió a mejorar mis habilidades. Pero me ayudaba el hecho de que Scott siempre me presentara antes y esencialmente dijera cuán importante era el proyecto en el que estaba trabajando. Cuando terminaba, él enfatizaba mis puntos principales para asegurarse de que la junta directiva valorara lo que yo decía. Siempre le daba seguimiento a mi trabajo; eso me hacía sentir importante y que formaba parte del equipo.

A veces, Scott se reunía con gente importante en su oficina, me dejaba asistir a las reuniones para poder escuchar lo que discutían, y luego hablábamos al respecto. Aprendí mucho simplemente escuchando. Me sorprendió que en realidad pareciera orgulloso de presentarme a personas conocidas. Decía con entusiasmo: «Tienes que conocer a mi nuevo pasante», ¡como si fuera alguien superimportante!

Me invitó a acompañarlo en algunos viajes de negocios y, mientras viajábamos, Scott aprovechaba el tiempo para enseñarme muchas habilidades prácticas que había aprendido sobre cómo dirigir una gran empresa. También me daba consejos sobre mi propia trayectoria profesional y me ponía en contacto con personas que creía que me serían de utilidad. Scott me recomendó libros excelentes y se interesó tanto en mí —no solo en el trabajo, sino también en mi vida escolar y social— que llegué a valorarlo como un mentor de confianza. Su fe en mí aumentó de forma constante mi confianza; me inspiró a querer imitarlo y seguir una carrera profesional similar. El verano de mi pasantía con él fue una experiencia extraordinaria, por lo que me fijé la meta futura de, algún día, influir positivamente en otra persona, como él lo había hecho en mí.[36]

Aquí hay otro ejemplo de una persona de influencia que construyó un puente para alguien más.

Debe haber sido evidente que no fui la primera opción cuando obtuve mi primer trabajo en la industria de la alta tecnología. Después de escuchar a alguien en la oficina referirse al Código 3, ingenuamente pregunté: «Entonces, ¿tenemos que hablar en código aquí?». Después de que todos se rieran mucho, me enteré: ¡Código 3 era el nombre de uno de nuestros clientes! Estoy seguro de que fue entonces cuando mi gerente supo que necesitaba a alguien bueno que me enseñara lo básico, ya que recién comenzaba. Tuve la suerte de que me asignaran a una mujer que llevaba 15 años en la industria.

Ella me tomó bajo su protección y se aseguró de que conociera la jerga y la terminología de la industria informática para que no volviera a sentirme avergonzado. Me invitó a acompañarla a citas y reuniones; me capacitó en estrategia, efectividad de ventas, en todo lo que necesitaba hacer para tener éxito.

Lo que es más importante aún, me inculcó la creencia de que yo también podía tener éxito. Siempre fue positiva y afirmativa; me ayudó a tener un gran comienzo. Me aterra pensar en lo mucho que habría sufrido en mi primer trabajo real, fuera de la universidad, si me hubieran asignado a alguien que no se hubiera molestado en enseñarme lo básico o que no se hubiera preocupado por asegurarse de que tuviera éxito.[37]

La *mentalidad crescendo* promueve la creencia de que algunas de las mayores contribuciones las realizan quienes quieren bendecir a otros construyendo puentes, sin preocuparse por los elogios. Su influencia es inconmensurable en la vida de otra persona y puede inspirar excelencia y cambio.

Si tan solo pudieras sentir lo importante que eres para la vida de las personas que conoces; lo importante que puedes ser para las personas con las que quizá ni siquiera sueñas. Dejas algo de ti en cada encuentro con otra persona.

Mr. Rogers

Liderazgo para construir el carácter

En el último libro que John Wooden escribió con Don Yaegar, *A Game Plan for Life: The Power of Mentoring* (Un plan de juego para la vida: el poder de la tutoría), el renombrado entrenador de baloncesto nombra a siete grandes mentores que influyeron en su propia vida:

consejeros como su padre, algunos de sus entrenadores, su amada esposa Nellie, la Madre Teresa y Abraham Lincoln. La segunda mitad del libro se centra en varias personas a las que él, a su vez, asesoró, devolviendo así lo que le dieron: Kareem Abdul-Jabbar, Bill Walton y otras personas menos conocidas, como su nieta.

Mientras enseñaba inglés y entrenaba baloncesto durante su primer año en Dayton High School, de Indiana, Wooden tuvo la primera y única temporada perdedora de su carrera. ¡Imagine si se hubiera rendido entonces, convencido de que no tenía las habilidades para ser un entrenador exitoso!

En cambio, llevó a los UCLA Bruins (Oseznos de la Universidad de California, en Los Ángeles) a obtener 665 victorias y —algo sin precedentes en 12 años— diez campeonatos de la Asociación Nacional Deportiva Universitaria (NCAA), siete de ellos seguidos. Además, tuvieron cuatro temporadas perfectas, una racha de 88 juegos ganados (la mayor cantidad de victorias consecutivas en la historia) y ocho temporadas de conferencias perfectas.

John Wooden fue la primera persona incluida en el Salón de la Fama del Baloncesto Naismith Memorial como jugador y entrenador. En 2009, *Sporting News* lo nombró como el «mejor entrenador en la historia del deporte estadounidense».[38]

Sin duda alguna, Wooden alcanzó la *cima del éxito* como entrenador en el campo del baloncesto, pero el rol más significativo para él fue el de ser un maestro para los demás. Creía que su vocación más importante era enseñar a sus deportistas no solo a convertirse en grandes jugadores de baloncesto, sino también a ser hombres de carácter. El escribió:

> Siempre he tratado de dejar claro que el baloncesto no es lo máximo. Es algo de poca importancia en comparación con el resto de nuestras vidas… He vivido mi vida para ser un mentor —¡y para ser un discípulo!— constantemente... Mucha gente considera el hecho de ser un mentor como una especie de carga, [pero en realidad] puede ser cualquier acción que inspire a otra persona.[39]

Ser mentor no tiene que ser una relación formal, según Wooden. Significa tratar a las personas con amabilidad, alentarlas o inspirarlas, enseñarles valores fundamentales en los que creer: una confianza sagrada.

Los líderes no crean seguidores, crean más líderes.
TOM PETERS, *En busca de la excelencia*

Cuando John Wooden y sus hermanos se graduaron de la preparatoria, el regalo de graduación de su padre fue un documento que enumeraba su credo de siete puntos. A través de los años, John siempre lo guardó en su billetera como un recordatorio y un legado que ha pasado de padres a hijos. Desde entonces, lo ha transmitido a miles y miles de personas más:

1. Sé fiel a ti mismo.
2. ¡Haz de cada día tu obra maestra!
3. Ayuda a los demás.
4. Absorbe todo lo que puedas de buenos libros, especialmente de la Biblia.
5. Haz de la amistad un arte.
6. Construye un refugio para un día lluvioso.
7. Pide consejo y agradece tus bendiciones todos los días.[40]

La definición de éxito de Wooden no se trataba solo de ganar, que él consideraba un subproducto de la actitud y la preparación. Creía que el éxito era «hacer el mejor esfuerzo del que seas capaz» y estar «más preocupado por tu carácter que por tu reputación, porque tu carácter es lo que realmente eres, mientras que tu reputación es solo lo que otros creen que eres».[41]

Wooden pasó más de un tercio de su vida involucrado en labores significativas después de que terminó su extraordinaria carrera como entrenador (su propia *cima del éxito*). Por increíble que parezca, hasta que cumplió 96 años seguía trabajando: viviendo la vida *in crescendo*, escribiendo libros, dando entre veinte y treinta discursos al año; poniéndose a disposición de muchos de sus jugadores, amigos y admiradores. Murió en junio de 2010, a pocos meses de cumplir los 100 años. Para honrar su legado, el equipo de baloncesto UCLA Bruins usó triángulos negros, que simbolizan el modelo de la *pirámide del éxito para construir el carácter*, que él enseñó a lo largo de su vida. Haciendo a un lado todos los premios y elogios que Wooden recibió a lo largo de los años, él solo quería ser recordado por enriquecer las vidas de los demás.[42]

No hay nada que tú sepas que no hayas aprendido de otra persona. Todo en el mundo ha sido transmitido. Si lo entiendes como yo, ser mentor se convierte en tu verdadero legado. Es la mayor herencia que puedes dejar a los demás. Es por eso por lo que te levantas todos los días: para enseñar y aprender.[43]

JOHN WOODEN, *A Game Plan for Life*

CAPÍTULO 5
Busque expandir *su* círculo de influencia

Puede ampliar su círculo de influencia ampliando su círculo de servicio.
JOSEPH GRENNY, autor de *Influencers*

Las personas proactivas se esfuerzan por hacer la diferencia en aquello que está dentro de su control: enfocan sus fortalezas en su *círculo de influencia*. Con energía positiva, pueden ampliar y magnificar su influjo hasta abarcar un área cada vez más amplia.

Cada persona tiene dones y talentos únicos que ofrecer a quienes están dentro de su *círculo de influencia*. Siempre hay una razón para esforzarse, aprender, contribuir y expandirse, y para ayudar a otros a hacer lo mismo por sí mismos. Eso es lo que hace que la vida sea emocionante y valiosa.

Ningún hombre es una isla, completo por sí mismo; cada hombre es una pieza de un continente. Por eso, nunca preguntes por quién doblan las campanas; doblan por ti.
JOHN DONNE

En 1782, William Wilberforce era un miembro joven y popular del parlamento británico, quien sintió el impulso de presentar un proyecto de ley para abolir la esclavitud en Inglaterra. Sin embargo, casi todos sus colegas del parlamento representaban los intereses de la trata de esclavos. Por ello se resintieron contra Wilberforce, quien se negó a renunciar a su proyecto de ley, aunque lo derrotaban fácilmente una y otra vez.

El compromiso de Wilberforce con la causa de la abolición se profundizó cuando se reunió con su antiguo mentor, John Newton, quien había sido capitán de un barco de esclavos —un hombre de negocios despiadado e insensible que contribuyó a la miseria de aquella crueldad—. En un esfuerzo por hacer algún tipo de penitencia ante la vida pecaminosa que había llevado, Newton abandonó por completo la trata de esclavos y se convirtió en sacerdote de la Iglesia anglicana. Posteriormente, escribió «Amazing Grace», uno de los himnos más populares de todos los tiempos.

Wilberforce comenzó a apelar a la compasión y a las raíces cristianas de sus compañeros legisladores, mostrándoles la evidencia de la esclavitud —esposas, grilletes y hierros candentes—, para que pudieran ver por sí mismos la brutal realidad. En otra ocasión, engañó a funcionarios del Gobierno y a ciudadanos prominentes para que hicieran una excursión en la que pudieran ver con sus propios ojos los horrores de un barco de esclavos y oler el hedor a muerte.

Durante un período de veinte años, los esfuerzos de Wilberforce, poco a poco, comenzaron a impactar la conciencia de más miembros del Parlamento y su influencia aumentó. Más legisladores comenzaron a reconsiderar su posición. En 1806, por fin llegó el momento adecuado, y el proyecto de ley de Wilberforce para abolir la trata de esclavos en Inglaterra se aprobó con una abrumadora mayoría: 283 votos a favor y 16 en contra. Ese día, aunque se hubieran opuesto con vehemencia durante décadas, todos los miembros del parlamento se pusieron de pie y vitorearon a Wilberforce, ya que nunca se dio por vencido en su noble causa.

La trata de esclavos ahora era ilegal, pero el Parlamento aún se negó a prohibir la esclavitud durante otros 26 largos años. Wilberforce se vio obligado a retomar la lucha. Fue hasta 1833 cuando la Cámara de los Comunes prohibió la esclavitud en todo el Imperio británico. Los mensajeros se apresuraron a compartir las buenas noticias con Wilberforce, quien estaba gravemente enfermo y murió tres días después.[44]

En un principio, William Wilberforce no tenía el poder ni la influencia necesarios, ante sus colegas legisladores para lograr la abolición de la esclavitud. Sin embargo, después de haber trabajado de manera entusiasta durante veinte años, sus asociados notaron su sinceridad al apoyar esta noble causa. Al final —como el símbolo *crescendo* <, que se extiende hacia afuera—, su *círculo de influencia* se expandió hasta abarcar todo el Parlamento y cambió la historia para siempre. Vivir la *mentalidad crescendo* significa trabajar para apoyar causas importantes donde usted vea una necesidad; mientras lo hace, su *círculo de influencia* se ampliará de forma natural y abarcará a muchos otros para bien. Es posible que no lo haga en la misma medida en que lo logró Wilberforce, pero hacer esto es parte de su único y *más importante trabajo*, ese que *está un paso adelante.*

> *Un cuerpo pequeño de espíritu decidido,*
> *impulsado por una fe inextinguible en su misión,*
> *puede alterar el curso de la historia.*
> MAHATMA GANDHI

Encuentre su voz y ayude a otros a encontrar la suya

Quince años después de escribir *Los 7 hábitos de la gente altamente efectiva*, me sentí obligado a agregar un 8.° hábito: «Encuentre su voz e inspire a otros a encontrar la suya». Usted no puede ayudar a otros a encontrar su voz, de manera efectiva, hasta que haya descubierto la propia. Descubra en qué es bueno y luego ayude a otras personas a hacer lo mismo.

Servir a alguien que no puede pagarle por ello; ayudar a alguien en lo financiero, cuando se tiene una oportunidad única de crecimiento y aprendizaje; mostrarle a la gente su potencial individual cuando no pueden verlo en sí mismos; creer y afirmar a los niños a lo largo de su vida… estas y muchas cosas más contribuyen a la suma total de quiénes son las personas y quiénes pueden llegar a ser.

> *Caemos como guijarros en los estanques de las almas de*
> *los demás, y las órbitas de nuestras ondas continúan*
> *expandiéndose e intersecándose con innumerables otras.*
> JOAN Z. BORYSENKO

Imagine las consecuencias en el mundo si todos trabajaran para hacer eso en cada etapa de la vida; como un efecto dominó o las ondas en un estanque, una tras otra, el impacto seguiría creciendo más y más para bien.

Desde 1970, existe el codiciado Premio al Hombre del Año de la Liga Nacional de Futbol (NFL), que representa el compromiso de este deporte profesional con la filantropía y el servicio comunitario. De forma anual, se honra a un atleta que exhibe la excelencia no solo en el campo, sino también fuera de él, al ofrecer su tiempo como voluntario en obras de caridad. Muchos de los nombres más importantes de la historia del futbol han ganado este prestigioso premio, incluidos Johnny Unitas, Roger Staubach, Dan Marino y Peyton Manning.[45]

Walter Payton, considerado uno de los mejores corredores de la NFL de todos los tiempos, recibió el premio en 1977, por su trabajo con su fundación que ayuda a niños maltratados, abandonados y desfavorecidos, en el estado de Illinois. Payton dijo:

> Los niños siempre me han brindado gran alegría y siento que, si se empieza a una edad temprana, en verdad puedes cambiarles la vida. Hay muchos estudios que muestran que un acto de bondad hacia estos niños tiene un 40% de posibilidades de lograr que tengan un resultado completamente diferente en la vida. Lo que uno espera es lograr que un niño crea en algo y que crea en sí mismo.[46]

Cuando Payton murió de cáncer en 1999, a la edad de 45 años, la liga cambió el nombre del galardón a Premio Walter Payton al Hombre del Año de la NFL en su honor. En 2015, Anquan Boldin lo ganó, convirtiéndose en el primer miembro de los San Francisco 49ers en obtenerlo; también fue el único en haber sido nominado para ello cuatro veces, a lo largo de su carrera de 14 años. Su labor benéfica se extendió en las tres comunidades donde vivió mientras jugaba futbol profesional.

Años antes de ganar el premio, Boldin había establecido una fundación dedicada a ampliar las oportunidades educativas y de vida de los niños desfavorecidos. Esta incluía un programa de enriquecimiento de verano, colectas de alimentos para el Día de Acción de Gracias, eventos de regreso a clases, compras navideñas y más. En 2014, Anquan y su esposa, Dionne, donaron un millón de dólares a la fundación. Pero quizá lo más relevante es que Bodin ha otorgado 13 becas de cuatro años, con un valor de 10 000 dólares cada una, a estudiantes meritorios que necesitan apoyo con su educación superior.[47]

Boldin habló de su deseo de hacer más que jugar futbol y de tener un impacto por medio de la retribución:

> Cuando empecé a jugar en la NFL, me sentía en las nubes. ¡Estaba viviendo el sueño! Había logrado llegar a la NFL, pero pronto me di cuenta

> de que la vida no se trata de eso. Me di cuenta de que mi propósito en la vida no era llegar a la NFL y hacer anotaciones. Dios me puso en esta tierra para algo mucho más grande que eso; ahora me doy cuenta y entiendo cuál es mi propósito. Mi mayor deseo y esperanza es poder honrar a Dios durante el resto de mi vida y ayudar a tantas personas como sea posible.[48]

Y vaya impacto que ha tenido. Lo sigue teniendo en los jóvenes dentro de su *círculo de influencia* en constante expansión, para que ellos también tengan una mejor oportunidad de aprovechar sus vidas al máximo.

Ondas en un estanque

¿Conoce a alguien que lo admire como mentor? ¿Hay alguien que necesite su apoyo, confianza o inspiración en su vida? Tómese un momento para identificar a esta persona. Luego, pase tiempo con ella, conózcala bien —sus metas, sueños, lo que más le importa— y comience a ayudarla a encontrar su propia voz. Note que, aunque usted esté comprometido a ayudar, los desafíos o problemas de los otros no son suyos; usted simplemente servirá como fuente de ayuda, guía e inspiración. Le sorprendería el poco tiempo y esfuerzo que se necesita para marcar una diferencia significativa en la vida de otra persona.

Sin importar lo que le dé a esta persona —su interés, tiempo, creencia, habilidades— podría ponerla en el camino correcto para descubrir su propia pasión y voz. Si lo hace, a su vez, usted obtendrá una profunda sensación de alegría al verlos progresar y tener éxito.

Si conoce a alguien a quien podría ayudar a encontrar su voz, pero aún no está seguro de cómo hacerlo, permítame presentarle un proceso simple. Comience haciendo cuatro preguntas básicas para identificar las necesidades de esta persona y determinar la mejor manera de ayudarla.

1. Averigüe cómo le está yendo en la vida y, en específico, cómo está lidiando con los desafíos que se le presentan.
2. Pregunte qué está aprendiendo actualmente sobre lo que le gustaría hacer.

3. Teniendo lo anterior en cuenta, ayúdela a definir sus metas.
4. Pregunte de forma directa qué puede hacer para ayudarla a alcanzar sus metas.

El verdadero comienzo de la influencia se presenta cuando otros sienten que usted está siendo influido por ellos, cuando se sienten comprendidos por usted, cuando se sienten escuchados de manera profunda y sincera, cuando se dan cuenta de que usted mantiene la mente abierta. Recuerde siempre que lo que hace tiene un impacto mucho mayor que lo que dice.

El padre de William Ernest Henley murió cuando él era joven; dejó seis hijos a cargo de la madre de William. Cuando este era niño, fue estudiante de la Crypt School, en Gloucester, Inglaterra. Ahí, durante cinco años, fue asesorado por un brillante director, Thomas Edward Brown, un poeta y «un genio, el primero que había conocido». Henley y Brown desarrollaron una amistad de por vida. Henley escribió más tarde: «[Brown] fue singularmente amable conmigo en un momento en que necesitaba más amabilidad que ánimo».[49]

Cuando tenía solo 12 años, Henley contrajo tuberculosis en los huesos, lo que provocó que le amputaran la pierna izquierda por debajo de la rodilla. La enfermedad también afectó su pie derecho y tuvo que pasar tres años en el hospital. Pero su maestro encendió el fuego dentro de Henley para que explorara y escribiera su propia poesía. A la postre, Henley murió de tuberculosis cuando tenía solo 53 años; sin embargo, su poesía perduró, inspiró e impactó a muchos.

Años más tarde, el poema más conocido de Henley, «Invictus», se convirtió en una gran fuente de inspiración para un hombre encarcelado en Sudáfrica, llamado Nelson Mandela.[50] Más adelante, Mandela, a su vez, influyó en Sudáfrica, así como en las vidas de millones de personas que se liberaron de la segregación racial.

Una persona que influye en otra, una voz que da lugar a otras.

Haciendo del mundo un lugar mejor

¿Quién sabe cuándo hemos realizado nuestro trabajo más importante o nuestra contribución más significativa? Por eso necesitamos seguir aprendiendo, intentando y progresando, a través de todas las edades y etapas de la vida, a pesar de las dificultades que se presenten en nuestro camino. Debemos evitar la tentación de seguir mirando por encima del hombro en el espejo retrovisor lo que hemos hecho, en cambio, hay que mirar hacia adelante, con optimismo, a lo que aún podemos hacer.

Lo que hacemos por nosotros mismos muere con nosotros.
Lo que hacemos por los demás y por el mundo
permanece y es inmortal.
ALBERT PIKE

Todos conocemos a aquellos que tienen la suerte de tener dinero, fama, talento y recursos, y que hacen una cantidad increíble de buenas acciones *después* de alcanzar su *cima del éxito.* Pero muchos, aunque «no pueden llevarse nada consigo», todavía viven como la calcomanía en el parachoques de un automóvil exótico, conducido por una pareja mayor que proclama con orgullo: «¡Estamos gastando la herencia de nuestros hijos!».

Paul Newman personificó vivir *in crescendo*, pues siempre se condujo como si su obra más importante aún estuviera por delante. Adorado por generaciones de cinéfilos, Newman fue un ícono del cine que actuó en 65 películas en un lapso de más de cincuenta años. Aunque ganó un Oscar al mejor actor en 1987, cuando tenía 62 años, no se jubiló, siguió trabajando; actuó en su última película a los 77 años, todavía en un papel principal. Lo hizo casi hasta el momento en el que el cáncer terminó con su vida, en 2008, a los 83 años. A pesar de su estelar carrera de actor, por la que era bien conocido, su mayor alegría y satisfacción provenía de su labor caritativa.

Durante la Navidad de 1980, Paul y su amigo A. E. Hotchner inventaron la receta de un aderezo de aceite y vinagre, para ensaladas, que regalaron en esas fechas. La respuesta fue tremenda, y en febrero, sus vecinos y amigos estaban llamando a la puerta de Newman para pedir una segunda botella. Un tendero local sugirió que podrían venderla muy bien si ponían «el rostro de Newman en la mercancía».

Newman, a quien no le gustaba promocionarse, se opuso a la idea al principio. «Si tuviéramos que caer tan bajo como para poner mi cara en una botella de aderezo de aceite y vinagre solo para llenar nuestros bolsillos, ¡sería horrible!», le dijo a Hotchner. «Pero hacerlo para alcanzar un fin más elevado, por caridad, por el bien común, ¡esa sí es una idea que vale la pena, un acuerdo comercial recíproco!».[51]

Convencido de que tenía la oportunidad única de hacer del mundo un lugar mejor, a través de este esfuerzo, Newman proclamó con entusiasmo: «¡Donémoslo todo a aquellos que más lo necesitan!». Entregó cada centavo a la caridad porque, como explicó, con mucha lógica: «¡Uno no puede guardar tantas cosas en su armario!». Y así, y con el lema de «Explotación desvergonzada en pos del bien común», se lanzó la marca Newman's Own. La empresa tuvo gran éxito y vendió diez mil botellas de aderezo para ensaladas en cuestión de semanas. A finales de año, las ventas habían superado los 3.2 millones de dólares.

Desde el principio, Newman's Own se comprometió a donar el 100% de sus ganancias (después de impuestos) a organizaciones benéficas que lo merecieran porque, como dijo Newman, «era lo correcto». Una década después, se habían donado más de 50 millones de dólares a obras de caridad. ¡Newman siempre afirmó que estaba avergonzado de haber ganado mucho más dinero con su aderezo para ensaladas que con su carrera como actor![52]

> *La necesidad es grande y también lo son las oportunidades para marcar la diferencia. ¿Qué podría ser mejor que tender la mano a los menos afortunados que tú?*
>
> Paul Newman

Su organización benéfica personal, Hole in the Wall Gang Camps (llamada como la famosa banda de forajidos de su película *Butch Cassidy and the Sundance Kid* o *Dos hombres y un destino*), era la más cercana a su corazón. Invirtió siete millones de dólares de las ganancias de Newman's Own en sus campamentos, a los que niños con enfermedades graves podían asistir, para una semana completa de diversión y aventura sin costo alguno. Desde 1988, más de un millón de niños han asistido a una red de treinta campamentos y programas, lo que la ha convertido en la organización de campamentos familiares más grande del mundo. Es un esfuerzo por devolver la infancia a los niños que pasan muchos meses del año enfermos de gravedad o en un hospital. Los campamentos Hole in the Wall les brindan la oportunidad de pescar, nadar, acampar, montar a caballo, hacer manualidades o simplemente disfrutar del hecho de ser niños. El objetivo de Newman era crear un lugar de esperanza, un lugar para que los niños descubrieran que, a pesar de sus enfermedades, sus vidas están llenas de posibilidades.[53]

Newman se dio cuenta de lo poderoso que es el servicio cuando te involucras: «Crees que has creado algo para niños que no tienen tanta suerte como tú», dijo. «Y descubres que las personas que están al servicio de estos niños están recibiendo más de lo que están dando».[54] Él cuenta que, en cierta ocasión, iba caminando hacia el comedor del campamento cuando una niña lo tomó de la mano, lo miró y dijo: «Sabe, Sr. Newman, durante todo el año, ¡esta es la semana que más espero!». «¡Eso es todo!», dijo él. «¡Ese es el aplauso! ¡Eso es lo que realmente quieres en la vida! ¿Qué podría ser mejor que extender una mano a las personas menos afortunadas que tú?».[55]

Paul Newman fue un ejemplo inspirador de vivir *in crescendo*, ya que logró su trabajo más importante *después* de alcanzar la *cima del éxito* como actor de primera clase. Desde su fallecimiento, su familia, empleados y simpatizantes siguen dirigiendo su fundación, tal como él quería, dándolo todo. Newman's Own ayudó a establecer el Committee Encouraging Corporate Philanthropy (Comité para Fomentar la Filantropía Corporativa). Además, ha apoyado a Safe Water Network, Discovery Center y otras organizaciones que promueven la educación nutricional, así como el acceso a alimentos frescos. Asimismo, apoya a mejorar la calidad de vida del personal militar, los veteranos y sus familias, entre muchas, muchas otras causas valiosas.[56] Newman's Own produce más de trescientos productos, que han otorgado unos 22000 donativos —un total de más de 570 millones de dólares y contando— a miles de organizaciones benéficas. Así han conseguido mejorar la vida de millones de personas en todo el mundo.[57]

En enero de 2018, la fundación desafió a personas de todas partes a ser *newmanitarians*: retribuyendo, haciendo actos de bondad, buenas obras y extendiendo su generosidad a los demás. «Al pedirle a la gente que realice actos de bondad, esperamos difundir la idea de que la filantropía no se trata solo de dinero. Significa que todos podemos hacer algo para hacer de nuestro mundo un lugar mejor»,[58] explicó el presidente de Newman's Own.[59]

Somos tan derrochadores con nuestras vidas... No me estoy postulando para la santidad... Simplemente pienso que, en la vida, debemos ser un poco como el agricultor, que vuelve a poner en el suelo lo que cosecha.

PAUL NEWMAN[60]

Mucha gente está familiarizada con Muhammad Yunus y su modelo de microfinanzas, el cual ha dado esperanza a millones de personas que intentan escapar de la pobreza. Yunus nació en 1940, en un pequeño pueblo de Bangladesh, en la frontera noreste de la India. Fue el tercero de 14 hijos. Si bien fue su padre quien lo instó a buscar una educación superior, la mayor influencia en su vida fue el ejemplo de su madre, quien ayudaba a los pobres que a menudo llamaban a su puerta. Ella le inspiró el deseo de colaborar para erradicar la pobreza.

En 1974, Bangladesh estaba atravesando una hambruna terrible, en la que miles murieron. En ese momento, Yunus era un joven profesor de economía en la Universidad de Chittagong, quien pronto se dio cuenta de que las teorías que estaba enseñando no tenían respuestas para la devastadora realidad que se encontraba afuera de su salón de clases.

«Las teorías económicas que enseñaba no reflejaban en nada la vida que me rodeaba. ¿Cómo podía seguir contando a mis alumnos historias ficticias en nombre de la economía? Necesitaba huir de estas teorías y de mis libros de texto; descubrir la economía de la vida real, la que experimenta una persona pobre».[61]

Habló con una mujer, quien había necesitado un pequeño préstamo de dinero para comprar bambú y hacer taburetes para vender. Debido a que no tenía garantías, se le consideraba de alto riesgo y los bancos no le prestaban a una tasa razonable. Por ello, se vio obligada a pedir prestado a un intermediario a tasas absurdamente altas, a menudo de hasta 10% a la semana, lo que la dejaba con solo un centavo de ganancia. Esto apenas era suficiente para sobrevivir, por lo que estaba atrapada en un ciclo interminable de pobreza.

Yunus se dio cuenta de que los empresarios pobres, con esas tasas de interés tan altas, no escaparían nunca de la pobreza. Entonces prestó el equivalente a 27 dólares de su propio bolsillo a 42 mujeres del pueblo, quienes luego obtuvieron una ganancia de veinte centavos cada una en el préstamo. Él descubrió que, con esa pequeña cantidad, era posible no solo ayudarlas a sobrevivir, sino también despertar la iniciativa personal y el emprendimiento necesarios para salir de la pobreza. Yunus creía que el crédito era un derecho humano fundamental. Dar a las personas la oportunidad de un préstamo sin garantía podría enseñarles principios financieros sólidos y liberarlos de la pobreza. Gracias a los esfuerzos de Muhammed Yunus, nació el microcrédito en Bangladesh.[62]

Más adelante, él y sus colegas fundaron el banco Grameen (que significa *aldea*), que ofrece microcréditos a los más pobres. Este modelo de microfinanzas ha inspirado esfuerzos similares en alrededor de cien países en desarrollo e incluso en Estados Unidos, Canadá, Francia, los Países Bajos y Noruega. Hasta el momento de escribir este artículo, el Banco Grameen ha proporcionado 4 700 millones de dólares a 4.4 millones de familias en las zonas rurales de Bangladesh. Ha invertido la sabiduría bancaria convencional al centrarse en mujeres prestatarias, sin tener en cuenta los requisitos de garantía, y otorgando préstamos solo a los prestatarios más pobres. Es un sistema revolucionario, basado en gran medida en la confianza mutua, así como en las empresas y la rendición de cuentas de millones de aldeanas.[63] Sorprendentemente, más del 94% de los préstamos de Grameen se han destinado a mujeres que sufren de manera desproporcionada la pobreza en Bangladesh y quienes han comprobado que, en comparación con los hombres, dedican más sus ganancias a sus familias.[64]

Yunnus preguntó una vez a una audiencia por qué la gente escala el monte Everest. El público estuvo de acuerdo en que era por el desafío; algunos son ciegos o lisiados, y la mayoría arriesga sus vidas luchando por llegar a la cima, pero no hay montones de dinero en la cumbre. Yunnus cree que las personas no solo están motivadas por el dinero o las ganancias, sino también por sus determinaciones. ¡Esta no es la retórica típica de una maestría! Él cree que las personas que quieren cambiar su mundo están genuinamente motivadas para mejorar no solo su propia vida, sino también las de los demás, y que los resultados son más satisfactorios que recibir recompensas financieras.

Yunus se asoció con Dannon para proporcionar un yogur rico en nutrientes a un precio económico; también se asoció con Adidas para ofrecer zapatos que cuestan menos de un euro. Inició una empresa de energía solar que llevó electricidad a más de un millón de hogares en Bangladesh, por aproximadamente el mismo precio que el queroseno.

Logró proporcionar alimentos y vegetales saludables para curar a niños que sufren de ceguera nocturna —una aflicción común en ese país, resultado de deficiencias vitamínicas—. Cada empresa con la que se asoció se mantuvo a sí misma, y los inversores no solo recuperaron su dinero, sino que también adquirieron un sentido de esa superfelicidad que el dinero no puede comprar.[65]

En 2006, Yunus recibió el Premio Nobel de la Paz por otorgar millones de microcréditos a los pobres.[66] Para 2009, más de 128 millones de las personas más pobres del mundo habían recibido dichos préstamos; esto les brindó una esperanza que de otro modo nunca habrían tenido. En la actualidad, más de 250 instituciones operan programas de microcrédito basados en el modelo del Banco Grameen y miles más se han inspirado en sus principios.[67]

¡Muchos creen que este programa de microcrédito, inspirado por Yunus, es el logro más importante de los países en desarrollo, en los últimos cien años!

Justo antes de cumplir 75 años, Muhammad Yunus sugirió que «la pobreza debería estar en un museo» y habló de cómo los estadounidenses podrían acabar con ella si estuvieran dispuestos. Aunque ha alcanzado la *cima del éxito*, Yunus sigue viviendo la vida *in crescendo* y no está interesado en jubilarse. De hecho, parece que, a medida que envejece, tiene más energía.

Muhammad Yunus nos desafía a tomar acción: «Simplemente encuentren alguna manera de ayudar a cinco personas a salir del desempleo. Si tienen éxito, sigan haciéndolo. Podrían cambiar el mundo».[68] Su legado promueve el servicio a los demás.

Un inventario personal

Obviamente, la gran mayoría de nosotros no tenemos el talento, el dinero o la influencia de personas como Muhammad Yunus, Bill y Melinda Gates o Paul Newman. Sus contribuciones han sido enormes y han llegado a un gran número de personas; su impacto ha cambiado el mundo. Sin embargo, hay innumerables ejemplos inspiradores de personas menos famosas, pero también exitosas, o incluso personas «ordinarias», que hacen cosas extraordinarias para tener un impacto positivo en las vidas de quienes las rodean.

Su desafío no es cambiar *el* mundo, sino solo *su* mundo, su propio *círculo de influencia*, el que usted puede afectar de forma directa para bien.

Depende de usted determinar a qué dedicar su tiempo, recursos y talentos. Podría ser algo pequeño como recolectar libros para una biblioteca de préstamo gratuito, hacer mantas de lana con sus nietos para un hospital infantil o visitar a un vecino anciano solitario y plantar flores en su jardín. Puede optar por ofrecerse como voluntario para leer con los niños en una escuela primaria de pocos recursos una vez a la semana, organizar un grupo para limpiar un área descuidada en su comunidad o recolectar ropa usada en buen estado o ropa de invierno para un refugio local. Incluso un servicio simple puede ser de gran utilidad, como tener refrigerios saludables —fruta o barras de proteína— en su automóvil para repartir entre las personas que lo necesiten. Piense en un amigo o familiar olvidado al que le vendría bien una llamada o una visita de aliento. Durante la pandemia, hubo personas en todas partes que tomaron la iniciativa de organizar su propia colecta y distribución de alimentos en el vecindario o la comunidad, a menudo desde su garaje. Los vecinos y amigos de estas personas respondieron con entusiasmo a esa acción positiva durante ese momento difícil, y en apoyo de aquellos que habían perdido sus empleos.

Después de haber superado el cáncer de mama, una mujer visita a otras que están en medio de su propio tratamiento; les brinda el aliento que tanto necesitan, una actitud positiva, el deseo de luchar y aguantar. Otra, de manera activa, reúne ayuda en línea para personas refugiadas; recolecta suministros para que estas nuevas familias puedan tener éxito en su comunidad.

Un grupo de personas mayores, quienes se sentían un poco culpables por la cantidad de tiempo que se la pasaban jugando *pickleball* todos los días, decidieron combinar su diversión con algún servicio significativo, así nació Pickleball with a Purpose. Ahora, estos amigos participan regularmente en el abastecimiento de su banco de alimentos local: preparan bolsas de refrigerios saludables «para llevar» a estudiantes necesitados, hacen cobijas de lana para un hospital infantil y realizan otros proyectos de servicio comunitario.

Mire a su alrededor y encontrará una multitud de oportunidades para servir ahí, dentro de su *círculo de influencia*. No tiene que ser un acto extraordinario para marcar una diferencia extraordinaria, solo elija algo que le interese para comenzar y siga haciéndolo.

Considere lo que tiene para ofrecer y lo que puede hacer para generar un cambio positivo en quienes lo rodean. Puede usar el *inventario personal* que encontrará a continuación para descubrir todas las posibilidades. La *mentalidad crescendo* sugiere que servir a los demás, en cualquier etapa de la vida, es una gran bendición, tanto para el que recibe como para el que da. A medida que se enfoca en lo que tiene por delante y deja de depender de lo que ya ha hecho en el pasado, puede demostrar de forma activa que «lo mejor está por venir». Además, irónicamente, estas contribuciones podrían ser las más grandes de su vida hasta el momento.

Usted es un candidato perfecto para cambiar su mundo si posee alguna de estas características:

- Tiempo
- Talentos
- Deseo
- Interés
- Influencia
- Dinero
- Habilidades
- Visión
- Pasión

Con sus habilidades y características únicas en mente, piense, de manera creativa, sobre las necesidades que ve a su alrededor y cómo puede responder a ellas. Registre sus respuestas en el espacio provisto en este *inventario personal*. Es posible que se sorprenda al descubrir que tiene más para ofrecer de lo que pensaba.

1. ¿En qué es bueno? ¿Qué ha aprendido de su profesión? ¿Qué talentos (o rasgos de carácter innatos) tiene que podrían ayudar a otros?

   ____

   ____

   ____

   ____

   ____

2. ¿Qué le apasiona? ¿Qué es importante para usted? ¿A quién podría prestarle esa pasión o a qué causa podría ayudar?

____

____

____

3. ¿Qué necesidades ve a su alrededor, en su vecindario o comunidad? ¿Qué podría hacer específicamente para satisfacer esas necesidades, aunque sea algo pequeño?

____

____

____

4. ¿Cómo está su propia familia (inmediata e intergeneracional)? ¿Sabe de algún familiar (hijos, nietos, bisnietos u otros parientes, como hermanos, primos, tías o tíos) que esté pasando por alguna dificultad? ¿Qué puede hacer para tener un impacto positivo en ellos?

____

____

____

5. Haga una lista de dos o tres personas que lo admiren y determine cómo podría reafirmarlas, apoyarlas y convertirse en su mentor de confianza.

____

____

____

6. ¿Por qué quiere ser conocido? ¿Qué legado quiere dejar?

____

____

____

7. Tomando en cuenta la *mentalidad crescendo* y la idea de que «la vida se trata de contribuir», ¿qué elegirá hacer?

____

____

____

Marque la diferencia sobre algo que no sea usted mismo.

TONI MORRISON

Tercera parte
CONTRATIEMPOS QUE CAMBIAN LA VIDA

staccato (adverbio o adjetivo): acortar o separar; desconectado, abrupto, inconexo

A menudo, las dificultades preparan a la gente común para un destino extraordinario.
C. S. Lewis

El 16 de agosto de 2008, Christian y Stephanie Nielson hicieron un viaje en una Cessna 177 Cardinal, sin sospechar que ese vuelo cambiaría sus vidas para siempre. Después de cargar combustible en St. Johns, Arizona, la avioneta se estrelló inesperadamente y se incendió. Christian escapó del avión y creyó que Stephanie también estaba fuera, pero ella estaba envuelta en llamas, incapaz de liberarse. Pensó que iba a morir quemada, pero de repente, sintió que su difunta abuela guiaba su mano para desabrochar el cinturón de seguridad y la conducía a la puerta. Cuando escapó del avión, con el cuerpo en llamas, escuchó a su abuela decirle: «¡Rueda!».

Christian tenía la espalda rota y quemaduras en el 40% de su cuerpo, pero fue el más afortunado de los tres que iban en el avión. Doug Kinneard, su amigo e instructor de vuelo, sufrió quemaduras en el 90% de su cuerpo. Después de ser trasladado en avión al Arizona Burn Center en Phoenix, murió a causa de sus heridas. Stephanie tenía quemado el 80% de su cuerpo. Para permitir que sus cuerpos sanaran, los médicos indujeron el coma a la pareja. Christian se despertó unas cinco semanas después, pero pasaron casi tres meses antes de que Stephanie recuperara el conocimiento.

El 5 de noviembre de 2008, Stephanie finalmente se despertó; descubrió que sus manos, brazos, piernas y rostro estaban cubiertos con quemaduras de tercer y cuarto grado. Su hermana Page y su madre estaban a su lado, mientras sus otras hermanas cuidaban a los niños pequeños de Stephanie, que tenían 6, 5, 3 y 2 años.

Pronto, trasladaron a los Nielson al centro para personas quemadas más cercano a sus hijos, mientras comenzaban su largo viaje de recuperación física y emocional. Stephanie siempre había sido una mujer joven y hermosa, por lo que al principio no quería mirarse en un espejo. Cuando por fin se armó de valor para ver su nuevo rostro, en sus palabras: «¡Sentía que era un monstruo!». Tampoco sus hijos podían soportar del todo el daño físico que habían dejado las quemaduras. Stephanie compartió: «Mi hijo menor, Nicholas, que tenía 2 años, no me recordaba en absoluto. ¡Él no quería tener nada que ver conmigo! Me partió el corazón. Mi hija mayor, Jane, se puso blanca como un fantasma y no me miraba». Claire se quedó en el pasillo y no quiso entrar después de que Jane le advirtió: «¡No entres ahí!». Solo Oliver, su hijo de 3 años, parecía estar cómodo con su madre y jugaba muy feliz en su cama. Les tomó tiempo adaptarse al nuevo rostro de su madre y Stephanie tuvo que aprender a aceptar su propia apariencia.

> Todavía me cuesta acostumbrarme a mis cicatrices —dice ella—. Pero luego recuerdo lo agradecida que estoy de tener todavía un rostro o una nariz. Luego miro a mi familia y amigos y pienso: «Todo esto vale la pena». Soy esposa y madre. El accidente no pudo quitarme eso. No estoy tan preocupada por mi apariencia porque tengo a esta hermosa familia a mi alrededor y eso es lo que más importa. No me ven como alguien que luce diferente o que no puede hacer las cosas que solía hacer. Mi esposo me ve como la esposa con la que se casó y mis hijos solo me ven como mamá. Me siento hermosa porque tengo una vida hermosa.[1]

Miles de «mamás blogueras» respondieron a la historia de Stephanie y recaudaron fondos a través de ventas de garaje, lanzamientos de globos, conciertos benéficos y otros eventos para ayudarla con sus enormes facturas médicas. La familia recibió más de 250 000 dólares provenientes de todo el mundo, incluyendo China y Australia.[2]

Mientras Stephanie estaba en coma, sintió a su abuela fallecida cerca de ella; recuerda que se le presentó la opción de quedarse con sus hijos y vivir con el dolor de sus heridas, o regresar a Dios y estar libre de dolor. Finalmente, tomó la decisión de quedarse, y le preguntó a su abuela qué podía hacer para mejorar las cosas cuando regresara a casa. Stephanie recuerda que su abuela simplemente le dijo: «¡Comparte tu esperanza!».

Así lo ha hecho. El trágico accidente no le impidió a Stephanie vivir *in crescendo*; por el contrario, le ha permitido inspirar a otros en todo el mundo a superar sus desafíos con esperanza, valor y resiliencia.

Stephanie recibió tantas cartas y tarjetas amorosas y de apoyo como para llenar una habitación entera. Estaba abrumada. Cinco meses después del accidente, escribió en su blog: «Me brotan las lágrimas cada vez que pienso en todo su apoyo. Los amo a todos». En ese entonces, unos increíbles 30 millones de lectores ya visitaban su blog todos los meses en busca de mensajes de aliento e inspiración. Casi 100 000 personas la siguen en Instagram, motivadas por su espíritu de lucha y la vida tan plena que lleva.[3]

Stephanie escribió su increíble historia, su viaje de esperanza y triunfo en un exitoso libro: *Heaven Is Here* (El cielo está aquí).[4] Gracias a su elección consciente de tener una perspectiva positiva y crear una vida feliz, su mensaje de esperanza ha inspirado a innumerables personas. Ha aparecido en *Anderson Cooper 360°*, *Oprah*, *20/20* y *Today*. La han entrevistado en varias ocasiones y se ha convertido en una popular oradora motivacional. Stephanie se dio cuenta: «Podía amargarme o mejorar». Ella eligió usar su experiencia para alentar a otros que también han experimentado contratiempos abrumadores.

La vida que has llevado no tiene por qué
ser la única que tendrás.
ANNA QUINDLEN

Stephanie divide su vida en «antes del accidente» (AA) y «después del accidente» (DA), porque a veces parece que ha tenido dos vidas distintas. Ahora, ha abrazado su nueva vida y ha adoptado el mensaje de «¡Comparte tu esperanza!». Ayudar a aquellos que han enfrentado situaciones difíciles —en lo personal o en sus familias— se ha convertido en su misión.

A pesar de las difíciles pérdidas por el accidente aéreo, los Nielson también obtuvieron información valiosa que no habrían tenido de otro modo. Este evento cambió a Stephanie por completo, pero ella quiere que sus muchos seguidores y amigos sepan que la vida puede volver a ser buena. Aunque parezca sorprendente, de alguna manera, puede ser incluso mejor.

El matrimonio de los Nielson se ha fortalecido de una manera que solo ellos entienden y se han acercado mucho más como familia. Stephanie escribe:

> Quiero que mis hijos recuerden que surgieron milagros de nuestra experiencia. A pesar de lo difícil que fue, estoy agradecida y me siento muy orgullosa de dónde estamos. Para ser tan pequeños, nuestros niños han pasado por mucho y lo han superado de maravilla.[5]

Muchos han respondido al blog de Stephanie o le han escrito cartas mostrándole que su determinación por recuperar una vida feliz ha valido la pena y que los ha inspirado a enfrentar sus desafíos de la misma manera. Una vez, una niña le dijo a Stephanie, con lágrimas en los ojos: «Tú me ayudas a hacer cosas difíciles».[6]

Solo por medio de la alegría y la tristeza, una persona descubre algo sobre sí misma y su destino.
JOHANN WOLFGANG VON GOETHE

Entonces, ¿qué haría si su vida perfectamente planeada se desmoronara? ¿Cómo reaccionaría? ¿Cómo recogería los pedazos y seguiría adelante? ¿Ha tenido que enfrentar algo parecido? ¿Alguien cercano a usted ha experimentado un cambio drástico en su vida? Por lo general, no podemos controlar lo que nos sucede. Sin embargo, podemos elegir cómo responder a ello y esto influye en lo que viene después. Stephanie todavía vive la vida *in crescendo*, aunque resultó muy diferente de lo que esperaba. Al igual que la infelicidad, aprendió que la felicidad es una elección consciente, que aún se puede tener una vida feliz si no te rindes ante la derrota y la desesperación.

En esta sección hay varias historias de la vida real, tanto de personas conocidas como desconocidas. Todas han tenido experiencias que les cambiaron la vida, a pesar de las cuales, con el tiempo y con un esfuerzo constante, eligieron creer que todavía tenían más que lograr y contribuir. Aunque lo que les sucedió puede ser trágico e incluso devastador, de alguna manera, dentro de sí mismas, estas personas han elegido vivir *in crescendo* y mejorar la vida para ellos y para los demás.

De personas como los Nielson, quienes recuperaron la felicidad después de contratiempos trágicos, he identificado algunos de los «bloques de construcción» para superar tales experiencias:

- Acepte su desafío.
- Crea que la vida puede volver a ser buena: elija conscientemente la felicidad.
- Busque formas de ayudar a los demás: comparta su esperanza.

Mi esperanza es que aprenda de estos valientes ejemplos en los próximos capítulos, que esto le permita levantarse e inspirarse cuando enfrente sus propios contratiempos desafiantes.

Capítulo 6
Elija vivir in crescendo, *no en* diminuendo

Ni siquiera sabemos lo fuerte que somos hasta que nos vemos obligados a sacar esa fuerza oculta.

Isabel Allende

Anthony Ray Hinton fue considerado culpable antes de que comenzara su juicio. En 1985, en un pequeño pueblo de Alabama, solo por su raza, perfilaron y culparon a Ray de dos asesinatos con los que no tenía nada que ver. Aunque tenía una coartada sólida y pasó una prueba de polígrafo, era pobre y no podía pagar una buena defensa. Esto era algo fundamental para poder tener un juicio justo en su comunidad racialmente prejuiciosa y en el sistema legal local. A pesar de que la fiscalía no tenía pruebas creíbles en su contra, Ray pronto fue condenado y enviado al corredor de la muerte, en la prisión Holman de Alabama.

Ya que se sabía por completo inocente, Ray había confiado de lleno en el sistema legal. Pero después de ser sentenciado, se enojó tanto y se llenó de tal desesperación que arrojó su Biblia debajo de la cama de la prisión y decidió cerrarse por completo. Ray, que solía ser abierto y amigable, permaneció en silencio como una piedra. A excepción de su familia y amigos que lo visitaban, no interactuó con nadie, ni con sus compañeros de prisión ni con los guardias, durante tres largos y miserables años.[7]

Cierta noche, a Ray lo despertaron los sollozos y el llanto de un recluso desesperado que imploraba que alguien lo ayudara con su dolor. En ese momento, despertó dentro de Ray una profunda compasión que había reprimido conscientemente. Aunque no podía hacer nada acerca de vivir en ese confinamiento solitario, en el corredor de la muerte, Ray descubrió que podía tomar otras decisiones importantes.

Más adelante, escribió un libro sobre sus experiencias: «La desesperación era una elección», dijo. «El odio era una elección. La ira era una elección. Todavía tenía opciones y percatarme de ello me sacudió. Podía elegir rendirme o aguantar. La esperanza era una elección. La fe era una elección. La compasión era una elección. Y más que nada, el amor era una elección».[8]

En este momento revelador, Ray se dio cuenta: «Tenía la opción de acercarme… o quedarme solo en la oscuridad. Nací con el mismo don que Dios nos otorga a todos: el impulso de tender la mano y disminuir el sufrimiento de otro ser humano. Fue un regalo, y cada uno de nosotros tiene la opción de usar este regalo o no».[9]

A través de los barrotes de su celda, Ray rompió su silencio de tres años y consoló a un recluso afligido que le confió que su madre acababa de morir. Pasó la noche escuchando a un completo extraño contar historias de su madre y le brindó la esperanza que necesitaba para aguantar. Ray decidió que era hora de renovar su propia esperanza y fe. Sacudió el polvo de la Biblia que aún estaba debajo de su cama y se comprometió a permanecer fiel a sus valores; a ser la buena persona que sabía que era; a no caer en la desesperación, a pesar de la dura realidad de vivir en el corredor de la muerte. Y tomó otras decisiones. Se convirtió, durante los siguientes 27 años, en un faro de luz: no solo transformó su propio espíritu, sino que extendió esta metamorfosis a sus compañeros de prisión, 54 de los cuales fueron ejecutados a solo diez metros de su celda. Y su influencia creció. Creó una identidad de compasión en el corredor de la muerte, la cual hizo que otros respondieran de la misma manera; moldeó la vida de decenas de reclusos a su alrededor, con amabilidad y humor. Difundió la esperanza de que «cada persona es más que su peor acto», como creía su abogado, Bryan Stevenson.[10]

Aunque fue una lucha diaria mantenerse positivo y seguir adelante, año tras año, Ray demostró su humanidad, a pesar de vivir de forma inhumana. Logró, de cierta manera, escapar de ese entorno al expandir su mente e imaginación devorando libros como una forma de salir de los confines de su prisión. Se aferró por completo a la esperanza de que algún día se sabría la verdad sobre su inocencia y de que sería recompensado con verdadera justicia y libertad.

Después de 14 años en confinamiento solitario, sin ningún progreso en su caso, Ray obtuvo la asistencia legal competente del abogado Bryan Stevenson y del equipo Equal Justice Initiative. Stevenson reconoció de inmediato la terrible injusticia que se había cometido con Ray, por lo que luchó de manera incansable en su defensa durante los siguientes 14 años mediante litigios impugnados, así como docenas de mociones y apelaciones.

Por fin, en 2015, Stevenson ganó un fallo unánime, poco común en la Corte Suprema de los Estados Unidos: declararon a Anthony Ray Hinton inocente de todos los cargos y lo liberaron después de casi treinta años en prisión. Esto lo convirtió en uno de los presos condenados a muerte que más tiempo estuvo en prisión, en Estados Unidos, para luego probar su inocencia y obtener su libertad. Cuando salió de prisión, Ray exclamó, agradecido con su familia y amigos: «¡El sol sí brilla!».[11]

Al igual que Mandela, que estuvo encarcelado durante 27 años, Ray Hinton también salió de su larga condena en prisión con una notable falta de amargura y con la capacidad para perdonar. «La amargura mata el alma», explicó. «¿De qué me serviría odiar?». Él eligió de manera consciente perdonar a aquellos que lo enjuiciaron. «Me quitaron los treinta, los cuarenta, los cincuenta, ¡pero lo que no pudieron quitarme fue mi alegría!».[12]

Aunque lamenta profundamente las décadas desperdiciadas que estuvo encarcelado y las oportunidades que perdió de tener carrera, casarse o criar hijos —algo que siempre quiso—, no ha permitido que estas consecuencias negativas lo consuman y destruyan el resto de su vida. Él cree que «tenemos que encontrar maneras de recuperarnos después de que sucedan cosas malas».[13] De igual manera, confía en que tiene un trabajo significativo por delante, que solo él puede hacer: luchar por aquellos que también han sido injustamente procesados y encarcelados.

Tres años después de su liberación, Ray escribió sus conmovedoras pero significativas memorias, que se convirtieron en un éxito de ventas, *The Sun Does Shine* (El sol sí brilla), sobre el difícil viaje en el que no solo aprendió a sobrevivir, sino que también encontró una manera de vivir en el corredor de la muerte.

La historia de Ray demuestra que no importa cuán terribles sean las circunstancias o desafíos que enfrentemos, siempre tenemos otra opción. Podemos optar por cerrarnos, como lo hizo Ray al inicio y, esencialmente, *vivir en diminuendo*, con el resultado de que nuestro poder llegue a su fin, >.

A pesar de la injusta condena que Ray sufrió por culpa del sistema legal racista, en el fondo, nadie pudo quitarle la capacidad de elegir usar su fe, esperanza, mente, imaginación, compasión, humor y alegría. Cuando nosotros también ejercitamos esas elecciones en nuestras vidas, como lo hizo Ray, incluso en el corredor de la muerte, crecemos en influencia y poder, con lo que nuestra vida comienza a expandirse y agrandarse *in crescendo*, <.

Ahora, Ray se dedica al trabajo de su vida como activista y abogado defensor. Se ha convertido en un orador extraordinario y un poderoso educador comunitario que trabaja con Bryan Stevenson y el equipo Equal Justice Initiative. Han hecho grandes esfuerzos por las reformas en justicia penal y por lograr la igualdad en el sistema legal para que otras personas inocentes no sufran como Ray. Debido a su importante misión de combatir la injusticia, su vida e influencia no han hecho más que expandirse y son una luz para quienes escuchan su valiente historia de lucha, elección y triunfo.

La capacidad de elegir no se puede quitar ni regalar,
solo se puede olvidar.
GREG MCKEOWN[14]

Si no ha cometido grandes errores o nunca ha necesitado un nuevo comienzo, es probable que no haya vivido lo suficiente. Los contratiempos son inevitables. Me parece inspirador aprender de quienes han tomado malas decisiones, de quienes han sufrido a manos de otros o como resultado de un destino cruel. Personas que han logrado darse un respiro, perdonarse a sí mismas o a los demás, cambiar sus vidas y, luego, ayudar a otros a hacer lo mismo.

Nelson Mandela lo resumió: «No me juzguen por mis éxitos; júzgueme por cuántas veces me caí y me volví a levantar».[15] Y Sudáfrica cambió para siempre porque él lo hizo.

Así es exactamente como podemos cambiar el mundo: a veces solo se necesita una persona para iniciar un efecto dominó. Como veremos, a menudo, cuando nos damos o damos a otro un respiro, una segunda oportunidad, es cuando suceden los milagros que conducen a vivir *in crescendo.*

Segundas oportunidades

El 5 de septiembre de 2011, Anna Beninati tomó una decisión tonta que cambió su vida para siempre. Como estudiante nueva en la Universidad Estatal de Colorado, se dejó llevar por la peligrosa costumbre de subirse a los trenes en marcha en busca de emociones, como lo hacían otros estudiantes. Después de lograrlo en varias ocasiones, vio que el tren arrastraba a uno de sus amigos después de que este no había podido subir a bordo. Afortunadamente, el chico pudo zafarse a tiempo y rodar. Anna, en cambio, siguió corriendo sin darse cuenta de que otro amigo detrás de ella le gritaba que no se subiera porque el tren iba demasiado rápido.

Ella no lo escuchó debido al ruido, puso el pie derecho en el borde del vagón de tren, pero su pierna izquierda se arrastraba por el suelo. Al darse cuenta de que no iba a lograrlo, hizo lo único que podía hacer: se soltó. Sin embargo, en lugar de caer rodando lejos del tren como su amigo, sus piernas quedaron debajo de este. Escuchó su fémur romperse y pensó que iba a morir.

Por fortuna, un técnico médico y una enfermera estaban cerca, esperando en su automóvil a que pasara el tren. Llegaron a ella rápidamente y ejercieron presión sobre sus piernas para detener el sangrado. El amigo que había tratado de advertirla resultó ser un exmédico del ejército quien, para asombro de todos, tenía un nuevo juego de torniquetes en su mochila. Se los colocó y le salvó la vida.

Anna perdió la pierna izquierda y solo le quedó la mitad de la derecha. Fue un momento horrible que le cambió la vida y que permanecerá con ella para siempre.

Antes del accidente, se describía a sí misma como una niña triste y miserable, que era distante, nerviosa, cínica y sufría de anorexia. Nunca le gustaron las reglas, «por eso estoy aquí, en silla de ruedas», le dijo a un grupo de estudiantes de primaria. Hoy les cuenta a los niños sobre su experiencia y las lecciones que aprendió, con la esperanza de que se beneficien de su historia sobre su falta de juicio.

Los niños se sienten atraídos por ella, por su valor y sentido del humor, rasgos que la ayudaron a sobrevivir. Ella muestra una foto de sus hermanos y dice con una sonrisa irónica: «Yo solía ser la hermana mayor; ¡ahora soy la hermana pequeña!». Siempre quedan cautivados por su historia, ya que les advierte sobre tomar decisiones tontas, en especial si uno sabe lo que debe y no debe hacer.

Ya que tiene toda la atención de los estudiantes, Anna les cuenta cómo reaccionó ante su nueva realidad. «Durante mi primera semana en casa, cuando volví del hospital estaba realmente enojada y me di cuenta de que tenía que tomar una decisión. O me quedaba donde estaba sin hacer nada más que revolcarme en la autocompasión por no tener piernas o seguía adelante. ¡Puedes rendirte o levantarte! En mi segunda semana en casa, decidí que era momento de descubrir todas las cosas que podía hacer».

Anna logró darse una segunda oportunidad. Después de que decidió concentrarse en lo que aún podía hacer, se sorprendió de lo larga que era la lista. Se dedicó al ciclismo manual, al levantamiento de pesas, a los bolos, a montar a caballo, a la natación, a escalar rocas, al esquí sentado e incluso al puentismo. Aprendió a pararse de manos y hacer vueltas de carro en su silla.

Cuatro meses después del accidente, Anna decidió regresar al lugar donde perdió las piernas. Esperaba sentir ira y miedo, en cambio, sintió una especie de calma. También visitó a los bomberos que le habían salvado la vida y los cautivó bailando en su silla de ruedas, algo que nunca hubiera hecho.

Aunque Anna requirió más de 11 cirugías para llegar a donde está hoy, desde el accidente ha abrazado la vida de forma más plena; mantiene una agenda ocupada que anima a quienes la conocen. Su trastorno alimenticio desapareció cuando decidió que ya había sufrido lo suficiente y tenía que lidiar con problemas de salud peores. Ahora entrena a otras personas discapacitadas a través de un programa deportivo. Asesora a los miembros de una sinfonía juvenil, una vez por semana, tocando la guitarra, el piano y el fagot. Cuando pudo volver a salir con sus viejos amigos, se sorprendieron al ver cómo abordaba su nueva vida con una actitud tan positiva. «Curiosamente, soy mucho más feliz ahora que cuando tenía piernas», relata. «Le digo eso a la gente todo el tiempo. La forma en que soy ahora es como se suponía que debía ser. Este es mi verdadero yo».[16]

La mejor manera de animarse a uno mismo es intentar animar a otra persona.

MARK TWAIN

Más adelante, Anna fue entrevistada por Ann Curry en el programa *Today*, donde compartió su mensaje inspirador: «La vida no termina con un accidente como este», dijo. «Elegí superarlo y simplemente seguir adelante». Cuando le pidieron a Anna que hablara con sus compañeros universitarios, expresó su gratitud por la vida y los animó a escuchar su voz interior al tomar decisiones. «Sigan su instinto», les aconsejó. «Si tienen la sensación de que algo no está bien, sin importar cuál sea la situación, ya sea caminar solos a casa por la noche, estar a punto de enviar mensajes de texto mientras conducen o ponerse al volante de un automóvil después de haber bebido alcohol… si no se siente bien, ¡no lo hagan! Yo tendré que pagar por mi error el resto de mi vida».[17]

El enfoque de Anna muestra el poder de una actitud positiva y de creer que lo que sucedió es cosa del pasado. Ella puede y vive una vida plena con un futuro productivo; no se enfoca en ese día oscuro cuando perdió las piernas. Sorprendentemente, a pesar de los enormes contratiempos, su vida en realidad se expande en lugar de disminuir. Ha elegido, de manera consciente, vivir una *mentalidad crescendo*, siguiendo algunos principios que todos haríamos bien en adoptar:

- Perdónese y siga adelante.
- Conserve su sentido del humor.
- Siga sus instintos y escuche su voz interior.

Mientras lee las historias compartidas en esta tercera parte del libro, «Contratiempos que cambian la vida», y las decisiones valientes que tomaron estas personas, recuerde este importante principio: usted no es solo un producto de sus circunstancias, sino un producto de sus decisiones proactivas.

Siempre me ha gustado este profundo par de versos:

> *Dos hombres miraban por los barrotes de la prisión;*
> *uno veía barro, el otro veía estrellas.*

Nuestra perspectiva influye mucho en cómo vemos nuestra circunstancia actual. Si miramos hacia abajo, es posible que solo veamos lodo y barrotes; si miramos hacia arriba, podremos ver los rayos de sol, la luna y las estrellas. Sé que muchos se sienten aprisionados por sus circunstancias o por lo que les sucede, ya que muchas veces esto está más allá de su control. Sin embargo, las rejas que los mantienen en prisión rara vez son tangibles: hay pocas barreras físicas o restricciones —si es que las hay— que no se puedan ajustar o incluso eliminar.

La vida es como un viaje en tren... retrasos, desvíos, humo, polvo, cenizas y sacudidas, intercalados ocasionalmente por hermosas vistas y emocionantes ráfagas de velocidad. El truco es agradecer al Señor por permitirte viajar.

JENKIN LLOYD JONES[18]

Cuando secuestraron a Elizabeth Smart, vivió la pesadilla de todo padre; que una niña de 14 años desapareciera fue horrible para su familia y para todos los que se enteraron. Pero eso es justo lo que sucedió en uno de los casos de secuestro de niños más seguidos en la historia.

El 5 de junio de 2002, Elizabeth Smart desapareció sin dejar rastro; se la llevaron a punta de cuchillo de su propio dormitorio en medio de la noche. El horror de su secuestro y los esfuerzos de rescate subsiguientes atrajeron mucho la atención de los medios. Pero su secuestrador evadió a las autoridades y la mantuvo cautiva a menos de cinco kilómetros de su casa.

Nada preparó a Elizabeth para lo que tuvo que soportar durante los siguientes nueve meses de su vida. «¡Fue un infierno! Me fui a dormir aún en mi mundo perfecto de 14 años y me desperté con un hombre que podría haber sido el mismo diablo», escribió más tarde.[19] Descubrió que sus secuestradores, Brian David Mitchell y Wanda Barzee, no tenían intención de pedir rescate a cambio de su liberación. En cambio, querían que formara parte de sus vidas dementes, como esposa polígama de Mitchell y como esclava de Barzee. La amenazaban constantemente con matarla a ella y a su familia si intentaba escapar. Elizabeth pensó que la única forma en que podría ser libre sería sobrevivir más tiempo que sus captores, aunque tuviera que esperar muchos años.

Durante los siguientes meses, Elizabeth Smart soportó la sed y el hambre mientras la tenían encadenada como un animal en condiciones inmundas. La drogaban, alcoholizaban y la obligaban a ver pornografía. Fue violada todos los días de su cautiverio por ese hombre perverso que tenía edad suficiente para ser su padre.[20]

Elizabeth se sentía completamente rota y destrozada. Sabía que no era su culpa, pero se preguntaba si alguien la amaría después de lo que le había pasado. Entonces recordó lo que su madre le había dicho unos meses antes, cuando se había sentido excluida por sus amigos:

> Elizabeth… solo hay unas cuantas personas que importan. Dios, tu papá y yo. Dios siempre te amará. Eres su hija. Él nunca te dará la espalda. Y yo tampoco. No importa a dónde vayas o lo que hagas, o cualquier otra cosa que pueda pasar, siempre te amaré. Siempre serás mi hija. Nada puede cambiar eso.

Elizabeth escribió más adelante sobre ese importante momento:

> El darme cuenta de que mi familia aún me querría resultó ser el punto de inflexión. De hecho, resultó ser el momento más importante de toda mi terrible experiencia de nueve meses. Fue en ese momento que decidí que, sin importar lo que pasara, iba a sobrevivir… Haría lo que fuera necesario para vivir.[21]

Durante nueve meses, su familia y amigos continuaron trabajando con la policía y trataron de mantenerla en el ojo público tanto como pudieron. Su hermana menor, de 9 años, quien había estado despierta en la cama junto a ella durante el secuestro, finalmente identificó al secuestrador: un vagabundo que había hecho algunos trabajos de reparación en su casa muchos meses antes. John Walsh —cuyo hijo había sido secuestrado y asesinado años antes— compartió en el programa de televisión *America's Most Wanted* (Los más buscados de América) el perfil que ella describió. Fue así como, por fin, el 12 de marzo de 2003, alguien reconoció a Mitchell en la televisión y llamó a la policía.

Cuando la policía la rescató, le preguntaron: «¿Eres Elizabeth Smart?». Elizabeth todavía tenía miedo de revelar su identidad debido a las amenazas de sus secuestradores. Pero más adelante, escribió:

> Por un momento, mi mundo pareció detenerse por completo. Me sentí tranquila. Me sentí segura. Meses de miedo y dolor parecieron derretirse bajo el sol. Sentí una dulce seguridad. «Soy Elizabeth».[22]

Pero la historia de Elizabeth no terminó con su rescate. Uno de los legados de su terrible experiencia es que los organismos de seguridad en todo Estados Unidos ahora investigan los casos de niños desaparecidos y secuestrados de manera diferente, gracias a lo que aprendieron a través de su caso.

Diez años más tarde, Elizabeth escribió *My Story* (con Chris Stewart), una memoria increíble que detalla lo que experimentó:

> Trato de alentar a otros sobrevivientes a hacer lo que quieran en la vida y a no permitir que algo fuera de su control arruine el resto de su existencia. No es su culpa. Lo que les sucedió no los hace menos personas ni cambia quiénes son. Nunca es demasiado tarde para empezar a vivir.[23] Creo que hay muchos más milagros en nuestras vidas de los que podemos darnos cuenta. Nos recuerdan que Dios está allí y que se preocupa. En medio de todo ese tormento, pude encontrar un pequeño rayo de esperanza.[24]

Las decisiones valientes y la notable influencia de Elizabeth continuaron expandiéndose más allá de su secuestro, como veremos en las siguientes secciones.

Cambie usted primero

Una de las cosas que aprendí cuando estaba negociando fue que hasta que no cambiara yo mismo, no podía cambiar a los demás.

NELSON MANDELA[25]

Además de Viktor Frankl, otro de mis héroes personales es Nelson Mandela, quien, en mi opinión, también fue un excelente ejemplo de *vivir in crescendo.* Aunque estuvo encarcelado durante 27 años, Mandela se convirtió en el primer presidente negro de Sudáfrica, poniendo fin a la odiosa era de la segregación racial.

Durante esos largos y aparentemente desperdiciados años en prisión, ¿en realidad sabía o creía que su mayor obra aún estaba por delante? Lo dudo. Sin embargo, aunque no imaginaba que se convertiría en un gran líder en su país y a pesar de su sufrimiento, mantuvo sus valores, aumentó su *círculo de influencia*, cambió su paradigma y sobrevivió con gran dignidad. Mientras estuvo encarcelado, Mandela se volvió muy consciente de sí mismo y, a la larga, se transformó en una persona mucho más grande que la que había entrado por las puertas de la prisión 27 años atrás. ¿Cómo lo hizo?

Mandela fue declarado culpable de sabotaje en 1964 y condenado a cadena perpetua. Lo enviaron a la dura prisión de Robben Island, cerca de Ciudad del Cabo. Durante 18 de los 27 años, estuvo confinado en una pequeña celda, con el piso por cama y un balde por retrete, mientras lo obligaban a realizar trabajos forzados en una cantera de piedra caliza. Durante ese tiempo, solo se le permitía una visita al año por treinta minutos y una carta cada seis meses. Contrajo tuberculosis por las condiciones de humedad. Finalmente, lo trasladaron a otras dos cárceles en el continente, donde permaneció nueve años más.[26]

Mientras estuvo en prisión, se prohibió citar a Mandela o publicar su fotografía. Sin embargo, él y otros líderes que combatían la segregación pudieron pasar de contrabando mensajes orientativos al movimiento de oposición. Fue en prisión donde quedó impactado por el poema «Invictus», de William Ernest Henley, que promueve la elección de nuestro propio destino, independientemente de las circunstancias. A menudo se lo citaba a otros reclusos como fuente de inspiración.

Más allá de la noche que me cubre,
negra como el abismo insondable,
doy gracias al dios que fuere
por mi alma inconquistable.

En las garras de las circunstancias
no he gemido ni llorado.
Sometido a los golpes del destino
mi cabeza sangra, pero está erguida.
Más allá de este lugar de ira y llantos
donde yace el horror de la sombra,
la amenaza de los años
me halla y me hallará sin temor.

No importa cuán estrecho sea el camino,
ni cuán cargada de castigos la sentencia,
soy el amo de mi destino,
soy el capitán de mi alma.[27]

Mientras estuvo encarcelado, Mandela se dio cuenta de que primero tenía que cambiar él mismo si quería liderar al pueblo de Sudáfrica. Había ido a Robben Island como un hombre enojado que usó la violencia en un esfuerzo por obtener la libertad, pero salió de la cárcel como un hombre que había aprendido a escuchar a sus enemigos y a perdonarlos. Esto se convirtió en el catalizador de su éxito para la reconciliación de su país.

La principal fuente de cambio personal es el dolor. Los contratiempos conducen al dolor, y esto puede guiarnos por uno de dos caminos: la ira o la humildad.

El cambio en Mandela hizo que lograra lo impensable: se hizo amigo de sus enemigos, los guardias afrikáner. Aprendió su idioma, estudió su cultura, fue a su iglesia; cambió su corazón y el de ellos. También aprendió a perdonar. La amistad que desarrolló con ellos fue sincera y duró hasta el final de su vida.[28]

El 11 de febrero de 1990, el presidente de Sudáfrica, Willem de Klerk, liberó a Mandela, después de haber pasado un tercio de su vida en prisión. Debido a que el Gobierno no quiso publicar fotos mientras estuvo en cautiverio, fue quizá el preso político más famoso, pero menos reconocible del mundo. «Cuando finalmente atravesé esas puertas… sentí, a pesar de mis 71 años, que mi vida comenzaba de nuevo»,[29] escribió más adelante en su autobiografía. «Sabía que si no dejaba atrás mi amargura y mi odio, seguiría estando en prisión».[30]

Aunque la segregación racial seguía siendo la ley del país, De Klerk ya había comenzado a realizar cambios radicales para desmantelarla. Empezaba una nueva era de esperanza e igualdad. Al año siguiente, se derogaron esas odiadas leyes de la segregación.

Cuatro años más tarde, en 1994, Sudáfrica celebró su primera elección multirracial en verdad representativa; las filas de votación nunca habían sido tan largas. Sorprendentemente, las elecciones fueron pacíficas, ya que el país se unió en una causa común. Mandela fue elegido presidente de Sudáfrica, con De Klerk como su primer adjunto.

Ya que el «zapato estaba en el otro pie», al inicio, la minoría blanca temía las represalias del presidente Mandela, pero de inmediato y con determinación, este hizo grandes esfuerzos para comprender las diferencias y conciliar.[31]

Durante la Copa del Mundo, un año después de su elección, el presidente Mandela entró al campo en Johannesburgo, antes del partido final, vistiendo la camiseta verde en apoyo de los Springboks, la selección nacional de rugby de Sudáfrica. Había pocos símbolos que resumieran mejor la opresión durante la era de la segregación para los negros más que la despreciada camiseta y el equipo afrikáner totalmente blanco. Fue un enorme gesto de reconciliación que no pasó desapercibido para negros y blancos por igual. Después del partido, el presidente Mandela volvió a salir al campo para felicitar a la selección nacional por la victoria y entregó el trofeo al capitán de Sudáfrica. Esto envió el fuerte mensaje de que era hora de dejar a un lado la enemistad y unirse como país.[32] La imagen de su nuevo presidente negro vistiendo la camiseta y celebrando la victoria de su nación hizo que la multitud de 63 000 personas —blanca, en su mayoría—, se pusiera de pie y vitoreara: «¡Nelson! ¡Nelson! ¡Nelson!».[33]

Mandela falleció el 5 de diciembre de 2013, a los 95 años, siendo todo un símbolo mundial de sacrificio y reconciliación. Se le honró con el Premio Nobel de la Paz en 1993, junto con De Klerk. Sudáfrica decidió celebrar la vida de Mandela de una manera que reflejara sus 67 años de activismo, así como su trabajo público, con un día nacional de servicio.[34]

La vida de contratiempos y el triunfo final de Mandela ejemplifican maravillosamente cómo *vivir la vida in crescendo* después de experimentar dificultades:

- Cambie usted mismo primero (trabaje de adentro hacia afuera) antes de intentar cambiar su situación o la de otros.
- Deshágase del odio y la amargura; no se rinda ante la derrota y la desesperación.
- Use el poder del perdón para sanar y avanzar hacia sus metas.

Soy fundamentalmente optimista. Parte de ser optimista es mantener la cabeza apuntando hacia el sol y los pies avanzando hacia adelante. Hubo muchos momentos oscuros en los que mi fe en la humanidad se puso a prueba, pero no quise ni podía entregarme a la desesperación. Ese camino lleva a la derrota y a la muerte. Soy fundamentalmente optimista.

NELSON MANDELA, *Un largo camino hacia la libertad: La autobiografía de Nelson Mandela*[35]

Al igual que Mandela, incluso a su corta edad, Elizabeth Smart decidió no dejar que su trágico pasado definiera su futuro. El día que regresó a su casa, su madre le dio los mejores consejos sobre cómo recuperar su felicidad:

> Elizabeth, lo que este hombre ha hecho es terrible. ¡No hay palabras que sean lo suficientemente fuertes para describir cuán malvado es! Se ha llevado nueve meses de tu vida que nunca recuperarás. Pero el mejor castigo que podrías darle es ser feliz. Seguir adelante con tu vida. Así que sé feliz, Elizabeth. Si sientes lástima por ti misma o piensas en lo que ha pasado, si te aferras a tu dolor, le permitirás robar más de tu vida. ¡Así que no lo hagas! Conserva cada segundo para ti… Dios se encargará del resto.[36]

Seis años después de que Elizabeth Smart fuera rescatada, testificó con valentía todo lo que Brian David Mitchell le había hecho, incluido el abuso sexual que soportó todos los días. Cuando llegó el momento de la sentencia, ella le dijo a él: «Sé que sabes que lo que hiciste estuvo mal. Lo hiciste con pleno conocimiento. Pero quiero que sepas que tengo una vida maravillosa».[37]

Para mejorar, al igual que Ray Hinton, Elizabeth eligió cómo responder a su difícil experiencia:

> Simplemente tomé una decisión. La vida es un viaje para todos nosotros. Todos enfrentamos pruebas. Todos tenemos altibajos. Todos somos humanos. Pero también somos los dueños de nuestro destino. Somos los que decidimos cómo vamos a reaccionar ante la vida. Sí, podría dejar que me perjudicara lo que me pasó, pero decidí que solo tenía una vida y que no la iba a desperdiciar.[38]

Elizabeth encontró su camino hacia la sanación y la felicidad a través de su fe y de sus creencias, a través del amor y el apoyo de su familia, amigos y comunidad. También le ayudó montar y cuidar caballos, y tocar el arpa.

Además, ella cree que mostrar gratitud por las cosas buenas de su vida le dio el valor y la fuerza para perdonar a sus captores. Gratitud y perdón: ¡qué poderosas herramientas para sanar y volver a disfrutar de la vida!

Rehaga su vida

Dave's Killer Bread es un pan delicioso y saludable que se encuentra hoy en muchas tiendas. Si lo ha visto, seguro ha notado la imagen de un hombre musculoso tocando una guitarra y ha leído la inspiradora historia de redención de Dave, en la parte posterior del paquete. Pero hay mucho más que descubrir acerca de esta historia única.

El padre de Dave, Jim Dahl, compró una pequeña panadería en Portland, Oregon, durante la década de 1970, y se convirtió en un pionero en la preparación de pan de trigo germinado. Horneaba toda clase de deliciosas variedades hechas con granos integrales y sin grasa animal, lo que era poco común en esos días. Los hijos de Jim, Glen y Dave, trabajaban con su padre en la panadería, pero el último era inquieto y rebelde, no tenía pasión por el negocio familiar. También sufría de depresión severa. Para hacer frente a su condición, Dave recurrió a las drogas, con lo que su vida se convirtió en un caos. Lo arrestaron por posesión, asalto y robo a mano armada; finalmente, lo sentenciaron a 15 años en una prisión estatal.

Mientras tanto, Glen le compró la panadería a su padre y le cambió el nombre a NatureBake. Después, Dave completó un programa de rehabilitación y se volvió elegible para la liberación anticipada, en 2004.

Para su sorpresa, su familia le dio la bienvenida y su hermano, lo que más necesitaba: un trabajo. Dave reconoce que Glen le dio una segunda oportunidad para tener una vida completamente nueva. Al año siguiente, Dave inventó una receta de pan especial y, acompañado de su sobrino, fue a ponerlo a prueba en el Farmers Market de Portland. Docenas de panes se agotaron casi en un instante; así nació su marca Dave's Killer Bread (DKB).

Para el otoño, sus productos ya se encontraban en los estantes de las tiendas de Portland. La compañía originalmente tenía unos 35 empleados, pero ha crecido desde entonces hasta llegar a más de trescientos. DKB ahora está disponible en los Estados Unidos y Canadá, con más de 400 000 seguidores fieles, apodados *breadheads*.

Dave's Killer Bread destaca por su filosofía única: «Le damos a las personas una segunda oportunidad para lograr un cambio significativo en sus vidas».

Creemos que todo el mundo es capaz de alcanzar la grandeza. Creemos en el poder de la reinvención y estamos comprometidos a convertir las segundas oportunidades en un cambio duradero. Estamos en una misión para crear un cambio. Hay demasiados buenos empleadores reacios a comprometerse y demasiadas personas con potencial, en la fuerza laboral, a las que pasan por alto: personas con iniciativa, compromiso y voluntad de triunfar.

DAVE DAHL[39]

Un tercio de los empleados de DKB ha cumplido condenas por delitos graves. Justamente, el director de la empresa ha dicho que su mayor preocupación, después de salir de prisión, era saber quién le iba a dar una oportunidad de empleo. Afirmó que el 75% de los que salen de prisión acaban por volver a los cinco años si no cambian sus vidas de forma radical. Tener un empleo es un gran paso en este proceso.

Dave creó la Fundación Dave's Killer Bread para fomentar el *empleo de segunda oportunidad* que, según él, puede reducir el impacto negativo del encarcelamiento masivo y la reincidencia. DKB ha realizado varias *cumbres de segunda oportunidad*, donde se reúnen funcionarios gubernamentales, organizaciones sin fines de lucro y empresas que apoyan la eliminación de estigmas y fomentan que las personas que han estado encarceladas puedan seguir avanzando. El poder transformador de dar a alguien una oportunidad —una segunda oportunidad—, cuando está listo para cambiar, no solo le permite mantenerse, sino hacer su vida.

Dave menciona que todavía lidia con dificultades, pero continúa luchando contra los contratiempos y reinventándose a sí mismo: «Tienes que estar dispuesto a reconocer y admitir tus debilidades. Todo ese sufrimiento ha transformado a un exconvicto en un hombre honesto que está tratando de hacer del mundo un lugar mejor, un pan a la vez».[40]

Si bien puede ser difícil rehacer su vida después de un gran contratiempo, es posible, y puede tener un impacto positivo en muchas otras vidas, como veremos a continuación, con el caso de una mujer llamada Ona.

Ningún padre siente que debería sobrevivir a sus hijos, sin embargo, cuando Ona tenía más de 70 años, ya había enterrado a tres de sus cuatro hijos. Su única hija murió en un trágico accidente automovilístico cuando tenía solo 16 años; dos de sus hijos adultos murieron de cáncer años después.

A pesar de su dolor, Ona dedicó su vida a la enseñanza a nivel primaria, con pasión por la poesía y la escritura, que eran materias inusuales para enseñar a alumnos de corta edad. Era creativa, cariñosa y generosa, a menudo se esforzaba a tope para ayudar a los estudiantes y otros maestros que tenían dificultades. Honrada por su distrito como una maestra destacada durante 38 años, ella literalmente ha bendecido la vida de cientos de niños, les ha infundido confianza en sí mismos y amor por el aprendizaje.

Después de retirarse de la enseñanza, Ona rehizo su vida de nuevo. Aunque tiene más de 90 años, mantiene un horario de actividades que a una persona más joven le resultaría difícil igualar. Se levanta temprano para trabajar en su jardín, se ofrece como voluntaria para proyectos de servicio en centros humanitarios y en su iglesia local, muele trigo con regularidad y lleva pan a quienes están enfermos o necesitan un aventón, le encanta aprender cosas nuevas y ha sido la editora de un boletín comunitario trimestral durante más de diez años. Hace varias rondas para recoger «ancianos» (¡aunque algunos son más jóvenes que ella!) y llevarlos a actividades o eventos culturales. Aunque ahora está pasando por algunos problemas serios de salud, todavía quiere más tiempo para terminar los muchos proyectos en los que está trabajando simultáneamente, incluyendo escribir la historia de su vida; no está lista para marcharse.

Los desafíos únicos de Ona la han convertido en una persona extremadamente cariñosa, consciente y sensible. A menudo hace una pausa para disfrutar de una hermosa puesta de sol o de los colores vibrantes del otoño. Escribe a mano notas de agradecimiento para quienes hacen las cosas por ella, incluso las más pequeñas. Es muy querida y admirada por todos los que la conocen. Quienes no la conocen bien nunca adivinarían que, bajo su comportamiento alegre y positivo, ha pasado por grandes dolores y angustias.[41]

Aunque ha experimentado más contratiempos de los que le corresponden a una persona cualquiera, como el símbolo musical *crescendo* < —que indica que el volumen aumenta en fuerza y poder—, la vida de Ona se expande continuamente bendiciendo a los demás.

Vivir *in crescendo*, durante o después de un contratiempo que cambia la vida, significa:

- Creer en y dar segundas oportunidades.
- Nunca rendirse con los demás.
- Trabajar intencionalmente para rehacer su vida y convertirla en su nueva realidad.

Yo admiro al hombre que puede sonreír ante los problemas, que puede sacar fuerza de la desgracia, y cuya valentía crece en la reflexión.

THOMAS PAINE

Elizabeth Smart compara a menudo lo que pasó con hacerse una cortada profunda en el brazo o la pierna. Puede optar por limpiarla a fondo y tratarla con medicamentos para combatir infecciones. A la larga, la herida sanará, aunque deje una cicatriz. Pero incluso una cicatriz puede desaparecer por completo. O puede optar por dejar la cortada como está. Tal vez sane por sí sola, pero también podría abrirse y sangrar nuevamente, pudrirse e infectarse.

Depende de usted decidir si tratará la herida de manera adecuada o no, y lo mismo se aplica a un evento que cambia la vida. Ona rehizo su vida sirviendo a los demás; Elizabeth cree que cada sobreviviente debe encontrar su propio camino hacia la recuperación. Puede elegir el asesoramiento, medicamentos, terapia o apasionarse por algo que aún no ha descubierto. Con apoyo y cuidado, la curación llegará a tiempo.

CAPÍTULO 7
Encuentre su motivo

Aquel que tiene un motivo para vivir
puede soportar casi cualquier cosa.
FRIEDRICH NIETZSCHE

¿Qué haría si su vida perfecta se desmorona? ¿Cómo reaccionaría? ¿Cómo podría recoger las piezas y seguir adelante?

Sé de una casa abandonada en un hermoso vecindario, es un feo recordatorio de un matrimonio arruinado. Cuando la pareja propietaria de la casa se divorció, el esposo, enojado, la dejó desatendida durante más de una década para fastidiar a su exesposa (y a los vecinos que estaban del lado de ella). La pintura está descarapelada, el techo necesita reparación, las persianas cuelgan rotas y el césped está amarillo y lleno de malas hierbas. Además, este hombre amargado no tiene intención de vender a otra familia porque no quiere dividir el dinero con su exesposa.

En lugar de encontrar un nuevo propósito para su vida, este hombre ha permitido que un matrimonio fallido lo defina y lo destruya. Lo contrario de *vivir in crescendo* < es *vivir en diminuendo* > que literalmente significa 'disminuir', 'bajar el volumen y la intensidad'. Me gustaría preguntarle a este hombre vengativo: «¿Por qué permite que su exesposa arruine su vida y aún tenga un lugar importante en ella? ¿Por qué no ha superado su divorcio y comenzado su vida de nuevo?». En lugar de aceptar lo que sucedió y encontrar un nuevo propósito o felicidad, su amargura, junto con su corazón implacable, están mermando su alma y su futuro.

En contraste, me ha inspirado mucho conocer, escuchar y leer sobre personas que se han enfrentado a una gran tragedia, pero que no permitieron que esta los destruyera. Encontraron una nueva razón para levantarse todos los días. Hallaron un propósito para seguir siempre adelante y hacer del mundo un lugar mejor.

El 23 de junio de 1985, Manjari Sankurathri, su hijo Srikiran y su hija Sarada, de 6 y 3 años, respectivamente, abordaron el vuelo 182 de Air India desde su hogar en Canadá para ir de vacaciones a Londres. Cuando el avión se acercaba a la costa de Irlanda, explotó en él una bomba que los separatistas sikh habían colocado: las 329 personas a bordo murieron, el mayor asesinato en masa en la historia moderna de Canadá. Nunca se encontraron los cuerpos.

Durante tres años, el Dr. Chandrasekhar Sankurathri (conocido como Dr. Chandra) apenas podía seguir con su rutina diaria como biólogo en Ottawa; no podía creer que su esposa e hijos en verdad se habían ido. «Solía pensar que tal vez habían aterrizado en algún lugar, que tal vez alguien los había rescatado». Después de tres años de funcionar en automático y no vivir la vida realmente, el Dr. Chandra tomó la decisión desinteresada de convertir su dolor personal en una oportunidad para bendecir su tierra natal, la India.[42]

«Quería hacer algo útil con mi vida, necesitaba un propósito. La vida deja de tener sentido solo si se lo permitimos. Cada uno de nosotros tiene el poder de dar sentido a la vida, de hacer de nuestro tiempo, de nuestro cuerpo y de nuestras palabras instrumentos de amor y de esperanza».[43]

A los 64 años, el Dr. Chandra renunció a su trabajo como biólogo en Ottawa, donde había vivido durante veinte años; vendió su casa, sus pertenencias, y regresó a la India. Su objetivo era mejorar la calidad de vida de los necesitados e indigentes en áreas remotas. De inmediato se sintió atraído por dos problemas evidentes: la ceguera desenfrenada y la falta de educación.

Alrededor del 75% de la población de la India (más de 750 millones de personas) vive en aldeas y el 60% de ellos son indigentes. Fuera de las ciudades, los aldeanos trabajan bajo el sol abrasador todo el día y la mala dieta que consumen deja ciegos a unos 15 millones de ellos.

El Dr. Chandra también descubrió que la mayoría de estos adultos empobrecidos no saben leer ni escribir, y que sus hijos van a escuelas primitivas, donde la tasa de deserción es superior al 50%. Entonces, a pesar de su profundo dolor, el Dr. Chandra tomó los ahorros de su vida y creó la Fundación Sankurathri (llamada así por su esposa), con la misión de mejorar la atención médica y la educación de los pobres. Construyó una escuela y un hospital oftalmológico, en un terreno de 1.2 ha, cerca del lugar de nacimiento de su esposa, en el pequeño pueblo rural de Kuruthu. Actualmente, la Fundación Sankurathri apoya tres programas.

La escuela Sarada Vidyalayam (llamada así por su hija) es una escuela primaria y secundaria con una sorprendente tasa de deserción: cero. Sarada proporciona libros, uniformes, comidas y chequeos médicos gratuitos a los estudiantes rurales. A cambio, lo único que pide es disposición para aprender y disciplina para estudiar. La escuela comenzó con un solo grado y hoy llega hasta el noveno.[44]

Hasta enero de 2019, 2 875 estudiantes de zonas rurales se han educado en esta escuela, de forma gratuita, junto con 661 niños de otras familias necesitadas, quienes han recibido becas para continuar su educación en varias escuelas secundarias y universidades.

Un estudiante pobre que había completado sus estudios en Sarada dijo: «Se lo debo todo a la Fundación Sankurathri y al Dr. Chandrasekhar. Sin su ayuda, habría sido un obrero, siguiendo los pasos de mi padre». Debido a su educación, este joven obtuvo un 96% en sus exámenes de secundaria y logró que lo admitieran en una prestigiosa escuela de ingeniería.

El Instituto de Oftalmología Srikiran (llamado así por el hijo del Dr. Chandra) es ahora un proveedor de atención oftalmológica de clase mundial en la región. Abarca cinco edificios y brinda atención en esta especialidad a personas de seis diferentes distritos de la India. A menudo, los mismos autobuses que recogen a los estudiantes para ir a la escuela por la mañana, más tarde en el día, llevan a los pacientes que requieren atención oftalmológica, quienes visitan al instituto desde otras áreas rurales. El Gobierno de India ha reconocido a Srikiran como uno de los mejores 11 centros de capacitación para oftalmólogos en el país, el cual ha establecido altos estándares para otros.

El Dr. Chandra dice con orgullo: «Nuestra misión es brindar cuidado de la vista con compasión, que sea equitativo, accesible y asequible para todos». Srikiran ofrece exámenes de la vista, cirugías, medicamentos, alojamiento y comida gratuitos, mientras los pacientes están en el hospital. La inspiración para su trabajo es «Encendamos una luz en la vida de las personas ciegas».[45]

Desde 1993, el instituto ha crecido de manera sustancial y ahora cuenta con 15 centros. Hasta el 2022, ha atendido la asombrosa cantidad de 3 500 millones de pacientes, ha realizado 34 000 cirugías y mantiene a más de 1 000 niños en tratamiento El 90% de todo ello se realiza de forma gratuita para los necesitados.[46]

El Dr. Chandra niega que esté haciendo algo especial y dice: «Solo soy un ser humano común que intenta hacer todo lo posible para ayudar a los demás. Me siento muy cerca de mi familia. Siento que están aquí conmigo», agrega, «y eso me da mucha fuerza».[47]

Dejando a un lado su dolor, el Dr. Chandra trabajó de manera desinteresada para hacer de su rincón del mundo un lugar más saludable y feliz; esto lo ayudó a encontrar su motivo y a aprender a vivir *in crescendo.*

> *Agradezco a Dios por mis limitaciones. A través de ellas, he podido encontrarme a mí misma, a mi trabajo y a mi Dios.*
>
> HELEN KELLER

La búsqueda del significado

Hay pocas personas a las que admire más que a Viktor Frankl, que sobrevivió a los campos de concentración alemanes y más tarde escribió sobre su experiencia en *El hombre en busca de sentido.* El mensaje central de su libro es que la principal fuerza motivadora de la humanidad es la búsqueda de un propósito y del significado de la vida. Aunque sufrió mucho, sabía que sus heridas sanarían al final y en verdad creía que todavía tenía mucho trabajo por hacer.

En lugar de enfocarse por completo en su propia miseria, mientras estaba en prisión, Frankl usó su imaginación y disciplina para visualizarse, en el futuro, dando conferencias a estudiantes universitarios sobre las cosas que estaba experimentando en ese momento. Eso le dio motivación y propósito para esperar un mejor resultado y aguantar. Se convenció, a través de su experiencia y observaciones, de que poseer un propósito, una razón o un porqué lo mantiene a uno vivo frente a la adversidad.

Lo que realmente necesitábamos era un cambio fundamental en nuestra actitud hacia la vida. Tuvimos que enseñar a los hombres desesperados que no importaba lo que esperábamos de la vida, sino lo que la vida esperaba de nosotros. Necesitábamos dejar de preguntarnos sobre el significado de la vida y, en cambio, pensar en nosotros mismos como aquellos que estaban siendo cuestionados por la vida, todos los días y a cada hora.

VIKTOR FRANKL, *El hombre en busca de sentido*[48]

Después, Frankl comprendió que todos los criterios que había utilizado al inicio para evaluar quién sobreviviría estaban equivocados. Observó su inteligencia, habilidades de supervivencia, estructura familiar y salud actual, pero esos factores no explicaban la supervivencia de los individuos. La única variable significativa era la sensación de que tenían un futuro o algo importante que aún quedaba por hacer en su vida. Frankl aprendió que, para tratar de restaurar la fuerza interior de un hombre en el campo de concentración, primero tenía que mostrarle alguna meta futura. Escribió sobre dos hombres que consideraron seriamente el suicidio, convencidos de que ya no tenían nada que esperar de la vida:

> En ambos casos se trataba de que se dieran cuenta de que la vida seguía esperando algo de ellos, algo en el futuro. Descubrimos que, para uno de ellos, ese algo era su hijo, a quien adoraba y que lo esperaba en un país extranjero. En cuanto al otro... el hombre era un científico, y había empezado a escribir una serie de libros que aún no terminaba. Su obra no podía ser realizada por nadie más, así como ninguna otra persona podría ocupar el lugar del padre para el hijo. Al darse cuenta de la imposibilidad de reemplazar a una persona, se deja manifestar en toda su magnitud la responsabilidad que tiene el hombre por su existencia y su permanencia. Un hombre que toma conciencia de la responsabilidad que tiene hacia un ser humano que lo espera con cariño, o hacia una obra inconclusa, nunca podría desperdiciar su vida. Conoce el «porqué» de su existencia y será capaz de soportar casi cualquier «cómo».[49]

Después de que Viktor Frankl sobrevivió a los campos de exterminio, su enfoque y, a la larga, su mayor trabajo o contribución, fue comprender la importancia de encontrar el sentido de la vida. Descubrió que no solo era una forma de sobrevivir, sino que encontrar el motivo que cada persona tiene para vivir contribuye a creer que cada vida tiene un propósito único también. El Dr. Frankl fue fundamental para ayudar a otros a descubrir esto en sí mismos: en el momento de su muerte, en 1997, se habían vendido más de diez millones de copias de su libro escrito en 1946, *El hombre en busca de sentido*, que además se había traducido ya a 24 idiomas.

Lecciones importantes para enfrentarse a los contratiempos

¿Alguna vez ha estado en el desierto y ha visto una flor de cactus en plena floración? Las flores de cactus a veces son llamadas los «fuegos artificiales de la madre naturaleza», porque sus colores son muy vibrantes. Pero ¿cómo podría un simple cactus, con piel espinosa y una apariencia poco atractiva, producir flores tan increíblemente hermosas? Algunos cactus, como el saguaro, tienen ramas que no enraízan en cierto clima, por lo que deben cultivarse a partir de semillas, ¡y esperar de cuarenta a 55 años para ver su primera flor![50]

¿Se imagina? No florece en absoluto durante medio siglo, y luego, de una planta seca que nunca pareció capaz de producir nada… brotan unas flores hermosas. Qué gran analogía visual para enfrentar los desafíos de la vida. Al igual que las flores de cactus, si es paciente y persistente, los desafíos, al final, no son lo que eran al principio. Los desafíos y los contratiempos a menudo parecen no tener nada que ofrecer más que dolor y angustia, pero aguante, porque después de un tiempo, emergen lecciones valiosas y útiles. Recuerde, así como hay pérdidas, también hay ganancias significativas ocultas detrás de las tribulaciones.

Nunca encontrarás un mejor compañero de entrenamiento que la adversidad. No ser hermosa fue una verdadera bendición… me obligó a desarrollar mis recursos internos. La niña bonita tiene una desventaja.

GOLDA MEIR

Cuando experimentamos contratiempos, problemas y penas, a través de ese sufrimiento, aprendemos de empatía. Además, aprendemos las nobles virtudes de la fe, el valor, la paciencia, la perseverancia, el servicio, la caridad, la gratitud y el perdón. Si bien es posible que hayamos experimentado una gran pérdida, también hay una ganancia increíble a medida que descubrimos nuestro verdadero y mejor yo. Como dijo William Shakespeare: «Dulce es el fruto de la adversidad».

Para superar la desgracia, debemos:

- Encontrar un nuevo propósito satisfactorio: descubrir el «porqué», para soportar el «cómo»
- Trabajar para mejorar la vida de los demás: ser un catalizador para el bien
- Estar preparado para tomar las oportunidades adecuadas según nuestras habilidades y nuestro carácter

Si está preparado y busca de forma pragmática la *mentalidad crescendo*, puede esperar una vida rica en propósitos.

Como le aconsejó su madre, Elizabeth Smart eligió conscientemente vivir una vida feliz después de su terrible experiencia. Entre otros logros, trabajó como comentarista de ABC News; sirvió en Francia, en una misión de su Iglesia; se graduó de la universidad, se casó y ahora tiene tres hijos. Con la ayuda y el apoyo de sus padres, inició la Fundación Elizabeth Smart, en 2011 (ocho años después de su secuestro), cuya misión es detener los delitos de predadores de niños. El propósito de la fundación es responder a una sola pregunta que se plantearon los Smart: «¿Qué pasaría si pudiéramos prevenir futuros crímenes contra los niños?». Esto representa su «porqué». Su objetivo es empoderar a los niños a través de la educación y la comprensión de sus opciones, además de apoyar a las fuerzas del orden público en el rescate de las víctimas.[51]

Encontrar su «porqué» cuando usted enfrenta contratiempos que cambian su vida es crucial para adoptar la *mentalidad crescendo* en el futuro. Como lo demuestran los anteriores ejemplos de personas inspiradoras enfrentando contratiempos, esto puede conducirlo a redescubrir un nuevo significado y propósito en la vida.

Haga una elección valiente

Nuestra habilidad de elegir es lo que nos hace humanos.
MADELEINE L'ENGLE

¿Cómo hacen las personas, como Anthony Ray Hinton o Elizabeth Smart, quienes enfrentaron obstáculos aparentemente insuperables, para llevar vidas productivas? ¿Cómo superan esos grandes contratiempos y aun así tienen éxito e incluso contribuyen a mejorar la vida de los demás? Ellos creen, con seguridad, que tienen una opción.

En 1990, murió de forma inesperada el padre de Michael J. Fox. Esto sería «el presagio del período más difícil de mi vida», de acuerdo con el actor. En ese mismo año, le diagnosticaron la enfermedad de Parkinson temprana y le dijeron, a la edad de 30 años, en medio de una carrera próspera, que lo más probable era que podría trabajar solo unos diez años más. «Mi vida se estaba yendo en picada de golpe», escribió.

Al principio, Michael entró en negación y buscó consuelo en la bebida. Pero pronto descubrió que solo estaba tratando de esconderse de sí mismo.

> Sin escape de la enfermedad ni de sus síntomas y desafíos, me vi obligado a recurrir a la aceptación, que significa simplemente reconocer la realidad. Me di cuenta de que la única elección que no dependía de mí era tener Parkinson, pero todo lo demás sí. Al elegir aprender más sobre la enfermedad, tomé mejores decisiones sobre cómo tratarla. Esto ralentizó el progreso y me hizo sentir mejor en lo físico. Me sentía más feliz, menos aislado, y pude restaurar mis relaciones. Cuando las cosas vayan mal, ¡no te escondas! Tomará tiempo, pero descubrirás que incluso los problemas más graves son finitos y sus opciones, infinitas.[52]

Fox se ha convertido en el «rostro» de la enfermedad de Parkinson y, en un esfuerzo por recaudar fondos para la investigación médica de esta, tuvo el valor de renunciar a la medicación antes de ir a hablar con un subcomité del Senado, de modo que sus síntomas no estuvieran enmascarados. Desde su diagnóstico, también se ha convertido en autor de varios libros optimistas e inspiradores. En *A Funny Thing Happened on the Way to the Future: Twists and Turns and Lessons Learned* (Algo gracioso ocurrió en el camino al futuro: giros, vueltas y lecciones aprendidas), comparte su receta para el éxito, que es, en esencia: «Deje el pasado atrás y viva el momento».

La persona más aterradora del mundo es aquella que no tiene sentido del humor.
MICHAEL J. FOX

La vida de Fox junto a su esposa, Tracy Pollan, y sus cuatro hijos es plena y feliz, aunque, en definitiva, no es lo que él pensó que sería. Por ello, practica de manera diaria y consciente estos dos principios: la aceptación y la gratitud. «Lo que pasó antes y lo que podría pasar después no puede ser tan importante como lo que está pasando ahora. Nunca hay un mejor momento para celebrar el presente. El presente te pertenece. Permite que otra persona tome la foto... Tú solo sonríe».[53]

Durante la pandemia de COVID-19, Fox se dedicó a trabajar a detalle el dictado de lo que para él es «una memoria reveladora». Lo hizo con apoyo de su asistente, ya que la enfermedad lo ha privado de su capacidad para escribir o mecanografiar. *No hay mejor momento que el futuro: o cómo enfrenta la muerte un optimista* es una visión contundente sobre vivir con una enfermedad incurable durante tres décadas. Con el mismo compromiso y el profesionalismo que tuvo durante su carrera como actor, a lo largo de los años, Fox ha ayudado a recaudar la increíble cantidad de 1 000 millones de dólares para investigación a través de la fundación que lleva su nombre.[54]

Aunque Fox ya no actúa mucho, la mayoría de la gente diría que ahora juega un papel más crucial, ya que inspira a otros que también sufren de enfermedades crónicas. Tomó la decisión consciente de aprovechar al máximo lo que la vida le depara, y *vivir la vida in crescendo*, a pesar de una enfermedad que le cambió la vida. «Tenía una alta tolerancia a las dificultades», reconoce. «Aprendí a vivir con Parkinson y de ahí salieron cosas buenas». En consonancia con su visión positiva de que aún llegarán cosas buenas, cree que «el futuro es lo último que se agota. Siempre y cuando uno no se cierre, sigue teniendo futuro por delante».[55]

Los componentes básicos de su capacidad para superar contratiempos incluyen:

- Comprender que aun los peores problemas son finitos y que sus opciones son infinitas

- Dejar atrás el pasado: viva el momento
- Elegir optimismo y una perspectiva positiva

La gratitud hace que el optimismo sea sostenible.
Y si crees que no tienes nada por lo que agradecer,
sigue buscando.
MICHAEL J. FOX

Por supuesto, no todos tienen acceso al tipo de recursos de que dispone Michael J. Fox. Pero incluso las personas «comunes» pueden marcar una gran diferencia al vivir *in crescendo* después de un contratiempo y optar por hacer cosas extraordinarias.

El 11 de mayo de 1975, Rick Bradshaw fue al lago Powell, en el sur de Utah, para disfrutar de unos días relajantes de navegación y natación con sus amigos. Una noche, se zambulló en el agua para recuperar una bolsa de lona que se había caído. Aunque estaba a más de treinta metros de la costa, el agua no era lo suficientemente profunda: se había tirado de golpe en un banco de arena. Este accidente le provocó una lesión medular clasificada como tetraplejia: parálisis de las cuatro extremidades.

Al principio, Rick pensó que, a la edad de 22 años, tendría que vivir para siempre en un centro de vida asistida con un grupo de ancianos. No estaba entusiasmado con la idea y eso fue suficiente razón para comenzar a buscar opciones.

«Cuando estaba aprendiendo a mover mi cuerpo paralizado, cometiendo errores con la postura y el equilibrio, a menudo pasaba que me quedaba atascado en cierta posición, hasta que alguien me ayudaba a levantarme. Entonces, lo primero que aprendí fue cómo caer con gracia. Mientras pensaba en esto, me di cuenta de que esto puede aplicarse a todo lo que hacemos».

Sabía que nunca volvería a tener las habilidades de antes, pero se dio cuenta de que podía mejorar en muchas otras, si tenía la voluntad y la paciencia para practicar.

«Ser consciente, de antemano, de que sería muy malo en casi todo, me dio la libertad de hacer todo de forma horrible, pero tenía confianza en que comenzaría a progresar. Con esto me di cuenta de que el "fracaso" es una señal de acción y se parece más al éxito que la renuncia. El fracaso conduce al éxito».

Enfrentado a desafíos que parecían insuperables, Rick tuvo que dar «miles de saltos de fe», como él los llamó, para llegar al punto en el que pudo vivir y funcionar de manera independiente. Inscribirse en una universidad, tan solo diez meses después de su lesión, cuando apenas podía escribir y no tenía idea de cómo le iría, requirió un enorme acto de fe.

Pronto, Rick decidió renunciar a la ayuda del Gobierno y aceptar un trabajo en el mismo hospital donde lo estaban tratando, aunque esto significara percibir menos dinero del que había recibido con la asistencia social. También perdió los beneficios de atención médica que recibía de Medicaid y tuvo que pagar 1 000 dólares, al mes, de su propio bolsillo. Pero Rick dijo: «Lo más fácil hubiera sido relajarme y dejar que la gente me cuidara por el resto de mi vida». Según él, «vivir del Gobierno era como estar institucionalizado».

«Tuve que aceptar que estaba paralizado, pero me di cuenta de que podía redefinir los caminos para tener lo que me importaba. Mis verdaderos anhelos estaban relacionados con casarme y ser amado, tener una familia, una buena carrera que disfrutara, aprender y viajar. Me di cuenta de que todas esas cosas aún eran posibles».[56]

Rick decidió:

- Cuestionar pensamientos y percepciones preconcebidas
- Dar valientes «saltos de fe»
- Ser un buen ejemplo para los demás

Rick sintió que estaba destinado a lograr algo importante. Le dijo a su familia: «Si esa es la misión de mi vida, ser un buen ejemplo para los demás, entonces haré todo lo posible para ser precisamente eso».

Rick terminó encontrando una gran carrera nueva, se casó con una mujer maravillosa; gana dinero y paga impuestos como todos los demás; descubrió que el éxito en su profesión dio pie a otros éxitos. Décadas después, se despierta, le gusta ir a trabajar y su vida es mucho más que normal. Hace poco, terminó su doctorado y una prestigiosa capacitación sobre liderazgo en salud. Ahora mira hacia el futuro.[57]

Una gran disciplina genera una enorme fuerza.

Robert Schuller

Al tomar la decisión consciente de no permitir que sus circunstancias determinaran su futuro, tanto Michael J. Fox como Rick Bradshaw encontraron el valor para superar enormes desafíos.

Les enseñé a mis hijos a elegir «ser fuertes en los momentos difíciles», cuando se ven desafiados por algo nuevo o algo fuera de su zona de confort. Los períodos complicados requieren una tremenda autodisciplina, además de valor para enfrentarlos y superarlos. Pero nuestra fuerza en esos contextos nos mostrará cuán resistentes somos en realidad; influirá en todos los demás momentos de nuestras vidas.

Para hacer esto, debemos *visualizar*, de manera consciente, de antemano y con exactitud, lo que podríamos enfrentar, cómo reaccionaremos a ello, para luego decidir cómo avanzar, con coraje y valor, sin importar la presión externa.

Estos momentos duros suelen ser seguidos por otros más tranquilos si nos mantenemos firmes y aguantamos.

No es en la quietud de la vida, ni en el reposo de una apacible estación, donde se forman los grandes personajes. Los hábitos de una mente vigorosa se forman al enfrentarse a las dificultades. Las grandes necesidades provocan grandes virtudes. Cuando una mente se levanta y se anima por escenas que involucran al corazón, entonces, esas cualidades, que de otro modo permanecerían dormidas, despiertan a la vida y forman el carácter de un héroe.

Abigail Adams, Carta a John Quincy Adams, 19 de enero de 1780[58]

Adopte una actitud carpe diem: *¡Aproveche el día!*

¡Aproveche el momento! ¡Piense en todas esas mujeres en el Titanic que rechazaron el carrito de postres!

ERMA BOMBECK

En la película *La sociedad de los poetas muertos*, Robin Williams interpreta a John Keating, un profesor de inglés en una escuela preparatoria para chicos y una *persona de transición*. En algún momento, les dice a sus cautelosos estudiantes en un esfuerzo por inspirarlos: «*Carpe diem*: ¡aprovechen el día, chicos! ¡Hagan que sus vidas sean extraordinarias!».

Keating fue el único profesor que alentó a sus alumnos a esforzarse más allá de lo requerido, a olvidarse del aprendizaje tradicional y a ver las cosas desde una perspectiva distinta. Quería que estos jóvenes se vieran a sí mismos de una manera nueva, que descubrieran su verdadero potencial, que probaran cosas nuevas, aunque fracasaran y que alcanzaran sus sueños, aunque estos parecieran inalcanzables.[59]

El desafío de Keating, «¡Hagan que sus vidas sean extraordinarias!», significa que está en su poder hacer que las cosas sucedan. ¡Usted decide! Tome el control, asuma la responsabilidad de vivir al límite o fuera de su zona de confort para que pueda crecer y expandirse.

En nuestra familia, solíamos gritar «¡*carpe diem*!» cuando uno de nosotros tenía la oportunidad de hacer, aprender o intentar algo diferente, una tarea nueva y desafiante. Nuestros padres nos alentaron a aprovechar al máximo una gran oportunidad, a «extraerle la médula a la vida», como dijo Thoreau, ¡a hacer todo lo que esté a nuestro alcance para que esto suceda!

Creo que los niños y las personas mayores entienden la idea de «aprovechar el día». No se apresure ni se preocupe por el tiempo, solo disfrute el momento a fondo. ¿Alguna vez ha visto a un niño caminando por la acera, tratando de mantener el equilibrio, mientras su madre trata desesperadamente de entrar a una tienda? El niño está disfrutando el momento, deleitándose con el desafío, por completo inconsciente del tiempo o el horario que su madre cree que es tan importante cumplir. Y si alguna vez habla con una persona mayor que esté sentada en su porche, en una tienda o en la iglesia, verá que no tiene ninguna prisa. Querrá que se quede y hable con ella, que escuche su nuevo chiste o historia, sin darse cuenta de que usted tiene prisa y necesita ir a hacer algo que se supone es más importante. De alguna manera, ambos extremos del espectro están en lo correcto, mientras que, en nuestro caso, nuestras prioridades están todas revueltas.

En 2009, Todd Bol, un emprendedor social en Hudson, Wisconsin, construyó un modelo en miniatura de una escuela de un solo salón. Era un tributo a su madre, una maestra a la que siempre le había gustado leer. Lo colocó frente a su casa, en un poste, lo llenó con algunos de sus libros favoritos e invitó a sus vecinos y amigos a leerlos y a tomarlos prestados sin cargo alguno. Su vecindario pensó que era una gran idea y le dio mucho uso, por lo que Todd construyó varios más y los regaló para colocarlos en otras áreas. Rick Brooks, de la Universidad de Wisconsin-Madison, vio los modelos de bricolaje de Todd y se unió a él con el objetivo de compartir buenos libros y unir a las comunidades.

Con el lema «Toma un libro, devuelve un libro», que promueve así las conexiones comunitarias, estas bibliotecas fueron llamadas «pequeñas plazas». A medida que la idea se extendió por todo Wisconsin, los fundadores decidieron «aprovechar el día» y formar una organización sin fines de lucro llamada Little Free Library (Pequeña Biblioteca Gratuita), que pronto tuvo presencia en muchos otros lugares de Estados Unidos, no solo en Wisconsin. Inspirándose en Andrew Carnegie, el filántropo que fijó la meta de financiar 2 508 bibliotecas públicas gratuitas en todo el mundo de habla inglesa, Brooks y Bol establecieron su propia meta: superar esa cifra para finales de 2013. Lo lograron un año y medio antes.[60]

Su crecimiento ha sido constante y los resultados son asombrosos. Ahora es un programa mundial de intercambio de libros y un movimiento social, con acceso gratuito a libros para todos, y cuyo objetivo es promover la alfabetización.[61] Hay estudios que han demostrado en repetidas ocasiones que los libros en manos de los niños pueden tener un gran impacto en la alfabetización. Sin embargo, dos de cada tres niños que viven en la pobreza no tienen libros propios. Little Free Library aborda este problema, colocando estas pequeñas bibliotecas en las áreas donde más se necesitan.

La misión de Todd de hacer que los libros sean más accesibles ha tenido un efecto dominó en todo el mundo. Para 2021, Little Free Library ya tenía presencia en todo Estados Unidos y en más de cien países, lo cual se traduce en el préstamo de 42 millones de libros al año. Se han colocado más de 125 000 pequeñas bibliotecas en todo el mundo, desde Wisconsin hasta California, los Países Bajos, Brasil y Japón, hasta Australia, Ghana y Pakistán.

La organización está conformada exclusivamente por voluntarios, desde la junta directiva hasta los patrocinadores, así como los administradores del vecindario, los que toman un libro y luego lo devuelven. Funciona por completo gracias al sistema de honor y continúa gracias a un flujo constante de personas que toman la iniciativa, quienes actúan en sus propios vecindarios.[62]

La visión de Todd, de un mundo donde los vecinos se conocen por su nombre y todos tienen acceso a libros, se está haciendo realidad. Aunque, por desgracia, Todd falleció de cáncer de páncreas en 2018, su legado de amor por los libros y el aprendizaje continúa *in crescendo.*

> *En verdad creo que debe haber una pequeña biblioteca gratuita en cada cuadra y un libro en cada mano. Creo que las personas pueden arreglar sus vecindarios, desarrollar sistemas para compartir, aprender unos de otros y darse cuenta de que tienen un mejor lugar en este planeta para vivir.*
>
> TODD BOL[63]

¡Use su doble I y haga las cosas realidad!

Hay una historia muy contada, pero poderosa, de dos hombres que llegaron a una playa que estaba cubierta con cientos de estrellas de mar; la marea alta las había arrastrado a tierra y se quedaron varadas ahí cuando el agua retrocedió. Uno de los hombres corrió frenéticamente de un lado a otro, arrojando estrellas de mar al agua, en un intento desesperado por salvarlas. El otro hombre se quedó mirándolo y se burlaba de sus esfuerzos.

«¿Qué crees que estás haciendo?», preguntó. «No importa si devuelves unas pocas, ¡son demasiadas para salvarlas a todas!».

Sin inmutarse, el otro hombre recogió una estrella de mar, la levantó y la arrojó de nuevo al océano: «¡Bueno, marqué una diferencia para esa!».

Si es fanático de *Los Simpson*, tal vez recuerde el episodio en el que Marge llega a casa desanimada porque había perdido, por poco, una elección de la ciudad. Para su horror, descubre que ¡Homero, su propio esposo, se había olvidado de votar! Cuando ella se enfada, él se pone a la defensiva: «Pero, Marge, solo soy una persona. ¿Cómo podría haber marcado una diferencia?». A lo que ella respondió enojada: «¡Perdí por un solo voto!».

Vivir *in crescendo* significa que una sola persona puede marcar una gran diferencia con solo usar su *doble I*: ingenio e iniciativa. No importa quién sea usted, si tiene dinero o influencia, solo tiene que esforzarse: «¡haga las cosas realidad!».

En nuestra familia, cada vez que alguien —incluso uno de los niños más pequeños— inventa una excusa para eludir una responsabilidad o espera que alguien más le brinde una solución, siempre le decimos: «¡Usa tu *doble I*!». Ahora, a menudo, antes de que podamos decirlo, responden: «Lo sé, lo sé, ¡que use mi *doble I*!».

¿Qué diferencia puede hacer un individuo? Celeste Mergens había estado trabajando en Kenia con organizaciones sin fines de lucro para combatir la tremenda pobreza que abundaba en los barrios marginales. Después de orar para saber, en específico, cómo podía ayudar a los niños, se despertó a las dos y media de la mañana con una inquietante pregunta, que nunca se le había ocurrido: «¿Les has preguntado a las niñas qué hacen con el tema de la higiene femenina?». En seguida, envió un correo electrónico a un contacto que sabría la respuesta. Se sorprendió cuando la respuesta fue, simplemente: «¡Nada! ¡Ellas se quedan en sus habitaciones!». Su contacto le contó que seis de cada diez niñas no tenían acceso a productos de higiene femenina en Kenia.

Celeste se enteró de que a la mayoría de las niñas no se les permitía ir a la escuela durante su período menstrual; tal cual, se quedaban en casa hasta que terminara su ciclo. Faltar tanto a la escuela era devastador para el futuro de las niñas, ya que provocaba que se atrasaran en sus estudios y que muchas, sin más, los abandonaran. Si no se graduaban, no podrían obtener trabajos con salarios decentes, lo que aumentaba las probabilidades de que sus padres las casaran a una edad temprana. Esto acababa por completo con cualquier posibilidad de un futuro mejor. A Celeste le costaba creer que la simple falta de productos de higiene femenina pudiera crear un ciclo de pobreza del que era difícil escapar.

Ante esta realidad, ella y algunas amigas fundaron Days for Girls, una organización voluntaria sin fines de lucro con el objetivo principal de que las niñas recuperaran esos días perdidos en la escuela. Su misión es restaurar la salud, la dignidad y la educación de niñas en todo el mundo, brindando acceso a un kit de higiene femenina reutilizable. Este fue específicamente diseñado para las necesidades de niñas y mujeres que antes no tenían nada que pudieran usar.

Ahora, miles de voluntarios en todo el mundo, y también mujeres locales que cubren las necesidades de sus propias comunidades a nivel internacional, preparan estos kits femeninos reutilizables. Todo esto suma para que esos «días para las niñas» cambien sus vidas, porque ahora pueden asistir a la escuela sin vergüenza. El ciclo de la pobreza se puede romper. Cuando las niñas permanecen en la escuela, aumenta su confianza, lo que resulta en comunidades saludables y un cambio drástico a futuro. Noreen, de Kenia, escribió: «Cuando tenemos esos kits, podemos hacer algo grandioso en el mundo». El Dr. Pedro Sánchez, quien ha observado este impacto, dijo: «Una niña educada puede tener un impacto profundo en el desarrollo de una comunidad».[64]

Con el cuidado adecuado, estos preciosos kits pueden durar hasta tres años, lo que equivaldría a usar 360 toallas desechables. Lo más importante es que las niñas recuperan 180 días de escuela, las mujeres pueden pasar 36 meses sin interrumpir sus trabajos y ambos grupos conservan su dignidad. Después de la distribución de los kits de Days for Girls, las tasas de ausentismo escolar se redujeron increíblemente: del 36% al 8% en Uganda y del 25% al 3% en Kenia. Se ha recuperado la increíble cantidad de 115 millones de días de ausencia escolar y el resultado ha sido mayor educación, dignidad, salud y oportunidades.

Days for Girls ahora tiene una alianza global de casi 1 000 divisiones, equipos, empresas y organizaciones tanto gubernamentales como no gubernamentales. A partir de mayo de 2022, llegaba a una asombrosa cantidad de mujeres y niñas: más de 2.5 millones en 144 países. Esta organización empodera y une a las mujeres, además, cuenta con 70 000 voluntarias que trabajan en divisiones de todo el mundo. Hay oportunidades de voluntariado para cualquier persona que desee involucrarse, de manera grande o pequeña, en cualquier lugar.[65]

En 2019, Celeste recibió el premio Global Hero por sus esfuerzos proactivos como fundadora y directora ejecutiva de Days for Girls, y por ayudar a otros a encontrar su «porqué». Todos sus esfuerzos y logros comenzaron haciendo una pregunta, respondiendo a una necesidad y trabajando para encontrar una solución.

¿Qué otras preguntas no estaremos haciendo?

Señor, permíteme siempre desear
más de lo que creo que puedo hacer.
MIGUEL ÁNGEL

Conviértase en una persona de transición

Los grandes contratiempos pueden servir, a menudo, como catalizadores para liberar a las personas de los «guiones» que han heredado de la generación anterior. Ya sea que seamos conscientes de ello o no, es posible que estemos viviendo creencias destructivas o limitantes que se han arraigado muy profundo en nuestras mentes y corazones:

- «Nadie en nuestra familia ha ido a la universidad; simplemente no nos interesa la educación formal».
- «¡Todos los Murphy tenemos un temperamento fuerte! Debe ser nuestra herencia irlandesa».
- «Mi padre perdía los estribos cuando trataba de disciplinarme, y uno siempre repite esos patrones en sus hijos».
- «Mi hermano y yo tenemos el mismo problema para conservar un empleo: de alguna manera, nos autodestruimos».
- «La mayoría de las mujeres de nuestra familia acaban divorciadas; es casi como si no pudiéramos evitar seguir la tradición».

Quizá parezca que el abuso sexual, el abandono o el alcoholismo se han transmitido a través de su línea familiar. A pesar de que puede ser muy difícil, usted debe ser lo suficientemente consciente de sí mismo para darse cuenta de estos guiones negativos y destructivos, con el fin de liberarse de ellos.

Lo que hace falta para cambiar a una persona es cambiar su conciencia de sí misma.
ABRAHAM H. MASLOW

El ciclo puede detenerse con *usted*. Usted puede ser la *persona de transición* para los que le siguen en su familia; su decisión puede extenderse más allá de toda una vida, beneficiando seriamente a las generaciones futuras.

En el musical clásico *Camelot*, Lancelot trata de justificar y disculpar su infidelidad diciéndole al rey Arturo con resignación: «El destino no ha sido amable». Lo que en realidad está diciendo es: «Esto acaba de suceder y no pude hacer nada al respecto». El rey Arturo responde con gran sabiduría y pasión: «¡Lance, el destino no debe tener la última palabra! No debemos permitir que nuestras pasiones destruyan nuestros sueños».[66]

Sin importar lo que le depare la vida ni las circunstancias a las que se enfrente, *usted* es la fuerza determinante de su propia vida. En lugar de pasar esos viejos guiones a la próxima generación, puede detenerlos ahora: cambie a través de la *mentalidad crescendo.*

Una *persona de transición* puede ser una poderosa influencia en nuestras familias y nuestra sociedad. ¿Conoce a alguna persona así en su propia vida? ¿Podría usted serlo para alguien más?

En el Libro de Proverbios de la Biblia, hay un versículo muy sabio que dice: «Donde no hay visión, el pueblo perece». La visión es la capacidad de pensar en el futuro y planificarlo con sabiduría e imaginación. Brinda una perspectiva a largo plazo de dónde debe estar, por qué y cómo llegar allí: cómo comenzar con el *fin en mente* (el segundo de *Los 7 hábitos de la gente altamente efectiva*).

Malala Yousafzai es un ejemplo increíble de alguien que tuvo la visión y la fortaleza para convertirse en una *persona de transición* para mujeres y niñas en todo Pakistán. Los talibanes habían prohibido que estas últimas asistieran a la escuela en el valle de Swat, donde vivía Malala. Ante esta situación, la joven pronunció un discurso en Peshawar, en septiembre de 2008, con el valiente título: «¿Cómo se atreven los talibanes a quitarme mi derecho básico a la educación?». La educación era muy importante en la familia de Malala, quien había asistido a una escuela fundada por su padre, un activista antitalibán (una *persona de transición* por derecho propio) que tuvo un profundo impacto en ella.

Cuando tenía solo 12 años, Malala escribió un blog, bajo un seudónimo, para la BBC; ahí hablaba sobre su vida bajo el régimen talibán y sus puntos de vista sobre la educación de las niñas. Su activismo la convirtió en una de las adolescentes más conocidas del mundo en ese momento. Por ello, en 2011, el arzobispo Desmond Tutu, un destacado activista de Sudáfrica, la nominó para el Premio Internacional de la Paz de los Niños. Aunque no ganó, ese mismo año, recibió el primer Premio Nacional de la Paz Juvenil de Pakistán. Al felicitar a Malala, el primer ministro Nawaz Sharif dijo: «Ella es el orgullo de Pakistán. Su logro es incomparable e inigualable. Las niñas y los niños del mundo deberían seguir el ejemplo de su lucha y compromiso».[67]

Sin embargo, dar entrevistas y hablar públicamente expuso a Malala al peligro. Las amenazas de muerte llegaban por debajo de la puerta de su casa y se publicaban en los periódicos locales. Aunque sus padres estaban preocupados, no creían que los talibanes fueran a hacerle daño a una niña. No obstante, ella sabía que estas amenazas eran reales:

> Tenía dos opciones. Una era permanecer en silencio y esperar a que me asesinaran. Y la segunda era hablar y que luego me asesinaran. Elegí la segunda. Decidí hablar. Solo soy una persona comprometida, e incluso obstinada, que quiere que todos los niños reciban una educación de calidad, que quiere que las mujeres tengan los mismos derechos y que quiere la paz en todos los rincones del mundo. La educación es una de las bendiciones de la vida y una de sus necesidades.[68]

El 9 de octubre de 2012, un hombre armado enviado por los talibanes abordó el autobús escolar donde iba Malala; preguntó por ella, le apuntó con una pistola a la cabeza y disparó tres tiros. Una bala le dio por el lado izquierdo de su frente, recorrió su rostro y se alojó en su hombro. Los otros dos disparos alcanzaron a sus amigas, que también resultaron heridas, aunque de menor gravedad.

El intento de asesinar a la niña de 15 años que se había atrevido a hablar en contra de los talibanes provocó una protesta nacional e internacional, a la par de gran apoyo para Malala. Tres días después de que le dispararan, cincuenta clérigos islámicos en Pakistán condenaron a quienes habían intentado matarla. No obstante, los talibanes reiteraron, con audacia, su intención de matarla no solo a ella, sino también a su padre.

Después de que le dispararon, Malala estuvo inconsciente y en estado crítico durante varios días. Pero tan pronto como estuvo estable, la llevaron a Reino Unido, donde se sometió a múltiples cirugías. De milagro no sufrió ninguna lesión cerebral importante. Más adelante, agradeció el abrumador apoyo internacional, así como las oraciones a su favor. Y, a pesar de las continuas amenazas, Malala volvió a la escuela en 2013 y continuó siendo una firme y valerosa defensora del poder de la educación.

Sus esfuerzos originaron un movimiento significativo que apoyó su meta de tener educación para todos los niños. Gordon Brown —enviado especial de las Organización de las Naciones Unidas para la educación global y antiguo primer ministro británico— lanzó una petición a la ONU en nombre de Malala exigiendo que todos los niños del mundo pudieran asistir a la escuela para fines de 2015. La firmaron dos millones de personas. Esto llevó a la aprobación del primer proyecto de ley sobre el derecho a la educación gratuita y obligatoria en Pakistán, un avance sustancial para la educación en ese país.[69]

En su decimosexto cumpleaños, el 12 de julio de 2013, Malala pronunció un discurso en las Naciones Unidas, ante más de quinientos estudiantes, en una asamblea especial de jóvenes. Verla allí, viva y fuerte, después de haber recibido un disparo, influyó muchísimo en su audiencia; fue un poderoso testimonio de su mensaje de esperanza a través de la educación. Aunque era joven, sus palabras electrizaron a todos los que la escucharon:

> Queridos amigos, el 9 de octubre, los talibanes me dispararon en el lado izquierdo de la frente. También les dispararon a mis amigas. Pensaron que las balas nos silenciarían, ¡pero fallaron! ¡Y de ese silencio, la debilidad, el miedo y la desesperanza murieron! Nacieron la fuerza, el poder y el valor… Estoy aquí para defender el derecho a la educación de todos los niños… Debemos creer en el poder y la fuerza de nuestras

> palabras. Nuestras palabras pueden cambiar al mundo… Entonces, libremos una lucha gloriosa contra el analfabetismo, la pobreza y el terrorismo; tomemos nuestros libros y plumas, que son nuestras armas más poderosas… Un niño, un maestro, una pluma y un libro pueden cambiar el mundo. La educación es la única solución. La educación, primero.[70]

Malala Yousafzai recibió el Premio Nobel de la Paz a los 17 años; ha sido la persona más joven en obtener este honor. También recibió 50 000 dólares por el Premio de los Niños del Mundo, que de inmediato donó para reconstruir una escuela de las Naciones Unidas en la Franja de Gaza, afirmando: «Sin educación, nunca habrá paz». Como una influyente *persona de transición*, Malala espera liderar su país, como primera ministra, algún día.[71] Vaya que tiene visión.

Algunos ven cosas y dicen: «¿Por qué?». Yo sueño cosas que nunca existieron y digo: «¿Por qué no?»
George Bernard Shaw

La influencia de una persona comprometida con una buena causa está al alcance de todos los que eligen deliberadamente cómo responder a lo que les sucede. El valor y la visión de Malala nos brindan los elementos básicos para superar los contratiempos:

- Elija convertirse en una *persona de transición* en su familia o comunidad: evite que continúen los comportamientos negativos y destructivos.
- Sea consciente de que tiene la capacidad y el poder de elegir cómo reaccionar ante cualquier cosa que le suceda.
- Use el poder de una persona comprometida y con visión para inspirar el cambio.

La historia ha demostrado que los ganadores más notables solían toparse con obstáculos desgarradores antes de triunfar. Ganaron porque se negaron a desanimarse por sus derrotas.
B. C. Forbes

Elizabeth Smart también ejemplificó el poder de vivir *in crescendo* al convertirse en una *persona de transición*. Después de que se hizo pública su terrible experiencia, el Congreso de Estados Unidos creó un programa que se ha convertido en una herramienta crucial para encontrar a los niños desaparecidos. En 2003, se invitó a Elizabeth y a su padre, Ed Smart, a estar presentes cuando el presidente George W. Bush lo promulgó, a nivel nacional: es la Ley de Protección de Alerta Amber (America's Missing: Broadcast Emergency Response) para niños secuestrados.

Hoy, este sistema continúa expandiéndose: a partir de enero de 2013, las alertas Amber se envían en automático a millones de teléfonos celulares en todo Estados Unidos. Hasta el 31 de diciembre de 2021, se había logrado rescatar a 1 111 niños gracias a este sistema.[72]

Elizabeth ha trabajado con el Departamento de Justicia en la creación de una guía para sobrevivientes, titulada *No estás solo: el camino del secuestro al empoderamiento*. En ella, alienta a los niños que han pasado por experiencias similares a no darse por vencidos, a darse cuenta de que hay vida después de los eventos trágicos.[73]

A través de la fundación que lleva su nombre, Elizabeth Smart ha compartido con innumerables víctimas su ejemplo inspirador de recuperar una vida feliz, aun después de sufrir un abuso. Sigue contando su historia en apoyo de los programas de prevención y recuperación de niños víctimas de abuso, secuestro y pornografía en internet. Ella es una fuerte voz de empoderamiento para ellos, sus sobrevivientes y sus familias en todas partes.[74]

Smart Foundation también se ha asociado con radKIDS (*rad* es un acrónimo de *Resist Aggression Defensively*), un programa sin fines de lucro creado para prevenir los delitos contra los niños. Su objetivo es enseñar a los menores a reconocer situaciones peligrosas y armarlos con opciones. radKIDS es el líder nacional en educación de seguridad infantil: ha capacitado a 6000 instructores y 300000 niños, a través de un currículum revolucionario en escuelas de 46 estados de Estados Unidos y en Canadá.

De los más de 300000 niños que se han graduado del programa radKIDS, se ha rescatado de secuestro a más de 150 menores, y a decenas de miles de agresiones sexuales y posible trata de personas. Estos graduados usaron las habilidades que aprendieron en el programa, gracias a lo cual regresaron sanos y salvos con sus familias. Las estadísticas muestran que el 83% de los niños que se defienden, gritan y reaccionan puede escapar de sus atacantes. radKIDS empodera a los niños para que reemplacen el miedo y enfrenten situaciones peligrosas con habilidades de confianza, autoestima y seguridad. Por la información y la capacitación que han recibido, decenas de miles de niños agredidos o abusados sexualmente han denunciado y obtenido la ayuda que necesitaban. Miles más han escapado de la intimidación y la violencia de pares.[75]

A pesar del secuestro de Elizabeth a una edad temprana, ella ejemplifica de maravilla lo que es vivir *in crescendo*; le ha demostrado al mundo que, a pesar de su terrible experiencia, su trabajo y contribuciones más importantes estaban, y siguen estando todavía más adelante. Como lo señaló C. S. Lewis, sus dificultades la prepararon para un destino extraordinario que quizá solo ella podía cumplir.

> *He aprendido que mis desafíos pueden ayudar a que me acerque a los demás con mayor empatía y comprensión de las que podría haber tenido antes. Cuando nos enfrentamos a un desafío, es muy fácil enfadarnos o disgustarnos. Pero cuando hemos pasado nuestra gran prueba, tenemos la oportunidad de acercarnos a otras personas. Tenemos la capacidad de efectuar cambios que, de otro modo, no habríamos podido hacer. Por las cosas que he vivido, ahora puedo apoyar a otras personas. Puedo acercarme a otras víctimas y ayudarlas a aprender a ser felices. Si no hubiera tenido esta terrible experiencia, no estoy segura de que me hubiera preocupado lo suficiente por estos temas como para involucrarme. Estoy agradecida por las oportunidades que he tenido para apoyar a otras personas. Han bendecido mi vida. La gratitud también me ha ayudado a mantener una perspectiva saludable.*[76]
>
> ELIZABETH SMART

CUARTA PARTE
LA SEGUNDA MITAD DE LA VIDA

largo (adverbio o adjetivo): lento y con gran dignidad; lento, ancho; del latín *largus*: abundante

accelerando (adverbio o adjetivo): del latín que significa… «¡acelera!»

Adelante hay cosas mucho, mucho mejores que las que dejamos atrás.
C. S. LEWIS

Hace años, cuando estaba enseñando a un grupo grande sobre lo que ahora llamo *vivir in crescendo*, entre la audiencia, vi a un hombre muy animado, tratando de involucrarse con quienes lo rodeaban. Apenas podía esperar para hablar con él. Después de mi presentación, me explicó que era un juez de circuito, que cumpliría 65 el próximo año, y que acababa de aceptar que era hora de jubilarse. Una luz se encendió en su mente cuando se dio cuenta de que aún le quedaba más por contribuir y de que estaba en condiciones de hacerlo. «¿Por qué renunciar ahora?», se preguntó a sí mismo. Durante años, su servicio había tenido un impacto positivo en su comunidad y todavía tenía una intensa pasión por su trabajo. Se dio cuenta de que su ciudad lo necesitaba para ayudar con los crecientes y complicados problemas, con los que estaba muy familiarizado. Mientras visualizaba su futuro a través del prisma de la *mentalidad crescendo*, se emocionó al darse cuenta de que su trabajo más importante aún podría estar por delante.

La «jubilación» o la terminación de todo trabajo, en un determinado período de la vida, es un concepto más o menos nuevo. Si mira usted hacia atrás, descubrirá que muchos grandes hombres y mujeres de la historia nunca desaceleraron ni se sintieron menos solo por su edad. Hubo y hay muchas personas que todavía trabajan o son productivos hasta los 70, 80 y más años, marcando diferencias notables en sus campos. Hoy en día, los directores ejecutivos, educadores, abogados, empresarios, entrenadores, políticos, científicos, agricultores, dueños de negocios, atletas, minoristas, médicos y personas de todos los ámbitos de la vida no aceptan la noción defectuosa de jubilación de la sociedad. Simplemente siguen contribuyendo año tras año. Hace solo una o dos generaciones, nuestros antepasados morían exhaustos a una edad en la que hoy, gracias a los avances médicos, podemos anticipar una vida plena por muchos años más.

Para sorpresa de todos, cuando yo tenía 64 años, junto con mi esposa Sandra construimos la «casa de nuestros sueños», la que siempre habíamos querido. Hicimos esto después de que la mayoría de nuestros nueve hijos crecieron, porque queríamos un lugar para crear una maravillosa cultura familiar. Ahí, nuestros nietos podrían convertirse en los mejores amigos de sus primos, y nuestra familia se reuniría para relajarse, disfrutar y apoyarse unos a otros en un hogar intergeneracional.

David, uno de mis hijos, se sentía incrédulo de que yo emprendiera tal tarea hacia el «final de mi vida», como él lo imaginaba. Bromeó conmigo parándose en el sitio de construcción, con los brazos abiertos de par en par, con asombro y gritándome: «En el ocaso de su vida y, aun así, ¡CONSTRUYE!».

Todos se rieron mucho, incluyéndome, pero siempre he creído que aún queda mucho por hacer, que nuestra familia y nuestro hogar son gran parte de ello. Desde que lo inauguramos, nuestro hogar se ha convertido en un lugar de renovación, refugio, risas y lecciones; un sitio de reunión para nuestra posteridad, para disfrutar durante muchos años.

Quiero que se dé cuenta de lo crucial que es permanecer abierto a las oportunidades de servir y bendecir a los demás, sin importar su edad, ¡porque su mejor y más importante trabajo aún puede estarlo esperando! Creo firmemente que así es. A menudo, los primeros dos tercios de su vida servirán como preparación para el último, donde hará sus mejores contribuciones.

En 1940, durante una época conocida como «la hora más oscura» de Gran Bretaña, Winston Churchill dijo esto acerca de convertirse en primer ministro, a los 66 años:

> Sentí como si estuviera caminando con el destino, como si toda mi vida pasada no hubiera sido más que una preparación para este momento y para esta prueba. Pensé que sabía mucho acerca de todo y estaba seguro de que no fallaría.[1]

En este momento de su vida, usted tiene más recursos, experiencia y sabiduría que nunca. Hay demasiadas necesidades y mucho por lograr como para que considere jubilarse. Puede jubilarse de una carrera o de un trabajo, pero nunca de hacer contribuciones significativas. ¡Qué emocionantes aventuras le esperan todavía!

CAPÍTULO 8
¡Mantenga su impulso!

Para mí, ¡la jubilación es la muerte!
No entiendo por qué la gente se jubila.
MERV GRIFFIN, famoso presentador de televisión
que creó *Jeopardy* y *Wheel of Fortune*

En mi libro *La 3.ª alternativa*, incluí una cita muy perspicaz del Dr. Hans Selye respecto a la jubilación y sus consecuencias, extraída de su libro *The Stress of Life* (El estrés de la vida):

> Con el paso de los años, la mayoría de las personas requieren cada vez más descanso, pero el proceso de envejecimiento no avanza a la misma velocidad en todas las personas. Muchas personas valiosas, que podrían haber dado varios años más de trabajo útil a la sociedad, se han enfermado físicamente y se han vuelto seniles, de forma prematura, a causa de una jubilación forzosa a una edad en que sus exigencias y capacidades de hacer cosas todavía eran altas. Esta enfermedad psicosomática es tan común que se le ha dado un nombre: «enfermedad de la jubilación».

En su libro, el Dr. Selye diferencia entre la variedad de estrés desagradable o perjudicial, que es la «angustia», y el estrés normal o moderado, que es útil para vivir. Él descubrió que las personas que no permanecen involucradas o conectadas, como lo hacían cuando estaban trabajando, notarán que su sistema inmunológico se ralentiza y las fuerzas degenerativas del cuerpo se aceleran. Sin embargo, si se implican en algún trabajo o proyecto significativo, donde encuentren estrés beneficioso, experimentan satisfacción y propósito.[2]

El Dr. Selye creía que las personas que buscan un estado sin tensión, en realidad, tienen una vida más corta, porque la vida se sustenta en ese estrés útil: la tensión entre dónde estamos ahora y dónde queremos estar, buscando alguna meta que nos inspire. La vida tiene más sentido cuando respondemos al trabajo que es significativo para los demás.

En *50 Simple Ways to Live a Long Life* (50 formas sencillas de vivir una larga vida), Suzanne Bohan y Glenn Thompson hablan sobre *ikigai* («una razón de ser»). Esta es una filosofía ampliamente conocida y practicada en Japón, que fomenta el desarrollo de un propósito positivo en la vida y un sentido de satisfacción. La Fundación Ikigai, impulsada por el Gobierno japonés, promueve la independencia de las personas mayores para aliviar la carga de las familias y de los sistemas sociales. Un estudio de más de mil ancianos japoneses encontró que aquellos que practicaban ikigai vivían muchísimo más que aquellos que no lo hacían. Otro estudio también informó que «aquellos que tenían una fuerte motivación para lograr un propósito estaban significativamente menos deprimidos que aquellos que no tenían motivación».[3]

Otra investigación, que incluyó a 12 640 húngaros de mediana edad, descubrió que las tasas de cáncer y enfermedades cardíacas eran bastante más bajas en quienes creían que sus vidas tenían sentido que en aquellos que no sentían tener un propósito. El Blue Zones Project, que estudió a algunas de las personas más longevas del mundo, reveló que tener un propósito, o tan solo una razón para levantarse de la cama, era una característica común en muchas personas centenarias del mundo.

«Las personas que sienten que su vida es parte de un plan más amplio y se guían por sus valores espirituales, tienen sistemas inmunológicos más fuertes, presión arterial más baja, menor riesgo de sufrir un ataque cardíaco y cáncer, sanan más rápido y viven más tiempo», escribe Harold G. Koenig, doctor en medicina, quien ha estudiado este fenómeno de manera consistente. Deepak Chopra, el escritor de varios éxitos de venta y cofundador del Chopra Center for Wellness, está convencido de que «el propósito te da satisfacción y alegría... y eso puede acercarte a la experiencia de la felicidad».[4]

En su célebre libro *Dare to Be 100* (Atrévete a los 100), Walter Bortz, un doctor y respetada autoridad en el tema del envejecimiento exitoso, escribió que, a medida que envejecemos, nuestra responsabilidad —irónicamente— debería crecer, no disminuir. «A medida que envejecemos, debemos ser más responsables, porque hemos moldeado el medio ambiente para nuestro uso». Bortz cree que debemos seguir participando en los asuntos de la vida y utilizar nuestros talentos para un propósito superior. Sin embargo, nuestra sociedad nos ha condicionado a creer lo contrario, por lo que la tendencia, a medida que envejecemos, es alejarnos de los amigos, la familia y los círculos sociales.

Bortz aconseja a los adultos mayores que se esfuercen por experimentar el *flujo* en su trabajo, de modo que estén tan inmersos en proyectos y esfuerzos interesantes que el tiempo pase de forma rápida y casi desapercibida. Él descubrió que «vivir plenamente, comprometido, no solo te permite vivir más tiempo y mejor, sino que te permite morir más rápido cuando llegue el momento. Pise el acelerador a fondo. ¡No se quede inactivo!».[5]

Luche contra la tendencia de hacer vida retirada a medida que envejece; en cambio, involúcrese en proyectos que le brinden significado y propósito, a usted y a los demás. No se deje llevar por el contagio mental y social que propaga la «enfermedad de la jubilación». Mire a su alrededor: encontrará muchos ejemplos de hombres y mujeres sobresalientes que llevan vidas felices y productivas en esta etapa emocionante de la vida. Aquí hay algunos ejemplos de estas personas, con una variedad de ocupaciones. Todavía tienen mucho que aportar en la vida y creen que el antídoto para la «enfermedad de la jubilación» es el *propósito.*

George Burns fue uno de los pocos artistas cuya carrera abarcó con éxito las generaciones del vodevil, la radio, la televisión, el cine, la comedia, los discos, los libros y las películas: ¡una carrera en el mundo del espectáculo que duró 93 años! Ganó un Premio de la Academia al mejor actor de reparto por su actuación en *The Sunshine Boys* (*La pareja chiflada*); con casi 80 años, fue el actor de mayor edad en obtenerlo. En ese momento, Burns llevaba 35 años sin tener un papel principal; bromeaba diciendo que su agencia no quería sobreexponerlo. Ganar el Oscar lo lanzó a una sorprendente segunda carrera *in crescendo*, que lo mantuvo ocupado, trabajando en películas y especiales de televisión.

Cuando tenía 90 años, el legendario comediante anunció, con el humor que lo caracterizaba, que celebraría su centésimo cumpleaños en el London Palladium, diciendo: «No podría morirme ahora, ¡estoy demasiado ocupado!». Escribió diez libros —un par de ellos, éxitos de venta—, entre los cuales se encuentra uno titulado, de manera muy acertada, *How to Live to Be 100-or More* (Cómo vivir cien años, o más). Practicó lo que predicaba y murió a los 100 años, trabajando hasta el final. Bromeaba diciendo que iba a permanecer en el mundo del espectáculo hasta que él fuera el único de su generación que quedara; prácticamente, así fue.[6]

No hay muchos pilotos de NASCAR mayores de 50 años, y mucho menos de 80, pero Hershel McGriff ha roto los estereotipos de edad en el mundo de las carreras, y por eso llamó la atención de muchos. A los 81 años, McGriff se convirtió en el piloto de mayor edad en competir en una carrera principal de NASCAR, en la Portland International Raceway; llegó decimotercero en una carrera de 26 corredores. No estaba compitiendo solo por la distinción de conducir a los 80: él quería regresar al deporte que amaba y en el que había competido durante casi seis décadas.[7]

Aun cuando muchos de sus contemporáneos ya usaban andadores y sillas de ruedas, Hershel McGriff no se atrevía a jubilarse. Ganó 12 veces el premio al piloto más popular del año y lo incluyeron en el Salón de la Fama de los Deportes a Motor de Estados Unidos, a los 79 años. Pero su mayor honor llegó más tarde, cuando lo eligieron una de las cinco leyendas en el Salón de la Fama de NASCAR de 2016, un premio que pocos pilotos reciben.[8]

McGriff decía: «He pensado que, cuando llegue a los 80, me gustaría hacer una carrera de pista corta en algún lugar, ¡solo para ver si puedo seguirle el ritmo a los jóvenes!». Y claro que pudo: compitió en Sonoma Raceway a la edad de 84 años.[9]

Las investigaciones han demostrado que continuar trabajando, durante los últimos años de la vida, puede contribuir a la longevidad. Un estudio, que siguió a 3 500 empleados de la compañía Shell Oil, descubrió que aquellos que se jubilaron a los 55 años tenían el doble de probabilidades de morir durante la siguiente década que las personas de la misma edad que seguían trabajando. Asimismo, un estudio europeo que siguió a 16 827 hombres y mujeres griegos, durante 12 años, descubrió que los que se jubilaban antes de tiempo tenían una tasa de mortalidad 50% más alta que los que seguían trabajando. «El trabajo es, probablemente, la forma más fácil de ayudarlo a sentir que su vida tiene un propósito, así que considere quedarse con él tanto tiempo como pueda», dice Robert N. Butler, doctor en medicina y director fundador del National Institute on Aging (Instituto Nacional sobre el Envejecimiento).[10]

En 2018, Arthur Ashkin fue uno de los tres científicos galardonados con el Premio Nobel por sus contribuciones al campo de la física del láser. A los 96 años, era la persona de mayor edad a la que se le había otorgado este honor, hasta el momento. Este logro parecía ser el punto culminante y la conclusión de una carrera científica larga y exitosa, pero Ashkin no lo vio de esa manera. «Le aviso a los funcionarios del Nobel que es posible que no esté disponible para dar entrevistas sobre el premio porque estoy muy ocupado trabajando en mi próximo artículo científico». Claramente, Arthur Ashkin todavía tenía mucho más que aportar al campo científico, ¡no quería que lo detuvieran![11]

Sin embargo, en octubre de 2019, John B. Goodenough, nacido en Alemania, relevó a Ashkin como el ganador del Premio Nobel de mayor edad. A los 97 años, ganó el premio de Química por su investigación sobre las baterías de iones de litio, utilizadas en computadoras portátiles y teléfonos inteligentes. «Estoy extremadamente feliz», dijo a los periodistas, «de que las baterías de iones de litio hayan ayudado a las comunicaciones en todo el mundo». Goodenough continúa trabajando en su laboratorio y no tiene planes de retirarse del campo que ama tanto.[12]

Irma Elder no planeaba trabajar en el negocio familiar. Cuando su esposo tuvo un ataque al corazón y murió de forma inesperada, esta tímida mujer de 52 años, ama de casa y madre de tres hijos, de repente se enfrentó a una gran decisión: podía vender, por casi nada, la concesionaria Ford que había sido de su marido —y que estaba casi en la quiebra, en Detroit— o sacarla adelante ella misma. Irma descubrió su habilidad de convertir ese negocio en problemas en uno exitoso. Aprendió a tratar con los fabricantes, los banqueros y las compañías de crédito; trabajó durante los siguientes veinte años como Elder Automotive Group. Incluso abrió su novena y su décima agencias a sus setenta y tantos. A la larga, llegó a estar entre los principales distribuidores de Jaguar en el mundo, su compañía se convirtió en una de las empresas hispanas más grandes del país.

«¡Si me preguntan cuándo pienso retirarme, les diré que lo haré cuando deje de divertirme! Me hace cobrar vida», dice la ahora abuela de tres. También es una mujer pionera en la industria. «Creo que todavía existe la percepción de que las mujeres no pueden dirigir concesionarias de automóviles», dice. «Pero ¿cuál es el problema? Simplemente lo acepto, y sé que romperé ese techo de cristal. Con la edad, viene la paciencia».[13]

A los 65 años, Elliott Carter ganó su segundo Premio Pulitzer de música por su «Cuarteto de cuerda n.º 3». A los 86, recibió su primer Grammy por un concierto para violín. A los 90, conmocionó al mundo de la música al probar un nuevo género: la ópera. El *Boston Globe* escribió sobre este trabajo suyo, en una crítica entusiasta titulada «What's Next?» (¿Qué sigue?). Entre los 90 y los 100 años, de manera asombrosa, Carter se mantuvo activo publicando más de cuarenta obras. «¡Vaya "florecimiento tardío"! Me tomó mucho tiempo resolver las cosas que tenía en mente que no podía materializar con claridad», explica Carter. «Es como aprender un nuevo idioma: una vez que desarrollas el vocabulario básico, se vuelve más fácil e instintivo».

La rutina de Carter durante años fue levantarse temprano para componer cuando sentía que estaba en su punto creativo más alto. Publicó veinte piezas después de cumplir los 100 años, y su última obra completa cuando tenía 103, tres meses antes de fallecer. Sorprendió a la industria al componer hasta su undécima década de vida y trabajar hasta el último día. Carter fue uno de los compositores de música contemporánea más importantes de Estados Unidos; su vida muestra cómo «las cosas buenas les llegan a aquellos que esperan».[14]

A los 60 años, Clayton Williams decidió que era hora de poner fin a una exitosa carrera de ingeniería de cuarenta años, y como propietario y director de Williams Equipment & Controls Co. Pero esto no era para jubilarse, dedicarse al golf y relajarse, ni para viajar. En lugar de eso decidió emprender, con valentía, una carrera por completo distinta: ser artista. Siempre había pintado como pasatiempo y, al igual que su madre, tenía buen ojo para la belleza, así que sintió que era el momento adecuado para ingresar al mundo del arte. Aunque la mayoría consideraría que la ingeniería y el arte son polos opuestos, Clayton no se inmutó al comenzar una carrera completamente diferente y en un momento avanzado de su vida; estaba ansioso por comenzar a usar más el lado derecho de su cerebro.

Después de un breve lapso de trabajar a tiempo completo en sus habilidades de pintura, abrió Williams Fine Art, una galería donde podía exhibir y vender sus propias pinturas, e incluso las de otros. Así lo hizo, con obras de artistas antiguos y actuales; expuso también arte regional y le encantaba promocionar a talentosos artistas jóvenes que aún no hubieran vendido. Clayton estudió y aprendió de mentores confiables, por lo que pronto él también estaba dando seminarios de arte a otros. Sus obras fueron parte de muestras colectivas y tuvo también individuales; varias otras aparecieron en libros y revistas de arte.

Llegó a los 90 años trabajando a tiempo completo en su galería de arte. Afirmó: «No sé cómo no trabajar. Mis amigos juegan al golf o al bridge y, aunque está bien, no sería suficiente para mí. Me encanta trabajar siempre en proyectos nuevos, con sus desafíos y recompensas. ¡Estoy emocionado por lo que trae cada día!». Clayton siguió pintando y vendió miles de sus propias pinturas; también regaló muchas a su familia.

Además de coleccionar y vender pinturas, Clayton ha servido, con diligencia, durante décadas, en múltiples organizaciones de arte y caridad en su comunidad. También comenzó una fundación propia, que llega a muchos necesitados; a través de ella ofrece tutorías para estudiantes de sexto grado, patrocina becas de escuela secundaria para alumnos de bajos recursos y brinda comidas para personas sin hogar. Asimismo, se mantiene involucrado en otros proyectos que necesita su comunidad.

Aunque Clayton se ganaba bien la vida, el dinero nunca fue el motivo de su arte. De hecho, tomó la decisión de donar un dibujo raro, del gran artista del oeste americano Maynard Dixon, a un museo de arte local; así, en lugar de vendérselo a una sola persona, miles más podrían disfrutarlo a lo largo de los años. También donó varias otras pinturas valiosas a museos de arte, en lugar de beneficiarse de ellas.

Ahora, a los 94 años, después de 32 de haber trabajado en su galería de arte y haber seguido pintando hasta los 80, se dedica a vender cuadros desde su casa; sigue muy involucrado y contribuyendo al mundo del arte. Aunque se ha enfrentado a problemas de salud a lo largo de su vida, sorprendió a sus oponentes más jóvenes al jugar tenis individual, de forma competitiva, hasta que cumplió los 85 años.

En la actualidad, no lleva para nada una vida de ocio; sigue muy implicado en varios proyectos y todavía *vive in crescendo*. Todos los días, mantiene su mente aguda, mientras trabaja en la computadora: escribe la historia de vida de su madre, comparte ideas sobre el crecimiento de su fundación, funge como miembro de un consejo de arte, contacta a las personas que le traen obras para vender y trabaja en sus próximos libros de arte. Además, le encanta pasar tiempo con su numerosa descendencia.

Al reflexionar sobre su vida, dice: «Mis últimos años de artista han sido los más gratificantes porque he podido retribuir a la sociedad. He hecho muchos amigos nuevos y ha sido una gran bendición sentir que he contribuido con algo de valor». Sorprendentemente, todavía está buscando «el desafío y la recompensa» que lo aguardan.[15]

A los 69 años, Barbara Bowman trabajó durante ocho años supervisando programas para 30 000 niños. Era la jefa de la Oficina de Educación Infantil de Chicago. Reconocida como una pionera en el campo de la educación temprana, Barbara ha defendido a los niños a lo largo de su carrera. Es una experta de renombre internacional en educación temprana; ha trabajado como maestra, conferencista, autora y administradora. También es cofundadora del Instituto Erikson (para Estudios Avanzados en Desarrollo Infantil), del cual fue presidenta. Bowman ha buscado, de forma incansable, una capacitación más amplia y de mayor calidad para la educación temprana. Por ello, a los 81 años, se desempeñó como consultora de la Secretaría de Educación de los Estados Unidos, durante el período presidencial de Barack Obama.[16]

Bowman es una maestra de corazón que ama a los niños; a los 91 años, sigue activa y participa en diversas causas educativas. Cada domingo, invita de 15 a 25 personas a cenar y disfrutar con ella. «Lo he hecho durante cincuenta años», explica. «Eso es lo que me mantiene joven».

Ella cree que la edad te da una ventaja significativa: «Puedes hacer lo que creas correcto sin preocuparte por tu carrera. Y hay una sensación de urgencia que viene con la edad: no sé cuánto tiempo me queda, así que no lo desperdiciaré en cosas que no son importantes».[17]

Ahora bien, el objetivo de compartir la variedad de historias y de ejemplos anteriores no es que usted se sienta culpable; más bien, espero que lo *inspiren* a considerar lo que *usted* también puede hacer durante este momento crucial de la existencia. Mi objetivo es inyectarle el antídoto a la «enfermedad de la jubilación» y ayudarlo a buscar un propósito, con la confianza de que esta etapa de la vida puede ser un período de oportunidad y realización. George Bernard Shaw realmente resumió muy bien de qué se trata este capítulo:

> Esta es la verdadera dicha de la vida, ser usado para un propósito que usted mismo reconoce como poderoso. Ser una fuerza de la naturaleza, en lugar de un zoquete febril y egoísta lleno de dolencias y agravios que se queja de que el mundo no se dedica a hacerlo feliz. Soy de la opinión de que mi vida le pertenece a toda la comunidad, y mientras viva, tengo el privilegio de hacer por ella lo que pueda. Quiero estar completamente agotado cuando muera, porque cuanto más trabajo, más vivo. Me regocijo en la vida por sí misma. La vida no es una pequeña vela para mí. Es una especie de antorcha espléndida que, por el momento, tengo en mis manos y quiero hacerla arder con todo el brillo posible, antes de pasarla a las generaciones futuras.[18]

Transite de trabajar en una carrera a trabajar para contribuir

¿Qué pasa si usted siente que no tiene mucho en común con estas personas triunfadoras? Tal vez no puede adoptar el mantra personal de Shaw, que dice que hacer del mundo un lugar mejor es donde se encuentra la verdadera alegría. Tal vez se esté haciendo preguntas como:

- ¿Qué pasa si me gusta la idea de dejar de trabajar y jugar al golf o viajar?
- ¿Por qué esta gente [loca] quiere trabajar tanto tiempo?
- Estoy cansado. ¿De dónde sacan tanta energía, compromiso y pasión?
- ¿El deseo de continuar trabajando, sirviendo y contribuyendo, es algo con lo que se nace o es más bien una elección?
- ¿Todo el mundo es capaz de hacer tal elección?

En primer lugar, lo que propongo no es que todo el mundo trabaje hasta el cansancio. Si no quiere seguir trabajando hasta los 70, 80 o 90 años, en definitiva, no está solo. A medida que envejece, puede optar por no seguir un horario de nueve a cinco. Lo más probable es que desee hacer cosas para las que no le alcanzaba el día mientras trabajaba de tiempo completo. Este es un momento ideal y perfecto para emprender nuevos pasatiempos, pasar más tiempo ininterrumpido con familiares y amigos, viajar y disfrutar el hecho de no tener responsabilidades. Hay muchas cosas buenas que hacer en esta etapa de la vida.

Dicho lo anterior, de todos modos, espero poder inspirarlo para que exprima todos los jugos contributivos que tenga para dar. Puede jubilarse de un trabajo, pero nunca se retire de hacer *contribuciones* extremadamente significativas en la vida. Lo que propongo es que todos miremos la jubilación a través de una nueva lente o un modelo distinto. Un *paradigma crescendo* que implique la elección consciente de pasar de una vida dominada por el trabajo y la carrera a una vida centrada en la contribución.

¿Qué es mi vida si ya no soy útil a los demás?
JOHANN WOLFGANG VON GOETHE

Warren Bennis, conocido como un pionero en estudios de liderazgo, ha escrito más de treinta libros exitosos sobre el tema. Siguió trabajando y escribiendo ya octogenario; de hecho, escribió sus memorias, tituladas *Still Surprised* (Aún sorprendido), a la edad de 85 años. En un artículo titulado «Retirement Reflections» (Reflexiones sobre la jubilación), Bennis expuso dos ideas básicas sobre cómo veía él esta última etapa de la vida, con las cuales estoy totalmente de acuerdo.

Primero, las personas exitosas siempre están en transición. «Estas personas nunca paran. Ellos siguen adelante. Nunca piensan en logros pasados o en la jubilación». Bennis admiraba a personas como Winston Churchill, Clint Eastwood, Colin Powell, Grace Hopper, Bill Bradley y Kay Graham (entre otros). Dijo: «Todas estas personas comenzaron tarde, pero siguieron creciendo, sin conformarse. No hablaban sobre la jubilación o sus logros pasados... siempre estaban ocupados rediseñando, recomponiendo y reinventando sus propias vidas».

En segundo lugar, las personas que han tenido éxito en sus carreras y en la vida también tienen éxito en sus transiciones a medida que envejecen. Al estudiar a líderes destacados, Bennis identificó cinco características de las transiciones exitosas. Piense en ellas a través del paradigma de la contribución y la *mentalidad crescendo*, para aquellos que están en la *segunda mitad* de la vida y buscan hacer la transición de trabajar en una carrera a trabajar para contribuir de manera significativa.

1. Tienen un fuerte sentido de propósito, pasión, convicción, un sentido de querer hacer algo importante para marcar la diferencia.
2. Son capaces de desarrollar y mantener relaciones profundas y de confianza.
3. Son proveedores de esperanza.
4. Parecen tener un equilibrio en sus vidas entre el trabajo, el poder, la familia y las actividades externas. No atan su autoestima a su posición.
5. Se inclinan por la acción. Son personas que parecen no dudar en tomar riesgos, que, sin ser temerarias, son capaces de moverse. Aman la aventura, el riesgo y la promesa de algo nuevo.[19]

Casi todo el mundo conoce a personas de 70, 80 e incluso 90 años que tienen estas características, aún trabajan y disfrutan de actividades que otras personas de su edad dejaron de hacer hace años. Si tienen la suerte de haber conservado su salud física y mental, todavía son capaces de lograr mucho, además de que son una parte vital de su familia y comunidad.

A lo largo de su carrera estelar, Crawford Gates fue compositor y arreglista; grabó bandas sonoras de películas y también dirigió las sinfonías de Beloit-Janesville, Quincy y Rockford en Illinois, donde compuso otros temas originales.

A la edad de 78 años, tras un período que vagamente puede llamarse su jubilación, Gates compuso seis sinfonías más, entre ellas, una para la National Music Fraternity en la celebración de su centenario. Escribió otras veinte piezas después de eso, además de una ópera. A los 90 años, mantuvo un horario vigoroso, escribiendo música durante cuatro horas por la mañana (desde las ocho hasta el mediodía) y dos horas por la tarde, cinco días a la semana. Antes de su muerte en 2018, a los 96 años, Gates siempre estaba trabajando en algo y, por lo general, siempre tenía seis o más piezas en proceso. «Es tan emocionante ahora como siempre lo fue», dijo, «es una actitud». Su esposa Georgia es una pianista muy talentosa, quien, a sus ochenta y tantos años, se ofrecía como voluntaria, un par de días a la semana, para tocar el piano en un centro de conferencias local. Georgia acuñó la filosofía de ambos en una frase perspicaz: «Uno necesita mantener su impulso».[20]

Me encanta esa idea: ¡Mantenga su impulso! Siga avanzando incluso si ya no tiene un trabajo o una carrera. Lo que ha aprendido puede ser muy útil y valioso para otras personas que no han tenido su experiencia. ¿Se imagina si todos los que se han jubilado de su profesión miraran a su alrededor para contribuir y compartieran, de manera voluntaria, lo que les tomó toda la vida adquirir? Si elige conscientemente vivir *in crescendo* y cree que tiene más que aprender, contribuir y hacer, qué gran diferencia podría marcar en los años venideros. El enfoque opuesto es creer que ya ha dado lo mejor de usted y que no hay nada más que ofrecer en el futuro; entonces, estaría reincidiendo y viviendo en *diminuendo*.

Cualquiera que deja de aprender es viejo, ya sea a los 20 o a los 80. Cualquiera que sigue aprendiendo se mantiene joven.

Henry Ford

En nuestra sociedad, existe la idea errónea y dañina de que, a medida que uno envejece, solo hay dos opciones: ¡trabajar o jubilarse! No tiene que ser una u otra. La tercera alternativa, *hacer una contribución*, abarca las dos anteriores. Este es el cambio de paradigma que propongo en esta etapa crucial. Imagínelo así:

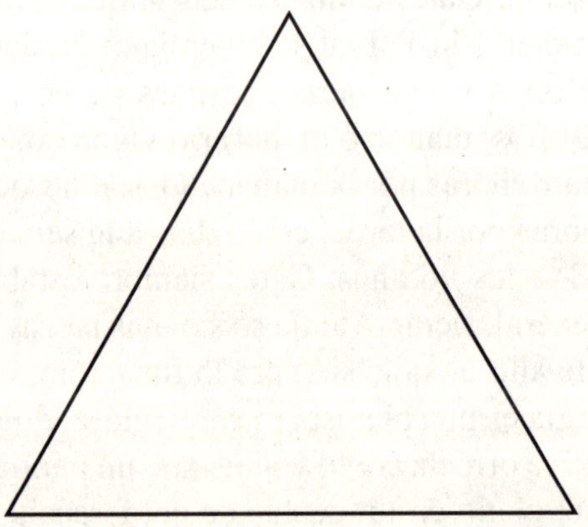

Cuando veo la palabra «jubilación» solo pienso en mirar hacia atrás, mirar hacia abajo, someterse, retirarse. Sin embargo, la *mentalidad crescendo* es lo contrario: ¡es vivir *accelerando*, es decir, *acelerar!* Cuando usted acelera, naturalmente, no tiene tiempo para mirar hacia atrás o hacia abajo; debe mirar hacia adelante, siempre, y hacia arriba, manteniéndose enfocado, como un láser, con los ojos al frente, para lograr que algo suceda.

En lo personal, me inspiran dos grupos de personas en esta *segunda mitad* de la vida. Hay quienes se han «jubilado» o han dejado sus trabajos diarios, pero que todavía trabajan en proyectos importantes y contribuyen de otras maneras. También hay quienes no se han «jubilado» a la edad tradicional, pero siguen trabajando a los 70, a los 80 y hasta a los 90. El factor común es que ambos grupos todavía quieren *contribuir*, con el objetivo de lograr un trabajo importante que aún está por delante. Estas personas pueden o no haber hecho grandes cosas en sus primeros años, pero ahora se levantan todos los días con el deseo de querer mejorar la vida de los demás. ¿Qué podría ser más importante que eso?

Nos ganamos la vida con lo que recibimos, pero hacemos una vida con lo que damos.
Frase atribuida a Winston Churchill

El Proyecto Longevidad

Sabemos que no es lo ideal retirarse e irse a la playa. Pero tampoco es bueno quedarse en un trabajo estresante y aburrido. Necesitamos pensar en sortear estas transiciones de manera saludable.
Dr. Howard Friedman

El Proyecto Longevidad (The Longevity Project) es un fascinante estudio que se realizó durante ochenta años por los doctores en psicología Howard Friedman y Leslie Martin. Comenzó en 1921, cuando Lewis Terman, un psicólogo de Stanford, pidió a los maestros de todo San Francisco que identificaran a los niños y las niñas que tuvieran de 10 a 11 años y que fueran los más brillantes; les darían seguimiento y tal vez identificarían los primeros signos de alto potencial. Seleccionaron a 1528 menores y comenzaron a observarlos, primero cuando jugaban y luego a medida que crecían. Los entrevistaron a ellos y a sus padres con regularidad; mientras sus vidas seguían, de manera constante, durante décadas, estudiaron sus rasgos de personalidad, hábitos, relaciones familiares, influencias, genes, aptitud académica y estilo de vida.[21]

En 1956, después de 35 años de recopilación de información, Lewis Terman murió a la edad de 80 años, pero su equipo continuó con la investigación. En 1990, el Dr. Howard Friedman y su asistente graduada, la Dra. Leslie Martin, se dieron cuenta de la amplitud y la singularidad de la investigación del Dr. Terman, así que decidieron continuar donde él se había quedado. Con décadas de datos a su disposición, continuaron haciendo las mismas preguntas, analizando por qué algunos de los sujetos se enfermaban y morían, en apariencia, antes de tiempo, mientras que otros disfrutaban de salud y longevidad.

Friedman y Martin tenían la intención de estudiar los hallazgos de Terman y continuar la investigación solo durante un año. Sin embargo, terminaron trabajando veinte años más en el proyecto, hasta que publicaron sus descubrimientos en 2011. Las ocho décadas abarcadas en el Proyecto Longevidad lo hacen uno de los estudios de psicología más valiosos, únicos e importantes jamás publicados, ya que en él se siguió a un solo grupo de participantes desde su infancia hasta su muerte.

Friedman y Martin afirman que los factores genéticos ofrecen solo una parte de la explicación o del porqué algunas personas gozan de mejor salud y viven más tiempo. Algunos de los resultados cuestionan, de forma sorprendente, muchas creencias arraigadas sobre la salud, la felicidad y la longevidad. Compartimos algunos hallazgos del Proyecto Longevidad resumidos —extraídos de un artículo de *Reader's Digest*—, los cuales coinciden con la *mentalidad crescendo.*

1. La felicidad es el resultado, no la causa

«Es un hecho que las personas felices son más saludables», escribió Friedman. La gente asume que la felicidad los lleva a ser más saludables, pero eso no fue lo que hallamos. Tener un trabajo en el que te sientas comprometido; una buena educación; una relación buena y estable; estar involucrado con otras personas, todas esas cosas causan salud y felicidad».

En otras palabras, según sus hallazgos, uno puede crear su propia felicidad y escribir su propio guion si se está involucrado en ciertas cosas, y muchas de ellas están dentro de nuestro control:

- Elegir un trabajo interesante y desafiante
- Elegir una educación que mejore sus habilidades naturales
- Elegir conectar con los demás de manera positiva

Estos se combinan para crear una atmósfera de felicidad en su vida y también pueden conducir a un estilo de vida más saludable.

2. El estrés no es tan malo

«Uno siempre escucha sobre los peligros del estrés, pero las personas que estaban más involucradas y dedicadas a lograr cosas se mantuvieron más saludables y vivieron más tiempo», escribió Friedman. «No es bueno estar abrumado por el estrés, pero las personas que prosperaron fueron aquellas que no intentaron relajarse o jubilarse temprano, sino que aceptaron desafíos y fueron persistentes».[22]

Este hallazgo coincide con lo que dice el Dr. Seyle sobre el estrés beneficioso, lo importante y saludable que es experimentarlo con regularidad; en especial, durante la vejez. Cuando usted tiene cierta presión por producir o expectativas que cumplir, la sangre fluye; esto lo motivará para lograr cosas y esforzarse de una manera positiva.

En una entrevista con la Asociación Americana de Psicología, el Dr. Friedman explica:

> Existe un terrible malentendido sobre el estrés. La alteración fisiológica crónica no es lo mismo que el trabajo duro, los desafíos sociales o las carreras exigentes. A la gente se le está dando malos consejos para que disminuya la velocidad, se lo tome con calma, deje de preocuparse y se retire a Florida. El Proyecto Longevidad descubrió que aquellos que trabajaban más duro vivían más tiempo. Los individuos triunfadores, responsables y exitosos prosperaron en todos los sentidos, especialmente si estaban dedicados a cosas y personas más allá de ellos mismos.[23]

Si se queda con algo en particular de esta sección, que sea esto: aquellos que se mantienen muy comprometidos con esfuerzos significativos viven más tiempo.

3. El ejercicio físico es importante si lo disfruta

Friedman y Martin descubrieron que *obligarnos* a hacer ejercicio puede ser contraproducente. El ejercicio físico es importante, pero es aún más importante amarlo y no solo hacerlo. Además, nunca es demasiado tarde para empezar, incluso después de haber sido sedentario durante mucho tiempo. El ejercicio puede tener un gran impacto en el resto de su vida si recién comienza. Friedman explica: «Estamos hablando de la diferencia real entre las personas que se enferman y mueren a los 50 y 60 años, frente a las que prosperan hasta los 70, 80 y 90».[24]

Dick Van Dyke, cuya carrera abarca casi siete décadas, hace un esfuerzo consciente por ir al gimnasio y hacer ejercicio todos los días, le apetezca o no. «En el momento en que te quedas sin actividades y algo que hacer, te empiezas a oxidar», dice el actor. «La gente acepta todas las enfermedades asociadas con la edad con demasiada facilidad. Dicen: "Bueno, ya no puedo hacerlo, ni modo". Pero la verdad del asunto es que ¡sí se puede! Nunca es demasiado tarde. Una persona de 90 años puede levantarse, comenzar a moverse un poco y se sorprenderá de lo que sucede». En 2018, cuando Dick Van Dyke tenía 93 años, deleitó a sus fanáticos al extender su carrera como actor: apareció en *Mary Poppins Returns (El regreso de Mary Poppins)*, evidencia de que, en definitiva, practica lo que predica.[25]

Siempre he creído que uno tiene que mantener su cuerpo en movimiento y comer sano la mayor parte del tiempo si quiere obtener los mejores resultados. Mantener su cuerpo en forma refleja la *ley de la cosecha*: uno cosecha lo que siembra. Es importante tomarse un tiempo para *afilar la sierra* diariamente (como he llamado al *7.º hábito*), lo cual significa aumentar la motivación, la energía y el equilibrio trabajo/vida, practicando principios de autorrenovación balanceada. A lo largo de los años, he descubierto que si mantengo mi rutina matutina de andar en bicicleta estática y leer literatura inspiradora, además de mantenerme en forma, me siento motivado para seguir mejorando y alcanzar mis metas personales.

4. Lo acelerado no, lo meticuloso sí

El Proyecto Longevidad reveló algunos secretos sorprendentes. «La clave de una larga vida es algo que nunca hubiéramos esperado: la *meticulosidad*», escribió Friedman. «Nuestros estudios sugieren que una sociedad con ciudadanos más conscientes y orientados a objetivos, bien integrados en sus comunidades probablemente sea lo más importante para la salud y para una vida larga. Estos cambios implican alteraciones lentas, paso a paso, que se desarrollan a lo largo de muchos años».[26]

Y no se trata de ser meticuloso solo en su propia vida y carrera, sino también en sus relaciones significativas; eso es lo que puede extender su vida. El Dr. Friedman explica más a detalle:

> Como *baby boomer*, naturalmente, pienso con anticipación en lo que debería estar haciendo en la siguiente fase de la vida. Por fortuna, tal cuidadosa consideración es una parte clave de lo que llamamos «el camino correcto». Este trayecto lo realiza el individuo de tipo concienzudo, con buenos amigos, trabajo significativo y un matrimonio feliz y responsable. La planificación cuidadosa y la constancia, puestas en sus carreras o sus relaciones, logran una vida larga, de forma natural y automática, incluso cuando surgen desafíos. Irónicamente, estos triunfadores persistentes, prudentes, con familias y redes sociales estables, suelen ser los más preocupados por lo que deberían hacer para mantenerse saludables. Pero ya lo están haciendo.[27]

5. Siga involucrado en un trabajo significativo conforme envejezca

Ya que la esperanza de vida ha aumentado y la gran generación de la posguerra ahora está empezando a envejecer, las personas mayores del país superan en número a los niños en edad preescolar (dos por cada niño). Susan Perlstein, fundadora del National Center for Creative Aging (Centro Nacional para el Envejecimiento Creativo), dice que las personas mayores deben participar continuamente en actividades y comunidades, con el fin de optimizar su salud emocional y física: «Cuando uno se involucra en la expresión creativa, en realidad mejora la salud. La enfermedad mental número uno para los adultos mayores es la depresión. Eso es porque la gente no tiene cosas significativas y con un propósito que hacer», dice Perlstein.[28]

Este importante hallazgo refuerza la idea principal de esta sección: que vivir la *mentalidad crescendo*, en específico, en la *segunda mitad* de la vida, no solo promueve un mayor propósito y significado en su vida, también tiene el potencial de aumentar su duración y calidad.

En 1997, a los 62 años, Julie Andrews se sometió a una cirugía para extirpar un quiste no canceroso que dañó, de forma permanente, sus cuerdas vocales y la dejó incapaz de usar su voz para cantar de nuevo. Ella admitió: «Entré en una depresión, sentí que había perdido mi identidad».[29] Antes de eso, había sido una figura legendaria en la industria del entretenimiento; era reconocida por su hermosa voz de soprano con un rango vocal de cuatro octavas, tanto en Broadway como en el West End de Londres, y por películas icónicas de Hollywood como *Mary Poppins* y *La novicia rebelde (The Sound of Music)*.

Andrews dijo que, al principio, estaba en total negación, pero luego sintió que tenía que hacer algo. «Lo que digo en *La novicia rebelde* es cierto… una puerta se cierra y una ventana se abre». Esto la obligó a desarrollar otras salidas creativas y comenzó a escribir varios libros infantiles, con su hija Emma. Con el tiempo, coescribieron más de veinte, incluido el éxito *The Very Fairy Princess* (El hada princesa). Trabajar con niños y niñas le dio a su vida una dirección totalmente diferente y atrajo la atención de una nueva generación.

De no haber perdido su voz para cantar, «nunca habría escrito tal cantidad de libros. Nunca habría descubierto ese placer». También le dio una nueva identidad, diferente a la anterior, pero aún gratificante.[30] A los 84 años, ya había escrito una segunda memoria, una que abarcaba sus años en Hollywood. Hoy en día, Julie Andrews sigue descubriendo que aún tiene importantes trabajos y contribuciones por delante.[31]

Cuando una puerta de felicidad se cierra, otra se abre,
pero muchas veces miramos tanto tiempo la puerta
cerrada que no vemos la que se ha abierto para nosotros.
HELEN KELLER

6. Mantenga una red social sólida

Cuando, en una entrevista del *New York Times*, le preguntaron a Friedman cuál era el factor social más fuerte de una vida larga, su respuesta fue clara: una red social sólida. Es lo que pasa en el efecto viudez: las viudas sobreviven a los viudos, porque «las mujeres tienden a tener redes sociales más sólidas» y si bien «los genes constituyen alrededor de un tercio de los factores que conducen a una larga vida, los otros dos tercios tienen que ver con el estilo de vida y la suerte», comentó Friedman.[32]

He descubierto que las personas que todavía están activas y contribuyendo en sus 70, 80 y 90 años reconocen la importancia de mantener las amistades vivas y en crecimiento constante. Escuché sobre un grupo de mujeres mayores que han sido amigas desde la escuela primaria y que formaron un «Club de amistad» en la secundaria. Desde entonces, se han reunido todos los miércoles por la noche para mantenerse al tanto de sus vidas, comer juntas, hacer alguna manualidad o completar un proyecto de servicio juntas. Este club ha sido su salvavidas, ya que muchas han lidiado con los altibajos normales de la vida, desde problemas de salud hasta la pérdida de sus parejas. La conexión semanal no solo ha preservado su amistad, sino que les ha proporcionado una razón para seguir adelante.

En la publicación *Medicine*, de la Biblioteca Pública de Ciencias, los profesores Julianne Holt-Lunstad y Timothy Smith han dado a conocer un estudio sobre la influencia y el poder de las relaciones en la vida de las personas, con hallazgos sorprendentes. Su investigación mostró que las relaciones saludables mejoran las probabilidades de supervivencia en un 50%. Durante siete años y medio, estos investigadores midieron la frecuencia de interacción humana, rastrearon los resultados de salud y analizaron datos de 148 estudios longitudinales publicados antes. Descubrieron que no tener conexiones dinámicas tiene casi el mismo impacto en la longevidad que fumar 15 cigarrillos al día o ser alcohólico; igualmente, que es incluso más dañino que no hacer ejercicio y dos veces más dañino que la obesidad.

«Y este efecto no se limita a los adultos mayores», dijo Smith. «Las relaciones brindan un nivel de protección en todas las edades. Damos las relaciones por sentado como seres humanos, pero la interacción constante no solo es beneficiosa psicológicamente, sino que afecta de forma directa nuestra salud física».[33]

Friedman resumió sus hallazgos de la siguiente manera:

«Los encuestados del estudio a los que les fue mejor en la lotería de la longevidad, normalmente tenían:

- Un nivel bastante alto de actividad física
- El hábito de retribuir a la comunidad
- Una carrera próspera y duradera
- Un matrimonio y una vida familiar saludables».

Si las personas estaban involucradas, trabajaban duro, tenían éxito, eran responsables —sin importar en qué campo estuvieran—, era más probable que vivieran más tiempo.

Los que vivieron más tiempo:

- Permanecieron activos y productivos a través de todas las edades y etapas de la vida, y también a medida que envejecían.
- Encontraron maneras de mantenerse socialmente conectados e involucrados en un trabajo significativo.[34]

En otras palabras, estas personas longevas habían ampliado en gran medida su círculo de influencia no solo para incluir a otros, sino también para beneficiarse a sí mismos. También se puede encontrar más evidencia en el estudio Work in Retirement: Myths and Motivations (Trabajo en la jubilación: mitos y motivaciones), realizado por Merrill Lynch y la firma de investigación Age Wave, que examinó cómo los estadounidenses mayores están cambiando la demografía de la fuerza laboral. «Jubilación» solía significar el final del trabajo, pero este estudio descubrió que la mayoría de las personas ahora continuarán trabajando después de jubilarse, a menudo de formas nuevas y diferentes.

Casi la mitad (47%) de los jubilados de hoy dicen que han trabajado o planean trabajar durante su jubilación. Un porcentaje aún mayor (72%) de prejubilados mayores de 50 años dice que quiere seguir trabajando después de jubilarse. La Oficina de Estadísticas Laborales informó que 32.7 millones de personas mayores de 55 años estaban empleadas en septiembre de 2014, un gran aumento respecto de los 21.7 millones que trabajaban, a la misma edad, hace apenas diez años.

Los motivos de este cambio son variados. La percepción de la vejez ha cambiado, dando como resultado lo que el estudio llama una «revisión de la vida posterior». El aumento de la esperanza de vida, junto con una mejor salud general, durante los últimos años, también ha hecho que trabajar más tiempo sea una opción más viable.

Este estudio histórico, basado en una encuesta a 1 856 jubilados que trabajan y a casi 5 000 prejubilados y jubilados que no trabajan, disipa cuatro conceptos erróneos sobre la jubilación, los cuales veremos a continuación.

Mito 1: Jubilarse significa dejar de trabajar

Realidad: siete de cada diez prejubilados, o más, dicen que quieren seguir trabajando cuando se jubilen. Si dependiera de mí, en el futuro, sería más usual que las personas mayores trabajen y no que se jubilen.

Mito 2: La jubilación es una etapa de decadencia

Realidad: la nueva generación de jubilados que trabajan está teniendo, por primera vez, una jubilación más comprometida y activa; el nuevo entorno laboral de jubilación consta de cuatro fases diferentes: (1) prejubilación, (2) interrupción de la carrera, (3) reincorporación y (4) ocio.

Mito 3: Los jubilados que trabajan lo hacen principalmente porque necesitan el dinero

Realidad: este estudio identificó cuatro tipos de jubilados que trabajan: triunfadores impulsados, contribuyentes solidarios, balanceadores de vida y asalariados serios. Si bien algunos trabajan sobre todo por dinero, muchos más están motivados por razones no financieras:

- 65% lo hace para mantenerse mentalmente activo
- 46% lo hace para mantenerse activo físicamente
- 42% por conexiones sociales
- 36% por un sentido de identidad o valor propio

- 31% para tener nuevos desafíos
- 31% por el dinero

Mito 4: Las ambiciones profesionales son para los jóvenes

Realidad: tres de cada cinco jubilados se atreven a entrar a una nueva línea de trabajo; los jubilados que trabajan tienen tres veces más probabilidades de ser empresarios exitosos que los prejubilados.

Muchos se dieron cuenta de que la experiencia acumulada en sus años profesionales era demasiado valiosa como para guardarla y no usarla solo porque cumplieron 65 años.[35]

Existe la oportunidad de trabajar más allá de la edad típica de jubilación, pero es importante planificarlo. Aquellos que están bastante saludables y tienen el deseo de trabajar hasta los 70, 80 e incluso 90 años, tienen muchas ventajas, mucho que ofrecer con su experiencia y conocimientos adquiridos a lo largo de la vida, algo que el Proyecto Longevidad documenta y que el estudio de Merrill Lynch con Age Wave respalda.

Uno no se jubila del servicio

Aunque usted se jubile de un trabajo o carrera, nunca debe jubilarse del servicio. Nunca debe jubilarse de hacer contribuciones en su familia, vecindario y comunidad, de servir en su iglesia, escuela local, en una organización benéfica, tampoco de apoyar alguna gran causa que lo necesite como voluntario. Nunca debe jubilarse de responder con sensibilidad a las muchas necesidades de aquellos en su *círculo de influencia*. Tampoco crea que tiene que viajar a algún lugar lejano para hacer esto. En pocas palabras, mire a su alrededor, vea la necesidad y responda.

A los 77 años, Hesther Rippy se mudó de Texas a Lehi, Utah, con el objetivo de consentir a sus nietos que vivían cerca. También porque encontró una gran causa con la que podía ayudar, justo ahí en su nuevo vecindario: mejorar la alfabetización. En lugar de abrumarse pensando qué podría lograr alguien de su edad, se concentró en lo que podría hacer para ayudar a los niños a alcanzar su potencial.

Hesther se sorprendió al descubrir que, en el área donde vivía, casi el 30% de los estudiantes de primaria leían por debajo del nivel que debían tener en su respectivo grado. Convenció al alcalde para que le diera una silla, un escritorio y una computadora, y terminó trabajando en una bodega de buen tamaño, en el Centro de Arte de la ciudad. Organizó una recaudación de fondos para comprar libros, reclutó a algunos voluntarios y, de forma gratuita, comenzó a enseñar a niños (y adultos) a leer. Con persistencia, Hesther pronto logró que los autobuses escolares llevaran a los niños al centro, mientras estudiantes de secundaria y otros voluntarios le prestaron apoyo para la instrucción.

Hesther trabajó duro y fue en extremo persistente para obtener lo que imaginaba para el programa de alfabetización, hasta el punto en que los miembros del concejo municipal bromeaban diciendo que empezarían a esconderse de ella cuando asistiera a las reuniones. «Ella nunca acepta un "no" por respuesta», se quejaron con humor.

Años más tarde, gracias a sus esfuerzos y al apoyo de la ciudad, se le otorgó el ala oeste de la biblioteca de la ciudad, donde se estableció oficialmente el Centro Literario Hesther Rippy. De 1997 a 2014, Hesther organizó que ahí se ayudara a leer mejor a niños y adultos, ofreciendo el servicio de forma gratuita; también podían acudir para mejorar sus habilidades en matemáticas, informática y lenguaje. Ya que era una apasionada de la alfabetización, Hesther impulsó la idea inspiradora de que «los lectores se vuelven líderes». Comentaba a sus voluntarios que entre más se involucra uno en ayudar a los niños a aprender, más quiere uno ayudar.[36]

Entre otros premios por su servicio, Hesther Rippy ganó el Premio Presidencial al Servicio Voluntario, por más de 4000 horas de servicio, y el premio L'Oréal Paris Women of Worth. En 2003, el presidente George W. Bush la honró como una «Fuente de luz». Su centro literario ha sido modelo para otras ciudades y escuelas primarias, en estados como Alabama, donde han tratado de duplicar lo que ella hizo en su comunidad.[37]

Para 2015, el Centro Literario Hesther Rippy había organizado a 180 tutores voluntarios (con edades comprendidas entre los 8 y los 80 años) para dar clases a quinientos niños que asistían dos veces por semana. El centro cuenta con más de setecientos alumnos en el programa anual de tutorías de verano, que brinda sin costo alguno. También patrocina un programa de intervención temprana de lectura, con el que enseñan a leer a los niños en edad preescolar, para que estén más preparados cuando comiencen la escuela.

Después del fallecimiento de Hesther, a los 87 años, el centro sigue honrando su legado: durante todo el año, en cualquier momento, de 75 a cien tutores voluntarios atienden a aproximadamente cuatrocientos estudiantes. Al momento de escribir este libro, el Centro Literario Hesther Rippy había ayudado a más de 300 000 personas a aprender a leer.[38] Qué hermoso ejemplo de participación activa, en un trabajo significativo y de transición, a través de la contribución.

Hesther siempre afirmó que su verdadera recompensa era cuando a sus alumnos se les prendía el foco y entendían de qué se trataba la lectura. Esta pasión se tradujo en ayudar a decenas de miles a romper el ciclo del analfabetismo generacional y a alcanzar su potencial académico. Su importante trabajo continúa incluso después de que ella misma ya no está disponible para hacerlo, lo que es un testimonio de su legado.

Lo que viene es mejor que lo que se fue.
PROVERBIO ÁRABE

Desde luego, no tiene nada de malo disfrutar de un tiempo de inactividad muy bien merecido, en especial cuando uno ya no está trabajando de tiempo completo. Esta etapa de la vida es el momento perfecto para hacer todas las cosas que usted siempre quiso hacer, pero para las que nunca tuvo tiempo. Como dije, siempre he sido un gran creyente de *afilar la sierra*: tomarse el tiempo para renovar el cuerpo y la mente a través de actividades relajantes. Es vital no solo trabajar duro, sino también disfrutar al máximo. A nuestra familia le encanta ir a una cabaña cada año; ahí podemos relajarnos y disfrutar juntos de un tiempo de tranquilidad, en un entorno hermoso, sin las presiones del trabajo o de un horario exigente. Esta tradición enriquece nuestras relaciones familiares y nos regenera.

Sin embargo, usted puede hacer tiempo para las cosas que no ha podido hacer y, aun así, encontrar tiempo para proyectos significativos que contribuyan a los demás y que a usted le brinden alegría. En definitiva, hay que esforzarse para lograr ese equilibrio. Sin embargo, existe una diferencia significativa entre una persona cuyo enfoque en la vida es contribuir y alguien que quiere jubilarse únicamente para vivir una vida de ocio. Compare las historias que ha leído aquí, de aquellos que tienen la *mentalidad de contribución* (*crescendo*), con las de aquellos que tienen la mentalidad de jubilación. El mensaje a las personas mayores, promovido por la industria de viajes y muchas de las normas de nuestra sociedad, parece ser de pasividad, no exige ni espera mucho de ellos. Los complejos hoteleros nos tientan con orgullo y anuncian: «¡Retiro! Has trabajado mucho por ello. Te lo mereces. ¡Por fin puedes relajarte y no hacer nada!».

Todos hemos escuchado la frase: «¡Ya lo viví, ya lo vi, ya lo sé!». De hecho, es posible que pueda aplicarla a su carrera, pero ¿acaso ya no hay nada significativo e importante que pueda hacer ahora? Obviamente, nadie lo criticará por dejar el trabajo de tiempo completo para disfrutar de algunos viajes, actividades relajantes y más tiempo ininterrumpido con familiares y amigos. Pero si este nuevo estilo de vida se convierte en su principal prioridad y lo consume por completo, no se sorprenda si siente que su vida carece de propósito. No hay nada malo con el golf, ¡pero hay mucho más por hacer! En especial cuando tiene más tiempo, experiencia, habilidades y sabiduría para ofrecer que nunca. Así que, adelante, juegue al golf… pero involúcrese en algo significativo también.

En contraste con la típica mentalidad de jubilación, la *mentalidad crescendo* requiere de un «cambio de paradigma» en su forma de pensar. Esta mentalidad debe cultivarse al inicio de su carrera. Cualquiera que sea la etapa de la vida en la que se encuentre ahora, si puede visualizar su vida después de los 65 años con este nuevo paradigma, entonces puede prepararse, anticipar un momento de contribución activa, o de satisfacción significativa, y no solo un período de ocio egoísta. Recuerde: estará modelando el comportamiento que seguirán sus hijos y nietos.

Para empezar, adopte la *mentalidad crescendo* siguiendo estos criterios:

1. *Necesidad/Conciencia:* Identifique una necesidad a su alrededor, como lo hizo Hesther Rippy. Pregúntese: ¿Dónde puedo marcar una diferencia? ¿Qué me pide la vida? Luego, escuche en lo profundo de su conciencia; ahí encontrará la inspiración para elegir un proyecto o causa en particular, y ayudar a ciertas personas a las que solo usted puede llegar. Hay muchas necesidades y problemas en las comunidades

de todas partes; usted puede ayudar de una manera importante si decide involucrarse. Mire a su alrededor, evalúe dónde se le necesita y responda a esa necesidad —leer en una escuela primaria que no se da abasto, recolectar comida o ropa para la comunidad, trabajar como voluntario durante el período de elecciones, ayudar a embellecer un vecindario abandonado, orientar y apoyar a una familia de refugiados para que puedan establecerse con éxito en su comunidad o qué tal brindar apoyo práctico a su hija, quien atraviesa un divorcio difícil, y estar presente para sus nietos—. Encontrará muchas necesidades y oportunidades a su alrededor a medida que se vuelva más sensible y consciente. Es posible que ya sienta o sepa en qué debe involucrarse. Puede ser útil desarrollar una *declaración de misión personal* que lo guíe durante este período de la vida.

2. *Visión/Pasión:* Su visión y pasión son muy necesarias porque sus experiencias de vida son únicas. ¿Qué ha aprendido al criar una familia, administrar un negocio o trabajar en una profesión en particular? A lo largo de su vida, ha lidiado con todo tipo de personas y problemas, ha encontrado soluciones y administrado sus relaciones; todo esto le ha brindado visión y perspicacia. Ahora, puede compartir estas virtudes con personas que carecen de confianza o dirección, o que necesitan un mentor o un buen ejemplo en sus vidas. Descubra dónde radica realmente su pasión —lo que le importa de manera profunda— y aplíquela donde pueda marcar la diferencia. Compartir lo que sabe y lo que siente puede hacer mucho bien.

3. *Recursos/Talentos:* Utilice los valiosos recursos a su disposición —su tiempo, talentos, oportunidades, habilidades, experiencia, sabiduría, información, dinero, deseo— para marcar la diferencia. Qué gran oportunidad de hacer algo que en realidad importará y le dará sentido a su vida. ¿Por qué no aprovechar la oportunidad de servir sin otra recompensa para usted que el gozo de ver resultados positivos en otra persona? Imagine lo gratificante que sería eso. Después de toda una vida de trabajo y aprendizaje, tiene más para compartir de lo que cree; solo es cuestión de ofrecer sus recursos, tiempo y habilidades únicas. Qué diferencia podría hacer para aquellos que lo necesitan.

4. *Ingenio/Iniciativa:* Su ingenio e iniciativa pueden llevarlo lejos en esta etapa de la vida si es listo, consciente y actúa. Comience a involucrarse haciendo preguntas, investigando las necesidades y, luego, convirtiéndose en un recurso para trabajar en soluciones inteligentes que lo involucren no solo a usted, sino también a otros a su alrededor. Piense de forma creativa y encontrará infinitas oportunidades para servir. Podría llevar comida a un recluso, donar libros a una escuela primaria, hacer colchas para un hospital infantil, dar dinero de forma anónima a alguien que lo necesite, hacer trabajos de jardinería en la casa de una persona mayor, visitar a un amigo olvidado, prestar sus servicios profesionales voluntariamente en un evento de apoyo para personas sin hogar, escribir una carta de aliento a un miembro de la familia que lucha contra las adicciones, visitar a alguien que atraviesa una crisis de salud, dar la bienvenida y orientar a una nueva familia en su vecindario... ¡Las posibilidades de bendecir y servir son infinitas y emocionantes! ¡Solo salga a trabajar y marque una diferencia! Se sorprenderá de lo que puede hacer con un poco de *doble I.*

¡Úsame, Dios! Muéstrame cómo tomar lo que soy,
lo que quiero ser y lo que puedo hacer,
y usarlo para un propósito mayor.
OPRAH WINFREY

La mentalidad de vivir *in crescendo*, al cambiar su enfoque —de trabajar en una carrera a trabajar para contribuir de manera significativa—, cambia la vida. Se puede adoptar en cualquier etapa, desde los 30 hasta los 60, con el fin de que esté usted preparado para vivirla de ahí a los 90 años o más allá. La satisfacción y la felicidad que experimentará al hacer contribuciones positivas a la vida de los demás será una gran bendición en la *segunda mitad* de su vida.

No es frecuente que una persona pueda crear
oportunidades para sí misma. Pero sí puede ponerse en
forma, de tal manera que, cuando se presente la
oportunidad, si es que se presenta, esté lista.
THEODORE ROOSEVELT

La infancia de Pamela Atkinson, azotada por la pobreza en Inglaterra, la ayudó a desarrollar una empatía especial por los menos afortunados. Su padre corría galgos y apostaba. Abandonó a su familia después de perder todo su dinero, dejando a su madre sola, con cinco hijos en una casa horrible, infestada de ratones y sin plomería. La mujer no tenía mucha educación, por lo que tuvo que trabajar largas y duras horas en un trabajo mal pagado para mantener a la familia. Pamela recuerda haber tenido que cortar cuadrados de papel periódico para usarlos como papel higiénico y poner cartón en sus zapatos para tapar los agujeros.

Cuando Pamela tenía unos 14 años, se dio cuenta de que la escuela era la puerta de entrada para escapar de la pobreza; estaba decidida a obtener una buena educación para poder tener un trabajo mejor pagado y más opciones que su madre. No fue fácil, pero trabajó duro y obtuvo un diploma de enfermería en Inglaterra. De inmediato, puso en práctica sus nuevas habilidades en Australia, trabajando con aborígenes durante dos años. Luego, viajó a Estados Unidos para obtener una licenciatura en Enfermería, en la Universidad de California, y una maestría en Educación y Negocios, en la Universidad de Washington.

Posteriormente, Pamela usó sus habilidades en el rubro de la administración de hospitales y luego como vicepresidenta de servicios de misión en Intermountain Healthcare, especializándose en ayudar a personas de bajos recursos y sin seguro. Aquí fue donde descubrió su misión de ayudar a los pobres.

Después de que se jubiló de Intermountain Healthcare, se ofreció como voluntaria de tiempo completo para ayudar a los pobres y las personas sin hogar. Ha prestado sus servicios incansablemente, durante más de 25 años. Incluso hoy, su automóvil está lleno de sacos de dormir, kits de higiene, ropa abrigadora y alimentos, destinados para cualquier persona que los necesite. Se ha desempeñado en 19 juntas comunitarias y, durante la mayoría de las sesiones legislativas, se le puede encontrar en el capitolio estatal, hablando con legisladores sobre formas de ayudar a las personas desatendidas. Ha sido valiosa asesora de tres gobernadores. El dinero que recibe por su trabajo en estos concejos es lo que ella llama «el fondo con el que Dios quiere que ayude a otros»: lo usa para comprar medicamentos, boletos de autobús, ropa de invierno, calcetines, ropa interior, pagar facturas de servicios públicos, lo que sea necesario.[39]

Pamela sabe que incluso los pequeños actos de servicio ayudan a cambiar vidas. Un hombre pasó un año acampando con otras personas sin hogar. Pamela lo visitó todas las semanas durante meses, pero finalmente, perdió el contacto con él cuando se disolvió el campamento. Un año después, en un centro de rehabilitación para alcohólicos, un hombre pulcro, vestido con una chaqueta deportiva, se le acercó. Era el mismo hombre de antes, quien había reconstruido su vida y estaba trabajando allí, ayudando a otros a superar su adicción.

«¿Recuerda ese frío día de invierno, cuando ninguno de nosotros tenía guantes?», le preguntó. «Usted fue a una tienda a comprarnos un par a cada uno?». Luego le contó que su autoestima era muy baja en ese momento, pero en el fondo de su mente, pensó: «Debes valer algo. ¡Alguien te compró un nuevo par de guantes!». A la larga, ese único acto de bondad lo motivó a cambiar; se quedó con los guantes como un recordatorio de que hay gente que en verdad se preocupa por los demás. «Nunca sabes qué acción de tu parte puede afectar la vida de alguien», dice Pamela. «Nunca debemos subestimar el poder que tiene incluso una pequeña cantidad de empatía».[40]

A lo largo de los años, ella ha aprendido mucho sobre cómo defender mejor a las personas que a veces son invisibles para la sociedad. Ahora, con más de 70 años —en los llamados «años de jubilación»—, no tiene intención de detenerse. En un artículo de la revista *Forbes*, de Devin Thorpe, Pamela comparte algunos aspectos importantes que nosotros también podríamos usar dentro de nuestro propio *círculo de influencia*:

1. *Las cosas pequeñas pueden marcar una diferencia.* A lo largo de sus años de trabajo con los pobres, Pamela ha aprendido que el servicio no siempre tiene que ser enorme para marcar la diferencia. Una vez visitó a una familia de bajos ingresos y descubrió que estaban desanimados porque no tenían agua, jabón, champú ni artículos de tocador. Ella les dio un kit de higiene que tenía en su auto y que había sido donado por los miembros de su iglesia; además, volvió a encender el gas para que la familia pudiera tener agua caliente para bañarse. Lo agradecidos que estaban le demostró a Pamela que las cosas pequeñas son a menudo las más grandes.

2. *El tacto y una sonrisa tienen poder.* Años atrás, cuando Pamela sirvió la cena en el Ejército de Salvación, el alcalde le dijo que salu-

dara a las personas con una «sonrisa cálida y un apretón de manos cordial». Él le dijo que algunas personas sin hogar seguro no habían sido tocadas por otra persona en toda la semana. Ella nunca ha olvidado la lección, por lo que se asegura de dar un saludo amistoso, una sonrisa genuina y un apretón de manos a quienes sirve. «No creo que debamos subestimar el poder de la empatía», dijo. «He visto cómo algo pequeño, como un abrazo o una sonrisa, puede cambiar la vida de alguien».

3. *Los voluntarios hacen la diferencia.* La primera vez que Pamela se ofreció como voluntaria para servir la cena de Navidad a personas sin hogar en Seattle, se sorprendió al ver lo agradecidas que estaban. Aprendió cuán cruciales son los voluntarios para poner en marcha tantos programas; sus habilidades y deseo de ayudar son justo lo que se necesita. Su influencia es inspiradora y su visión del voluntariado es contagiosa. En una recaudación de fondos para la organización Boys and Girls Club, comentó: «Todos tenemos dentro de nosotros el poder para marcar la diferencia en la vida de otras personas».

4. *Use su fe como una influencia y un recurso positivo.* Pamela a menudo se siente guiada y dirigida por una mano divina; cree que su fe es una gran influencia y fortaleza en su trabajo. «El Señor tenía un plan para mí», confiesa. «Tengo la fuerte convicción de hacer algo que marque la diferencia; eso es lo que estaba destinada a hacer».

5. *La colaboración es clave.* Pamela menciona las *tres c* importantes para el servicio: *coordinar, cooperar* y *colaborar.* Basándose en la primera experiencia que encendió su voluntariado hace años, ella aún organiza una cena de Navidad donde le da de comer a mil personas sin hogar. Hubo un año en el que ella servía en la Iglesia presbiteriana, pero la cena de Navidad anual se llevó a cabo en el Centro St. Vincent de Paul, perteneciente a la comunidad católica, mientras que la donación de ochocientos filetes y doscientos hot dogs para la ocasión la hizo la Iglesia de Jesucristo de los Santos de los Últimos Días. ¡Fue una verdadera colaboración!

6. *Todos pueden hacer algo.* Hablando con un grupo de personas, Pamela les aseguraba que podían marcar una diferencia real en la

vida de los demás simplemente haciendo lo mejor que pudieran hacer por ellos. Una mujer mayor le dijo que estaba equivocada: «Tengo 80 años, rara vez salgo de casa y tengo un ingreso limitado, entonces, ¿cómo puedo hacer una diferencia?». Pamela preguntó si podía aportar una sola lata de sopa a la semana al banco de alimentos. Le dijo que cerrara los ojos y se imaginara a una madre soltera en la pobreza, alimentando a sus hijos con la sopa que ella había donado, que se imaginara a los niños acostándose sin tener hambre. Le preguntó si pensaba que esa contribución haría una diferencia en sus vidas. Esta mujer comenzó a donar una lata de sopa cada semana y, después de varios años, proporcionó cientos de comidas para personas que habrían pasado hambre si ella no hubiera ayudado.[41]

Pamela recuerda la noche en que, siendo niña, en Inglaterra, acostada con sus dos hermanas en la misma cama, amontonadas, se prometió a sí misma que se casaría con un hombre rico, para nunca tener nada que ver con los pobres. Se convirtió en una verdadera *persona de transición*, poniendo fin al ciclo de pobreza con su familia, en lugar de pasarlo a la siguiente generación. Sin embargo, ahora, décadas después, es su amor por los pobres y las personas sin hogar lo que ha hecho que la vida de Pamela Atkinson sea rica. Ha cerrado un ciclo.

Todos estamos conectados en esta vida y debemos buscar oportunidades para marcar una diferencia en la vida de los demás, lo que a su vez marca una diferencia en la nuestra.

PAMELA ATKINSON

Grandeza primaria

En mi libro *El 8.º hábito*, explico una característica que llamo *grandeza primaria*. En contraste con la *grandeza secundaria*, que es popularidad, título, posición, fama y honores, la *grandeza primaria* es quién eres realmente: tu carácter, tu integridad, tus motivación y deseos más profundos. Y aunque la *grandeza primaria* a menudo puede no figurar en los titulares, tiene mucho que ver con el carácter y las contribuciones de las Pamela Atkinson del mundo.

La *grandeza primaria* es una forma de vivir, no un evento de una sola vez. Ella dice más sobre quién es una persona que lo que tiene. Se revela más por la bondad que irradia un rostro que por medio del título de una tarjeta de presentación. Habla más acerca de los motivos de las personas que acerca de sus talentos; más sobre hechos pequeños y simples que sobre logros grandiosos.

Usted no tiene que ser el próximo Gandhi, Abraham Lincoln o la próxima Madre Teresa para exhibir la *grandeza primaria*. Theodore Roosevelt lo expresó de la manera más sucinta que he escuchado:

Haga lo que pueda con lo que tenga y donde esté.

Me encanta la sencillez de esa idea. En otras palabras, lo que sea que tenga en este momento para ofrecer a quienes lo rodean es exactamente lo que se necesita. Solo haga lo que pueda y eso será suficiente. Si mira a su alrededor, verá que ya tiene las herramientas: identifique una necesidad y responda. Aquí hay algunos ejemplos cotidianos de personas comunes que aplican la *mentalidad crescendo* en esta etapa de la vida, utilizando habilidades y talentos natos, y que recibieron tanta alegría como aquellos a quienes sirvieron. Espero que esto genere algunas ideas creativas de lo que puede hacer dentro de su propio *círculo de influencia*.

Pantuflas para huérfanos. Mimi nunca fue la clase de persona que puede quedarse sentada sin hacer nada. Incluso a los 85 años, constantemente tejía pantuflas y las regalaba a su familia y amigos. Cuando su sobrina nieta, Shannon, se ofreció como voluntaria para trabajar en un orfanato en Rumania, durante el verano, Mimi se puso a trabajar e hizo más de cien pantuflas y algunos coloridos tapices para que se los llevara. Cuando Shannon llegó, encontró el orfanato aburrido y en mal estado, por lo que los coloridos tapices iluminaron al instante el espacio; les dieron a los niños algo interesante para mirar, además de las paredes desnudas y austeras. Shannon se alegró de poder regalar las pantuflas a los huérfanos que tenían muy poco. Le dio un par a una niña de 10 años, cuyos ojos se iluminaron cuando las sostuvo, y le dijo: «Acabo de cumplir años y no recibí nada. ¡Este puede ser mi regalo!».[42]

El Hombre Bicicleta. Cuando sus familiares llegaron al funeral de Reed Palmer, se sorprendieron al ver, alineadas contra el costado de la iglesia, muchas bicicletas de niños. Esto decía mucho de ese hombre cariñoso, a quien toda la comunidad salió a honrar. Para los niños del vecindario, Reed Palmer era conocido como el Hombre Bicicleta; él creía que cada niño debería tener una propia, por lo que seguido reparaba bicicletas viejas o usaba sus recursos para comprar una nueva para quien lo necesitara. Cada que le daba una bicicleta a un niño, Reed lo disfrutaba tanto como él. «Y si todo el mundo hubiera sabido de sus buenas acciones», dijo su amigo y vecino Earl Miller, «habría miles de bicicletas formadas allí».[43]

Ningún acto de bondad, por pequeño
que sea, es un desperdicio.
Esopo

La sala de salvamento. Durante varios años, un grupo de mujeres —en su mayoría de entre 75 y más de 90 años— del Centro de Jubilados de Seville ha estado trabajando todas las mañanas y, a menudo, hasta la tarde, enriqueciendo las vidas de miles de niños en todo el mundo. Su lema, «No tengo más manos que las tuyas» (de la Madre Teresa), está colgado en el tablero de anuncios junto a los artículos que del mes. Norma Wilcox, de 87 años, que destila personalidad e iniciativa, es la fundadora de este grupo de bienhechoras que nació en 2006. Trabajan todos los días, excepto los domingos, cosiendo colchas para bebés (unas 35 colchas al mes), cobijas, peluches, muñecas, vestidos, pantalones, pantuflas y pelotas de juguete. También arman kits para recién nacidos y asumen cualquier tarea que les asigne su centro humanitario local. En solo un año, el grupo logró enviar 7 812 artículos a lugares de todo el mundo, desde Cuba hasta Armenia, Sudáfrica, Mongolia y Zimbabue. Todo por niños que nunca conocerán.

«¡Me enoja que la gente diga que somos demasiado viejas para ayudar!», explicó Norma. «Solo queremos servir hasta que muramos, y no puedo decirles cuántas han muerto en medio de nuestros proyectos… ¡y no me gusta! Mientras tanto, solo queremos divertirnos tanto como podamos».

Para este grupo, *diversión* significa coser frenéticamente y conversar entre amigos en la sala de actividades de su centro, que han convertido en una línea de producción de beneficencia. Al principio, usaron su propio dinero para el material, pero pronto se corrió la voz sobre sus proyectos y la gente comenzó a donar telas. De alguna manera, nunca se acaban: siempre que les queda poco, aparece alguien con material sobrante que tenía olvidado en su sótano. Norma es una reclutadora obstinada que persigue a todos en Seville para preguntarles: «¿No te gustaría involucrarte?». Ella McBride, de 86 años, aunque ciega, se integró para rellenar pelotas de juguete que se envían a niños en África, en un área donde no tienen juguetes.

Norma estima que más de cien personas, en su mayoría mujeres (pero algunos hombres también), han ayudado en sus grandiosos proyectos a lo largo de los años. «Norma es el genio detrás de esto e involucra incluso a personas que no pueden coser debido a la artritis; entonces, ellos cortan, y los que no pueden cortar, rellenan pelotas de juguete», dice su amiga Dora Fitch, quien trabaja con ella desde hace diez años. «La alegría está en pensar para quién estamos trabajando y lo que significa un juguete, una manta o un vestido nuevo para un niño».

Haciendo honor a su lema, existe un fuerte sentimiento entre ellas de que son las manos de Dios para los niños necesitados. «Cuando hago estos kits para recién nacidos», dice una mujer de casi 80 años, «le pido a Dios que disminuya mi dolor y Él siempre me ayuda a terminar mi trabajo». El grupo cambia de una semana a otra cuando alguien se opera o fallece, sin embargo, siempre hay alguien nuevo para tomar su lugar.[44]

Linda Nelson es su directora de actividades y está asombrada con lo que logran.

> Nunca había trabajado con personas mayores tan activas. Aquellas que no están involucradas en esta clase de proyectos no son tan receptivas; simplemente, existen. Pero con este grupo, viven cada día con un propósito. Podrían solo sentarse en sus habitaciones, sentir su dolor y su edad, pero la mayoría de las partes de su cuerpo todavía funcionan, por lo que quieren contribuir. Bauticé su sala de actividades como la «sala de salvamento». Todo está en su actitud: quieren mejorar la vida de los demás. Me llena de humildad el ver lo que logran.

¿Vivir la vida *in crescendo* desde una supuesta casa de retiro? Estas damas piensan en todo menos en la jubilación: saben que tienen un trabajo importante por delante, el cual les brinda alegría y propósito. «Quiero trabajar hasta cansarme», dice Norma con una sonrisa. «Y si uno puede mantenerse ocupado, ¿qué puede ser mejor que eso? Este es el programa de Dios; Él hará que funcione».[45]

Las investigaciones más recientes sugieren que las personas mayores que se ofrecen como voluntarias tienen una mejor salud física y mental, y un menor riesgo de mortalidad. Stephanie Brown, psicóloga de la Universidad de Michigan, informó de un estudio en el que el riesgo de muerte prematura entre individuos «donantes» se redujo en más de la mitad, en comparación con el de los «no donantes», esto en un lapso de cinco años. Los «donantes» en el estudio eran personas de 65 años o más, quienes regularmente se ofrecían como voluntarios para ayudar a otros con diversas tareas. Los científicos sugieren, de manera enfática, que el solo acto de dar y servir libera endorfinas, creando una especie de «subidón de ayuda». Otros beneficios positivos son la satisfacción, el deleite y los sentimientos de orgullo, que contrarrestan el estrés y la depresión que muchos sienten a medida que envejecen.[46]

Entonces, si está «jubilado», ya sea en 70, 80 o 90 años, ahora es un buen momento para seguir contribuyendo. Como muchas de estas personas inspiradoras en su *segunda mitad* de la vida, parece que la vida comienza con la jubilación. Recuerde que la *grandeza primaria* la alcanzan aquellos que tienen una misión, un propósito para servir que es más alto que ellos mismos, una contribución duradera que aportar.

Brinde un servicio anónimo

Es increíble lo que puedes lograr cuando no te importa quién se lleve el crédito.

HARRY TRUMAN

Una de las películas favoritas de mi padre era un viejo clásico inspirador llamado *Sublime obsesión*. Rock Hudson interpreta a Bob Merrick, un rico playboy que siempre está desafiando los límites y pagando para salir de los problemas. Un día, Bob choca en su lancha y para revivirlo, toman el único reanimador disponible del médico local, el Dr. Phillips. Pero este muere luego, por un ataque al corazón y por la falta del reanimador. Su viuda, Helen (interpretada por Jane

Wyman), con amargura, culpa a Bob por la muerte de su esposo. Cuando Bob intenta disculparse, Helen huye de él y es atropellada por un automóvil, tras lo cual queda ciega. Bob, quien se sentía abrumado y transformado debido a la muerte del Dr. Phillips, se siente aún peor después del accidente.

Confundido por el sentido de su vida, Bob busca el consejo de un amigo de confianza del Dr. Phillips, quien le cuenta sobre la vida secreta de servicio anónimo del médico; muchas personas, después de que este falleció, le habían contado cómo los había ayudado cuando más lo necesitaban, aunque siempre tuvo dos condiciones para hacerlo:

- No podían decirle a nadie.
- Nunca podían pagarle.

Este hombre también le advierte a Bob acerca de dar este tipo de servicio: «Una vez que encuentres el camino, estarás atado. ¡Te obsesionará! Pero, créeme, ¡será una obsesión sublime!».

Bob busca a Helen y comienzan a enamorarse, aunque, debido a su ceguera, ella no se da cuenta de quién es él. En un tiempo récord (ya que se trata de una película de menos de dos horas), Bob se convierte en un médico experto y comienza la «sublime obsesión» del servicio anónimo, ayudando a los demás sin ningún reconocimiento ni retribución. También investiga una cura para restaurar la vista de Helen.

Helen viaja a Europa en busca de atención médica, pero se siente terriblemente decepcionada cuando los médicos le dicen que su ceguera es permanente. Bob aparece de forma inesperada para consolarla y le revela quién es en realidad —aunque ella ya lo sabe y lo perdona— y le pide que se case con él. Aunque ella también lo ama, no quiere que la compadezcan ni ser una carga, por lo que, sin previo aviso, desaparece, dejando a Bob desconsolado.

Bob la busca con desesperación, pero, al final, regresa a su carrera médica y continúa con su nueva obsesión por el servicio anónimo. Después de años, al fin, Bob encuentra a Helen, y le devuelve la vista. El rostro de Bob es lo primero que ve ella cuando despierta de la cirugía.[47]

Aunque la trama es bastante dramática, el mensaje de la película es inspirador y está motivado por un pasaje de la Biblia: «Mirad que no deis vuestra limosna delante de los hombres para ser vistos por ellos».[48] Mi padre explicó el poder de servicio anónimo de esta manera:

> Servir sin tener en cuenta los elogios es, en verdad, bendecir a los demás. Con el servicio anónimo, nadie lo sabe y nadie necesariamente lo sabrá. La influencia, no el reconocimiento, se convierte entonces en el motivo. Cada vez que hacemos el bien de forma anónima, sin esperar recompensa o reconocimiento, aumenta nuestro sentido de valor intrínseco y el respeto por nosotros mismos. Un subproducto maravilloso de este tipo de servicio es que paga de una manera que solo el que lo da puede ver y sentir. Y verá usted que tales recompensas, a menudo, llegan en el «esfuerzo extra» de nuestro servicio, después de que hemos hecho más de lo esperado.

CYNTHIA COVEY HALLER

CAPÍTULO 9
Cree recuerdos significativos

¡Envejezca junto conmigo!
Lo mejor está por suceder.
ROBERT BROWNING

Cuando mis padres se casaron, en 1956, decidieron hacer de la fe y la familia sus máximas prioridades. Esa decisión rigió cómo pasaban su tiempo, a dónde destinaban sus recursos y qué prioridades valorábamos como familia. Ellos pensaban, como muchas personas, que las relaciones más significativas en su vida, al mirar hacia atrás, serían aquellas dentro de su propia familia —la inmediata y la intergeneracional—.

En sus muchos años como consultor de negocios y liderazgo, mi padre viajó por todo el mundo e interactuó con varios líderes mundiales, directores ejecutivos, de negocios, y a menudo con algunos de sus familiares. Observó que la alegría más grande y duradera de todos ellos, más que cualquier cosa que lograron profesionalmente, provenía de sus relaciones con sus familias. Por el contrario, la falta de relaciones familiares cercanas les causaba el mayor dolor y arrepentimiento, a pesar del éxito que parecían tener. Al final, la mayoría de las personas en todo el mundo, por lo general, son iguales: la fama, la carrera, la riqueza y el éxito mundano palidecen en comparación con el amor, la aceptación y la compañía de los que más amas.

Alguien me dijo una vez que «los recuerdos son más valiosos que la riqueza». Por supuesto que el dinero es absolutamente esencial para las necesidades básicas de la vida, pero más allá de sostener nuestra existencia, debe estar allí para enriquecerla, para crear experiencias y recuerdos que, al final, se convertirán en parte de lo que somos.

Cuando piensa en su familia, su infancia o la de sus propios hijos, ¿qué se destaca? ¿Qué recuerda? Para mí, son los años de tradiciones familiares que comenzaron en la cabaña de mis bisabuelos y que han continuado a través de mis abuelos, padres y, ahora, a través de mi generación, de mis hijos y nietos. Nuestra visión ha sido disfrutar del tiempo en familia, profundizar las relaciones, apreciar la naturaleza, desarrollar la fe y el carácter, además de crear y renovar, juntos, maravillosos recuerdos a lo largo de los años.

Me doy cuenta de que no todas las familias tienen la oportunidad de tener una cabaña o un lugar especial; es posible que algunas no hayan tenido una infancia con buenos recuerdos o una cultura familiar saludable. Sin embargo, la *mentalidad crescendo* nos enseña que usted no es una víctima de su pasado, sino que puede comenzar de nuevo y crear su propia cultura familiar hermosa. Realmente no importa lo que hagan o a dónde vayan, siempre que lo hagan juntos y creen sus propias tradiciones familiares con sus seres queridos. Acampar, ir de excursión, viajar, trabajar en un proyecto o pasatiempo, servir a los demás, disfrutar de la naturaleza, practicar deportes… cualquier actividad que disfruten juntos como familia puede ser renovadora, crear vínculos, recuerdos maravillosos y alegres.

Estas tradiciones familiares pueden generar estabilidad, confianza, autoestima, gratitud, lealtad, amor, carácter y una cultura familiar que los ayudarán a superar los desafíos juntos. Crear recuerdos significativos para sus seres queridos lo unirá a ellos, fortalecerá sus relaciones y servirá como base en sus vidas, además de que disfrutarán momentos divertidos e inolvidables juntos, que siempre atesorarán.

Dios nos dio memoria para que
tuviéramos rosas en diciembre.
J. M. Barrie

Dado que mis padres ya fallecieron, los recuerdos de ellos juntos brindan una gran alegría a nuestra familia y sirven como un ejemplo inspirador. No estoy afirmando que tuvieran un matrimonio perfecto, pero sabíamos que su relación era una prioridad, y ellos invirtieron tiempo, esfuerzo y amor en ella. A medida que envejecían, esta iba *in crescendo*. Realmente se amaban, se apoyaban entre ellos y disfrutaban de la personalidad inigualable de cada uno.

Hace años, papá descubrió un hermoso soneto de Shakespeare que describía a la perfección el valor que él le daba a su relación con mi madre, así como el impacto que ella tenía en su vida. Se lo aprendió de memoria y lo recitaba a menudo, incluso en sus presentaciones de negocios. Nuestra familia nunca se cansó de escucharlo, ya que nos inspiró a buscar lo mismo en nuestras relaciones más importantes.

Cuando en desgracia ante la fortuna y los ojos ajenos,
solitario lloro por mi exilio,
y turbo al sordo cielo con mis inútiles gritos,
y me miro a mí mismo y maldigo mi destino,
queriendo ser en esperanza más rico,
con la presencia de este, o los amigos de aquel,
deseando de un hombre su arte, y de otro el rango,
con lo que más disfruto apenas me contento;
pero, mientras me desgasto con estos pensamientos,
felizmente pienso en ti, y entonces mi ánimo,
como la alondra al romper el día,
vuela de la taciturna tierra y canta himnos a las puertas del cielo;
pues tal riqueza me trae tu dulce amor así recordado
que declino cambiar con reyes mi estado.[49]

CYNTHIA COVEY HALLER

Otoño: la estación más rica de todas

La flor de la vida se ha recorrido. Deberíamos deleitarnos con esta etapa de la vida y no resentirla. La flor de la vida debe definirse como el momento en que tenemos la mayor libertad, la mayor cantidad de opciones, cuando sabemos más y podemos hacer más, ¡y esa flor es ahora! ¡Los 65 son los nuevos 45!

LINDA AND RICHARD EYRE[50]

Linda y Richard Eyre, mis buenos amigos y exitosos autores, han escrito bastante sobre cómo equilibrar lo que es verdaderamente importante en la vida. Dan algunos sabios consejos sobre cómo ignorar los arcaicos clichés sobre el envejecimiento, disfrutar el camino e incluso apreciar las ventajas de encanecer. ¡Su actitud optimista y positiva, y su forma de ver el envejecimiento es refrescante! Incluyo aquí parte de un artículo de los Eyre, titulado «Ignore Those Old Clichés About Aging» (Ignore los viejos clichés sobre el envejecimiento), que habla sobre cómo disfrutar la *segunda mitad* de la vida.

> Hay muchos clichés y metáforas malas en este mundo, pero uno de los peores es la frase «over the hill» («sobre la colina»), que se usa con una connotación negativa para referirse a las personas en sus años otoñales. El hecho es que el otoño es la mejor estación, y no hay mejor lugar para estar que sobre la colina.
>
> Cualquiera que practique senderismo, ande en bicicleta o corra sabe que llegar a la cima de la colina y comenzar a bajar por el otro lado es para lo que trabajamos y lo que más amamos. Es emocionante, es rápido, es hermoso. Y es más fácil. ¡Descansar un poco es fantástico! Te permite prestar más atención, ser más consciente, ver dónde estás. Una vez que llegas a la cima de la colina, la vida se vuelve más estética, más presente, tiene más perspectiva. La cima, justo sobre la cumbre, es el mejor lugar para estar.
>
> Hemos descubierto que casi todas las metáforas comunes sobre esta fase de la vida son negativas y erróneas. Algunos ejemplos son:
>
> *Nido vacío*: un nido vacío tiene un olor de perros (disculpe la expresión), apesta. Pero nuestro nido vacío nunca ha olido mejor: ¡no hay niños alrededor para apestarlo! Los extrañamos, por supuesto, pero podemos ir a verlos o hacer que vengan a vernos, ¡y podemos hacer que se vayan a casa!
>
> *Reducir la velocidad*: ¡para nada! Sobre la colina es donde uno adquiere velocidad y eficiencia. Las cosas son más fáciles porque sabes cómo hacerlas y sabes lo que más importa.
>
> *Meter al baúl de los recuerdos*: después de una larga vida de trabajo, ¿quién no querría pasar un poco de tiempo en calma con sus recuerdos? Sin necesidad de que lo metan a un baúl, claro. Aún quedan recuerdos nuevos que hacer.
>
> *Desvanecimiento rápido*: la mayoría de nosotros se desvanece un poco a medida que envejece, al menos físicamente, pero, por lo general, esto no es nada rápido. En realidad, la mayoría de nosotros cambia menos entre los 60 y los 80 años que durante cualquier otro lapso de vida de veinte años. El otoño puede ser una meseta larga y bastante llana donde, si nos cuidamos, el cambio se produce de manera muy lenta.

> *Joven de corazón*: por lo general, una frase condescendiente utilizada por los jóvenes para sugerir que los mayores son irrelevantes y solo imaginan que son más jóvenes. El hecho es que, como dijo Jonathan Swift, «Ningún hombre [verdaderamente] sabio ha deseado ser más joven».
>
> Entonces, si estás en otoño, o verano indio, como nosotros, no escuches los clichés. Y si lo haces, redefínelos. ¡Porque esta es la mejor parte de la vida! Y ni siquiera hemos mencionado la mejor parte: los nietos.[51]

Los Eyre han escrito un libro sobre este tema, titulado *Life in Full: Maximizing Your Longevity and Your Legacy* (La vida en plenitud: maximizar su longevidad y su legado). Ahora que han rebasado los 70 años, están más ocupados que nunca, con más de 25 títulos impresos, muchos de ellos escritos después de criar una familia numerosa y exitosa, y ventas de libros por millones. Han sido panelistas populares en *Oprah, Today, The Early Show, 60 Minutes, Good Morning America* y muchos otros programas, donde hablan sobre familias, el equilibrio de la vida, valores, la crianza de los hijos y el envejecimiento.[52]

En unas vacaciones familiares, después de que todos nuestros hijos crecieran, mi hijo David describió cómo éramos Sandra y yo en esta etapa de la vida, de una manera que me pareció bastante precisa, además de entretenida:

> Después de que todos los hermanos nos casamos y tuvimos nuestros propios hijos, me di cuenta de que mi mamá y mi papá tenían una nueva forma de disfrutar de nuestras vacaciones familiares en el lago. Los llamé «los pájaros que descienden en picada», que se ajustan perfectamente a su etapa de la vida. Observé cómo entraban y salían cuando querían, sin sentir responsabilidad alguna. Me daba cuenta de que habían disfrutado mucho criar a sus nueve hijos y todo el ajetreo que eso implicaba, pero ahora, eran libres de elegir a qué actividades querían asistir. A menudo sacaban a los nietos en el bote por unas horas, daban un paseo en el Honda para «platicar», descendían en picada y comían la cena que no habían ayudado a preparar, pasaban el rato con la familia y luego se marchaban sin lavar los trastes e iban a la ciudad a ver una película. Debo admitir que se ganaron ese momento de la vida después

de todos esos años de crianza responsable —y esta nueva etapa me parecía divertida—.

La edad es una cuestión de la mente sobre la materia.
Si no te importa, ¡no importa!
MARK TWAIN

A través de los años, Sandra y yo siempre hemos sentido un fuerte lazo con nuestros muchos nietos y bisnietos. Hemos tratado de asistir a tantas actividades, celebraciones y ocasiones especiales como hemos podido para apoyar a la nueva generación. También queríamos ser un ejemplo para nuestra posteridad por nuestro propio servicio a las actividades comunitarias, caritativas y de la iglesia. Sentimos una gran responsabilidad de ser modelos y mentores mostrando interés, pasando tiempo de calidad con nuestros hijos y nietos, brindando apoyo y aliento, tratando continuamente de modelar buenos valores y carácter. Esto era importante para nosotros porque la paternidad es uno de los únicos roles de los que nunca nos liberaremos, sin importar la edad que tengamos.

Maximice sus años otoñales: concéntrese en las ventajas de envejecer y no en las desventajas. Como aconsejan los Eyre, no se deje llevar por los clichés de la vejez, ni se etiquete ni se limite. Piense en lo que puede hacer en lugar de en lo que no puede hacer. Durante su etapa de abuelos, muchos tienden a retraerse; sienten que no pueden ni deben involucrarse, ni siquiera dar consejos. Pero ahora es cuando puede disfrutar de su familia intergeneracional, sin todas las responsabilidades del día a día, y marcar una diferencia positiva en sus vidas. Mantenga su corazón abierto y pase tiempo con ellos; eso crea oportunidades naturales para conectarse. En esta *segunda mitad* de la vida, tiene más sabiduría y experiencia para ofrecer que nunca. Busque oportunidades apropiadas para ser un recurso y una ayuda para quienes más le importan en su propio viaje por la vida.

Los niños necesitan el estímulo y la sabiduría de los abuelos. Los padres necesitan la ayuda y el respaldo que los abuelos pueden brindar para criar a sus hijos. Y los abuelos necesitan la energía y el entusiasmo que proviene de pasar más tiempo con los nietos... Tal vez no estemos siendo bastante proactivos en su crianza. Tal vez no estemos tomando suficiente iniciativa... Necesitamos recordar que nuestra influencia más profunda con nuestros nietos no se da cuando los tenemos juntos, en grupo, sino cuando nos comunicamos y hacemos actividades con ellos por separado.

LINDA Y RICHARD EYRE[53]

Conozco a una pareja sobresaliente que hizo tal cual esto y, gracias a sus esfuerzos, le salvó la vida a su nieto. Cuando la hija de Joanne y Ron, Laurie, empezó a consumir drogas, intentaron todo para ayudarla a deshacerse de su adicción, la cual, sin embargo, se volvió abrumadora. Era evidente que Laurie no podía cuidar de sí misma y mucho menos de su hijo de 2 años, James. Joanne y Ron se preguntaban qué sería de este niño con una madre inestable y un padre que entraba y salía de la cárcel.

Joanne había disfrutado mucho ser madre de tiempo completo, y había criado cuatro hijos con Ron. Pero también anhelaba el momento en que, al fin, tendría la libertad de hacer cosas que había dejado de lado, como jugar tenis competitivo en el club con sus amigos. Sin embargo, después de considerar la inestabilidad de Laurie, Joanne y Ron tomaron la trascendental decisión de reajustar drásticamente sus vidas y criar a su nieto pequeño cuando tenían cincuenta y tantos años.

¡Vaya cambio de paradigma que tuvieron que pasar estos abuelos! De forma desinteresada, Joanne y Ron hicieron sacrificios personales y, aunque fue muy difícil empezar de nuevo, sabían que su nietecito valía la pena, y sentían que estaban haciendo lo correcto. James prosperó bajo su amor y cuidado. Mientras los amigos de Joanne jugaban al tenis en el club y disfrutaban de un almuerzo tranquilo, ella, de 54 años, tomó un turno para ayudar en la cooperativa de preescolar de James. Durante los siguientes años, estos cariñosos abuelos lo inscribieron a beisbol, futbol y futbol americano, organizaron grupos de juego, lo ayudaron a practicar el piano, lo llevaron a la iglesia y le enseñaron buenos valores, e hicieron todas las cosas que los padres suelen hacer como abuelos. Al mismo tiempo, estaban desconsolados por la seguridad de Laurie; a veces, no sabían nada de ella durante un año, y no estaban seguros de si estaba viva o muerta.

Después de varios años, Laurie finalmente tocó fondo y regresó a casa, lista para cambiar su vida para siempre. Con la ayuda de sus queridos padres, y después de mucho trabajo, pudo superar su problema con las drogas. Descubrió que James había florecido bajo el cuidado de sus abuelos, que se había convertido en un niño feliz y equilibrado a pesar de sus largas ausencias. Qué afortunada fue Laurie al tener padres tan desinteresados, que estuvieron dispuestos a dejar de lado su vida personal, durante varios años, para criar a su nieto. Cuando Laurie desapareció, Joanne y Ron se convirtieron en una influencia estable durante los años formativos de James. Gracias a su decisión, Joanne y Ron, literalmente, salvaron la vida de James, y le dieron a su hija una segunda oportunidad de ser madre.

James se graduó de la preparatoria y se convirtió en un joven de bien. Tiene talento en muchos deportes y en el piano; le ha ido bien en la escuela y su vida será un tributo a los esfuerzos de sus devotos abuelos. A la larga, criar a James resultó ser mucho más gratificante que ir habitualmente al club de tenis.[54]

Esta situación podría haber resultado muy diferente si Joanne y Ron no hubieran decidido responder a la crianza de su vulnerable nieto, durante la *segunda mitad* de su vida. Aunque no lo sabían en ese momento, después de criar a sus hijos, y como promueve la *mentalidad crescendo*, todavía tenían una enorme contribución que hacer a su familia. Mirando hacia atrás, aunque esos años no siempre fueron fáciles, ellos saben que estaban destinados a estar allí para él. La satisfacción de sus abuelos al ver los frutos de su trabajo era evidente para cualquiera que observara a James acompañando a sus amigos coristas con su piano. Qué bendición que respondieron cuando era joven y estaba en riesgo. Ahora, depende de James crear un futuro brillante para sí mismo con la segunda oportunidad que recibió en la vida.

Dentro de cien años, no importará cuál era mi cuenta bancaria, el tipo de casa en la que vivía o el tipo de automóvil que conducía. Pero... tal vez el mundo será diferente porque yo fui importante en la vida de un niño.

FOREST WITCRAFT, entrenador profesional de Boy Scouts de América[55]

Sé que hay muchos abuelos concienzudos que han tenido que asumir el papel de padres porque sus hijos no podían cuidar de los suyos. En algunos casos, debido a la tensión financiera, las familias viven en un hogar intergeneracional, donde los abuelos fungen como padres porque estos tienen empleos de tiempo completo. Saludo con respeto a aquellos que han estado dispuestos y han sido capaces de ser padres en su vejez, especialmente cuando no ha sido lo más fácil o conveniente para ellos.

Las oportunidades de crianza se presentan de diferentes maneras para los abuelos conscientes que hacen un esfuerzo extra. Por ejemplo, algunos abuelos recogen a sus nietos de la escuela (salvándolos de ser niños que se quedan solos en casa), los llevan a clases o actividades, les dan un refrigerio por la tarde, los ayudan con la tarea o les brindan un lugar seguro y amoroso hasta que sus padres vuelven de trabajar. Otros abuelos cariñosos dan a sus hijos un descanso, al tener una «noche de abuelos» en su casa, jugar con los niños o simplemente estar juntos, beneficiando tanto a los padres como a los nietos. Algunos abuelos ayudan con los gastos cuando no hay suficiente dinero para criar una familia. Otros pueden ayudar con la universidad o financiar una oportunidad especial, como un semestre en el extranjero o una pasantía, que podría ser una experiencia que cambie las reglas del juego en la vida de su nieto.

Si está involucrado de cualquier manera en ayudar en la crianza de sus nietos, tenga en cuenta que estos esfuerzos son invaluables y bendecirá sus vidas más de lo que cree. Recuerde que todo lo que da, ya sea solicitado o voluntario, regresa para bendecir su propia vida. Nunca se arrepentirá del tiempo o los esfuerzos invertidos. Puede que no se dé cuenta ahora, pero está afectando a las generaciones venideras con su participación, y su influencia positiva se sentirá en las diferentes etapas de sus vidas. Ofrecerse a brindar orientación puede permitir que su descendencia tenga estabilidad, amor y dirección en sus vidas y, en última instancia, un futuro brillante.

Al final de la vida, no puedo imaginar a nadie en sus llamados «años dorados» deseando haber pasado más tiempo libre durmiendo, jugando al golf, a las cartas, al tenis o incluso viendo el mundo pasar, en lugar de haber marcado una diferencia en la vida de su propia descendencia. Bendecir a su propia familia, a través de este tipo de servicio desinteresado, es el epítome de vivir *in crescendo.*

Tal vez el mayor servicio social que puede
prestar cualquier persona a este país,
o a la humanidad, es criar una familia.
GEORGE BERNARD SHAW[56]

Cuando se trata de desarrollar el carácter, la fuerza, la seguridad interna o los talentos y habilidades únicos en un niño —personales e interpersonales—, ninguna institución puede compararse con el hogar y la familia ni sustituir efectivamente su influencia positiva. De nuevo, afirmo que algunas de las experiencias más significativas de la vida serán con su propia familia. Cada familia es diferente; la suya puede no ser tradicional o no verse igual que las demás, pero la familia es la familia y, por lo general, sus propios seres queridos pueden brindarle la mayor alegría.

Mi hermano John y su familia han desarrollado juntos una *declaración de misión familiar,* que resume lo que más valoran. Es, simplemente: «No hay sillas vacías». Esta frase, en esencia, significa que hay un lugar para todos en su familia, que cada uno es valioso e importante. Es una declaración hermosa y resume el valor de un abuelo, tía, tío, hermano o hermana que está al pendiente, es afectuoso y concienzudo; alguien que ve una necesidad en la familia y ayuda, de manera desinteresada, donde puede. Le recomiendo desarrollar su propia *declaración de misión personal* o *familiar,* para que todos la sigan y trabajen para lograrla. No encontrará mayor alegría en la vida.

Capítulo 10
Detecte su propósito

Nuestras almas no tienen hambre de fama, comodidad, riqueza o poder. Nuestras almas están hambrientas de significado, de la sensación de que hemos descubierto cómo vivir para que nuestras vidas importen, para que el mundo sea, al menos, un poco diferente después de que hemos pasado por él.

Rabbi Harold Kushner[57]

En la casa de Charlie y Dorothy Hale, en Rochester, Nueva York, todos los días parecen Navidad, con tantos paquetes que reciben. Pero estos, en realidad, contienen una variedad de instrumentos musicales en mal estado. Hace unos años, Dorothy tomó clases para aprender a repararlos y, desde entonces, la pareja se dedica a ello. Dorothy es una química jubilada y Charlie, un médico jubilado, ambos de ochenta y tantos años; sienten pasión por dar nueva vida a los instrumentos y poder regalárselos a alguien que creará música con ellos. Y no han reparado solo unos cuantos: hasta diciembre de 2019, habían donado casi mil instrumentos musicales en buen estado al Distrito Escolar de Rochester a través de la Fundación Educativa de Rochester.

«Es increíble que dos seres humanos se preocupen tanto por los hijos de otras personas», dijo Alison Schmitt, quien es la maestra principal del Departamento de Artes de Rochester. Ella cree que el impacto de los Hales al dar los instrumentos musicales reparados a su comunidad ha sido enorme, ya que los estudios muestran que la educación musical ayuda a los estudiantes a mejorar en la escuela en general, con un impacto duradero.[58]

Las acciones de esta pareja sobresaliente, que trabaja arduamente para beneficiar a estudiantes que ni siquiera conocen, contribuyen en gran medida a demostrar que hay personas que en verdad se preocupan. A medida que restauran cada instrumento pensando en su destinatario, los Hales han encontrado un propósito que no solo brinda alegría a los demás, sino que también enriquece sus vidas.

Richard Leider, destacado entrenador de vida y autor de *The Power of Purpose* (El poder del propósito), explica la importancia vital de este: «El propósito es fundamental. No es un lujo. Es esencial para nuestra salud, nuestra felicidad, nuestra curación y nuestra longevidad. Todo ser humano quiere hacer mella de una forma u otra. Nuestra generación está viviendo más que cualquier generación anterior. Nos estamos jubilando de manera diferente a como lo hicieron nuestros padres. Cada día, al despertar, se nos presenta una nueva oportunidad para crear una buena vida».[59]

El principio perspicaz atribuido a Pablo Picasso, que vimos al comienzo de este libro, se extiende, como hemos visto, a lo largo de los cuatro períodos fundamentales de *vivir la vida in crescendo*: «El significado de la vida es encontrar su don. El propósito de la vida es compartirlo». Mirando a través de este paradigma único, es esencial descubrir nuestros dones y talentos, desarrollarlos y expandirlos, y luego aplicarlos para que beneficien a los demás.

Cada uno de nosotros tiene una misión única y necesaria en este mundo, y si se trata de servir a otras personas, es aún más significativa. Siempre he creído que nuestras misiones no las inventamos, sino que las detectamos. Así como podemos escuchar a nuestra conciencia para saber qué hacer y a quién ayudar, también podemos detectar o descubrir cuál debe ser nuestra misión única en la vida. Este es, en última instancia, el propósito de este libro: inspirarlo y animarlo a buscar activamente su propósito y misión personal, en cualquier fase de la vida en la que se encuentre. Estoy de acuerdo con Oprah en que el mayor regalo que puede dar es honrar su propia vocación única.

Si somos conscientes de nosotros mismos, podemos descubrir nuestra misión, incluso si tenemos que rehacernos en el proceso. Viktor Frankl, quien sufrió en los campos de exterminio nazis, enseñó que en lugar de preguntarnos «¿Qué es lo que quiero de la vida?», deberíamos cuestionarnos «¿Qué quiere la vida de mí?». Esa es una pregunta muy diferente. Una vez que lo hayamos reflexionado, podremos establecer metas y planes en consecuencia.

Cada uno tiene su propia vocación o misión específica en la vida para llevar a cabo una tarea concreta que exige cumplimiento. Por lo tanto, no puede ser reemplazado, ni su vida puede repetirse. Por lo mismo, la tarea de cada uno es tan única como lo es su oportunidad específica para implementarla. En definitiva, el hombre no debe preguntarse cuál es el sentido de su vida, sino que debe reconocer que es a él a quien se le pregunta. Y solo puede responder a la vida siendo responsable.

VIKTOR FRANKL[60]

Ryland Robert Thompson, quien estudió al Dr. Frankl, concluyó que él enseña que descubrimos nuestro propósito a través de:

1. Crear un trabajo o hacer una buena obra
2. Experimentar algo o encontrarse con alguien
3. Adoptar una actitud positiva ante el sufrimiento inevitable

Solo cuando descubramos nuestra misión en la vida experimentaremos la paz que proviene del cumplimiento de nuestro propósito: los frutos de la verdadera felicidad.[61]

Una de las cosas más importantes que podemos hacer es llevar nuestra misión al frente y cumplirla. Oliver Wendell Holmes dijo: «Toda vocación es excelente cuando se persigue intensamente». Depende de usted tomar la iniciativa de perseguir su misión única para que pueda bendecir y beneficiar a otros.

Haz lo que esté en tus manos para demostrar que te preocupas por otras personas y harás de nuestro mundo un lugar mejor.

ROSALYNN CARTER

Cuando Jimmy Carter y Rosalynn Carter abandonaron la Casa Blanca, en 1980, no lo vieron como el final de sus contribuciones ni como el final de su trabajo más importante. Después de servir como presidente de los Estados Unidos y alcanzar lo que algunos considerarían la *cima del éxito*, la mayoría podría encontrar una hamaca, un buen libro y dedicarse a descansar. La mayoría de los expresidentes se vuelven oradores y construyen una biblioteca en su nombre.

Pero los Carter siempre han estado involucrados en causas humanitarias. Todavía querían contribuir y usar su estatus e influencia para abordar las necesidades urgentes que veían a su alrededor. Solo un año después de dejar la Casa Blanca, establecieron el Centro Carter, con el objetivo de promover los derechos humanos y la paz, así como para aliviar el sufrimiento en todo el mundo.

Actualmente, el Centro Carter ayuda a personas en más de setenta países, a resolver conflictos; promover la democracia, los derechos humanos y las oportunidades económicas; prevenir enfermedades; mejorar la atención de la salud mental; y enseñar a los agricultores a aumentar la producción de sus cultivos. Además, los Carter son voluntarios de Habitat for Humanity (Hábitat para la Humanidad), una organización sin fines de lucro que ayuda a personas necesitadas en Estados Unidos y otros países a renovar y construir casas. En 2002, Jimmy Carter recibió el Premio Nobel de la Paz en Oslo por parte del Comité Noruego del Nobel «por sus décadas de esfuerzo incansable para encontrar soluciones pacíficas a los conflictos internacionales, promover la democracia y los derechos humanos, y promover el desarrollo económico y social».

Al aceptar el premio, las palabras de Carter reflejaron la misión de su vida, y fueron un llamado a actuar para las generaciones futuras:

> El vínculo común de la humanidad es más fuerte que la división que causan nuestros miedos y prejuicios. Dios nos da la capacidad de elegir. Podemos elegir aliviar el sufrimiento. Podemos elegir trabajar juntos por la paz. Podemos, y debemos, hacer estos cambios.[62]

La continua «defensora de los desatendidos», Rosalynn Carter, ha seguido siendo una protectora de los problemas abandonados de salud mental, tal como lo hizo como primera dama en Georgia, donde trabajó para reformar el sistema de salud mental del estado. Además de trabajar junto al expresidente en materia de derechos humanos y resolución de conflictos, Rosalynn ha abogado por las vacunas en la primera infancia, ha abordado las necesidades de los soldados estadounidenses que regresan a casa, además es autora de numerosos libros sobre salud mental y cuidados, así como de una autobiografía. Rosalynn tuvo el raro honor de ser incluida en el Salón Nacional de la Fama de la Mujer y también recibió la Medalla Presidencial de la

Libertad, junto con su esposo, por su incansable trabajo humanitario, incluidas sus décadas de dedicación continua a Hábitat para la Humanidad.[63]

Rosalynn y Jimmy Carter han donado su tiempo y liderazgo a Hábitat para la Humanidad durante 35 años; se han convertido en el rostro de esta organización. Junto con más de 100 000 voluntarios, han ayudado personalmente a construir, renovar y reparar 4 390 viviendas en 14 países diferentes alrededor del mundo, trabajando incluso después de que Carter fue tratado por una rara forma de cáncer. Todavía activos, a sus 90 años, en octubre de 2019, los Carter anunciaron que Hábitat para la Humanidad ahora estaba ingresando a República Dominicana, su decimoquinto país, donde ayudaron a construir y reparar viviendas durante el 2020.[64]

En un libro inspirador, que hace eco de su *mentalidad crescendo*, titulado *Everything to Gain: Making the Most of the Rest of Your Life* (Todas la de ganar: aprovechando al máximo el resto de su vida), los Carter hablan sobre el valor de ver las necesidades que los rodean, participar en proyectos significativos y encontrar alegría en el valor del servicio. El expresidente Carter ha escrito una asombrosa cantidad de libros, más de cuarenta, todos excepto uno después de su período presidencial. En 1998, escribió *The Virtues of Aging* (Las virtudes del envejecimiento). Cuando alguien le preguntó con ligereza «¿Qué tiene de bueno envejecer?», él respondió con humor: «¡Bueno, es mejor que la otra alternativa!».

Aunque fue electo presidente de los Estados Unidos, muchos creen que el mayor legado del presidente Jimmy Carter será su importante labor humanitaria y su activismo social, *después* de haber dejado la Casa Blanca, junto con el hecho de ser el expresidente más productivo en la historia de nuestra nación.

El presidente Carter escribe sobre esta oportunidad única de retirarse de una profesión, pero, claramente, no de la vida:

> «Marcar la diferencia» para alguien que necesita ayuda puede brindar una gran satisfacción. Siempre hay algo que podemos hacer, incluso los jóvenes más ocupados; sin embargo, nosotros que estamos en la *segunda mitad* de nuestras vidas, a menudo tenemos más tiempo para involucrarnos, especialmente ahora que la esperanza de vida es mayor, así como las posibilidades de gozar de buena salud; existe una etapa adi-

cional de la vida después del trabajo en la que podemos dedicar más tiempo al servicio voluntario. Nuestras comunidades necesitan con urgencia los talentos, la sabiduría y la energía de nuestros jubilados... Y los jubilados que están activos e involucrados tienen un nuevo sentido de autoestima y una fuente de enriquecimiento diario, además de que el proceso de envejecimiento se ralentiza.

Ayudar a otros puede ser sorprendentemente fácil, ya que hay mucho por hacer. La parte difícil es decidir qué hacer y cómo empezar: hacer el primer esfuerzo para iniciar algo diferente. Una vez que se toma la iniciativa, a menudo descubrimos que podemos hacer cosas que nunca pensamos posibles. La participación en la promoción del bien para los demás ha marcado una gran diferencia en nuestras vidas en los últimos años. En todas partes existe mucha necesidad de voluntarios que quieran ayudar a aquellos que tienen hambre, personas sin hogar, ciegos, lisiados, adictos a las drogas o al alcohol, analfabetas, enfermos mentales, ancianos, encarcelados o simplemente gente solitaria y sin amigos. Está claro que queda mucho por hacer y, sea lo que sea que vayamos a hacer, será mejor que pongamos manos a la obra».[65]

Incluso si ya ha experimentado la *cima del éxito* en algún aspecto de su vida, y ahora se encuentra en la emocionante *segunda mitad* de la vida, esta es su oportunidad de comenzar de nuevo, de crear algo nuevo y diferente. Incluso si no es un expresidente o una exprimera dama, hay mucho que puede ofrecer y contribuir si tan solo «pone manos a la obra», como nos desafía a hacer el presidente Carter.

> El cansancio que produce cualquier actividad física que merezca la pena eleva el espíritu. Trabajar con Hábitat para la Humanidad ha sido ese tipo de experiencia para nosotros. De todas las actividades que hemos emprendido desde que dejamos la Casa Blanca, esa es sin duda una de las más inspiradoras. Ayudar a construir un hogar para personas que nunca han vivido en un lugar decente y nunca soñaron con tener una casa propia, puede traer mucha alegría y una fuerte respuesta emocional.[66]

En esta etapa de la vida, realmente tiene la oportunidad de hacer una diferencia a su manera, quizá más que en cualquier otro momento. Pero ¿y si no se encuentra en esta edad y etapa en este momento? En lugar de esperar hasta que esté allí y luego decidir, es crucial que anticipe este momento cuando es más joven. Puede ser mucho más efectivo en la *segunda mitad* de la vida si planifica con anticipación y comienza a vivir *in crescendo* durante la primera mitad.

> *La preparación para la vejez debe comenzar a más tardar en la adolescencia. Una vida que está vacía y que carece de propósito hasta los 65 años no se llenará repentinamente al jubilarse.*
>
> DWIGHT L. MOODY[67]

Dondequiera que se encuentre ahora, prepárese y planifique para la *segunda mitad* de la vida; así será más productivo y la transición será más fácil y natural. Una encuesta mostró que dos tercios de los *baby boomers* jubilados informaron tener dificultad para adaptarse a los últimos años. Entre otros ajustes, están buscando formas de dar sentido y propósito a sus días. Con eso en mente, ¿qué sucede si el propósito, la misión y el significado no son evidentes? ¿Cómo puede encontrar su propósito entonces?

En *Shifting Gears to Your Life and Work After Retirement* (Cambiando el ritmo de su vida y su trabajo después de la jubilación), la coautora Marie Langworthy recomienda preguntarse:

- ¿Cómo es mi temperamento?
- ¿Cuáles son mis habilidades?
- ¿Cuáles son mis valores?
- ¿Cuáles son mis intereses?
- Si pudiera hacer cualquier cosa en el mundo, ¿qué sería?[68]

Para ayudarlo a concentrarse en su misión y propósito, echemos un vistazo a algunas excusas y mitos comunes, y luego a las verdades relacionadas con *vivir la vida in crescendo.*

Excusas y mitos acerca de vivir la mentalidad crescendo *en la segunda mitad de tu vida*

- Estoy cansado, agotado, soy demasiado viejo y anticuado para marcar la diferencia.
- No tengo habilidades o talentos especiales que ofrecer.

- Ya he logrado mucho en la vida: «¡Ya lo viví, ya lo vi, ya lo sé!».
- Me preocupa el tiempo y el esfuerzo que requerirá, y no quiero estar atado.
- En verdad no creo que lo que pueda hacer marque una diferencia significativa para los demás porque no soy particularmente hábil, talentoso o único.
- Me pregunto por qué debería preocuparme o hacer voluntariado si eso no me afecta a mí ni a mi familia.
- No sé qué hacer, cómo ayudar o cómo empezar; parece estar fuera de mi zona de confort.
- Involucrarse en la comunidad parece abrumador porque hay muchas necesidades.
- Tengo demasiadas dudas o miedo de probar algo nuevo de lo que no sé nada.
- No es mi problema ni mi responsabilidad.
- Quiero descansar, relajarme y esperar a que terminen mis días; no quiero agregar más estrés a mi vida.
- He trabajado duro toda mi vida. No quiero hacer nada más que disfrutar de mi «jubilación» y de mi tiempo libre.

La verdad acerca de vivir la mentalidad crescendo *en la segunda mitad de la vida*

- ¡Le esperan grandes aventuras y emocionantes oportunidades!
- No se necesitan habilidades o conocimientos especiales o fuera de lo común; lo que tiene es suficiente.
- Su participación en el servicio a los demás lo mantendrá más joven, más vital y vivo por más tiempo.
- Su habilidad y capacidad aumentarán por medio de su participación en proyectos significativos.
- Puede encontrar más significado y propósito en su vida, lo que le traerá felicidad y satisfacción.
- Sentirá más gratitud por sus bendiciones después de mirar hacia afuera y servir a los demás.
- Tiene más tiempo disponible que nunca.
- Tiene toda una vida de valiosas habilidades, talentos y conocimientos para ofrecer, mucho más de lo que cree.

- Tiene toda una vida de experiencia con personas, profesiones y sistemas.
- Tiene toda una vida de amigos, colegas y recursos con los que conectarse y alistarse.
- Tiene toda una vida de sabiduría obtenida a lo largo de los años en muchas áreas de la vida.
- Podría ser un mentor valioso para alguien que necesita un modelo a seguir.
- Tiene una oportunidad de oro para servir y bendecir a los demás: la elección de impactar positivamente a su familia, amigos, vecindario, comunidad e incluso al mundo para siempre.
- Puede marcar una diferencia increíble en la vida de muchas personas, incluidos sus propios seres queridos, si acepta el desafío de *vivir la vida in crescendo.*
- Su trabajo y contribuciones más importantes aún están por delante, a pesar de lo que ha sucedido en el pasado, si los desea y los busca.

No espere; el tiempo pasará de todos modos, así que ¿por qué no aprovecharlo en actividades dignas y causas importantes que le apasionen o puedan llegar a apasionarle? Como se ha demostrado por la variedad de ejemplos, ya tiene lo que se necesita para hacer algo bueno con toda su experiencia y aprendizaje. No tiene que ser extraordinario para hacer cosas extraordinarias, como descubrió la Dra. Salerno.

Aunque se retiró de la práctica clínica, la Dra. Judith Salerno es la presidenta de la Academia de Medicina de Nueva York. Cuando llegó la pandemia de COVID-19, el entonces gobernador de Nueva York, Andrew Cuomo, hizo un llamado a las enfermeras y médicos jubilados para que ayudaran con el trabajo de guardia. Sin dudarlo, en lugar de aislarse por su edad, la Dra. Salerno no dudó en volver a trabajar. Ella dijo:

> En cuanto se hizo el llamado por primera vez, me apunté de inmediato.[69]
>
> Estoy en el grupo demográfico equivocado, tengo 60 años, pero tengo un conjunto de habilidades que se necesitan, que son importantes y que van a ser muy escasas en muy poco tiempo.[70] Mientras me doy cuenta de lo que está por venir en la ciudad de Nueva York, donde vivo, pienso que si puedo usar mis habilidades de alguna manera que sea útil, daré un paso al frente.[71]

Como médica ejecutiva, la Dra. Salerno es una líder preeminente en el cuidado de la salud a nivel nacional, y ahora se encuentra entre los 80 000 profesionales de la salud que han ofrecido sus servicios como voluntarios durante la pandemia. «Tengo lo que podrían considerarse habilidades clínicas "oxidadas", pero un juicio clínico bastante bueno», dijo la Dra. Salerno. «Pensé que, dada la situación, podía resucitar y perfeccionar esas habilidades, incluso si solo se trataba de atender a los pacientes de rutina y trabajar en equipo, había muchas cosas buenas que podía hacer».[72]

Entonces, ¿qué elegirá: retirarse o renovarse? ¿Vivir *in crescendo* o *diminuendo*? Si se *renueva*, puede rechazar antiguos estereotipos y capitalizar los beneficios en este gran momento de oportunidad en su vida, cuando tiene muchas más opciones. Planifique con anticipación para que pueda hacer productiva esta etapa, un tiempo de aporte, emoción, cambio y transición, así como un tiempo de deleite. Ya ha experimentado mucho de la vida, pero no permita que muera su curiosidad, mire lo que puede lograr.

Siempre he sentido un compromiso sagrado por contribuir, no solo para retirarme y dedicarme al ocio. Considero que el legado más importante que puedo dejar es ser un ejemplo de alguien que constantemente marca una diferencia en el mundo.

Crea que *usted* puede marcar la diferencia y atrévase a hacerlo. Está en sus manos, ¡depende de usted hacerlo realidad! ¿Por qué lo recordarán? ¿Qué legado dejará tras de sí? Comience ahora a adoptar la *mentalidad crescendo.* Trabaje de forma consciente para hacer de este período de su vida un momento de contribución y pase del éxito a la trascendencia. Si lo hace, esta etapa resultará dulce y gratificante.

Conclusión. El viaje de nuestra familia para vivir *in crescendo*

por Cynthia Covey Haller

> *Cuanto más me acerco al final, más claramente escucho a mi alrededor las inmortales sinfonías del mundo que me invitan. Es maravilloso, pero simple. Durante medio siglo he estado escribiendo mi pensamiento en prosa y en verso, historia, filosofía, drama, romance, tradición, sátira, oda y canción; los he probado todos. Pero siento que no he dicho ni una milésima parte de lo que hay en mí.Cuando bajo a la tumba, puedo decir, como muchos otros: «He terminado el trabajo de mi día», pero no puedo decir: «He terminado el trabajo de mi vida». El trabajo de mi día comenzará de nuevo a la mañana siguiente.*
>
> VICTOR HUGO[1]

Un tributo final a mis padres

La *mentalidad crescendo* fue realmente la última gran idea de mi papá, su «última lección», por así decirlo, por la que estaba entusiasmado. Como la mayor de los nueve hijos de Stephen y Sandra Covey, he tenido el privilegio de guiar este libro, que mi padre y yo empezamos hace muchos años. Él creía que *vivir la vida in crescendo* era una idea poderosa, que podía cambiar y enriquecer la vida de quienes la adoptaran. Creía profundamente que «su mayor éxito siempre está un paso adelante», en cualquier etapa en la que se encuentre, y él mismo trató de vivir esta mentalidad.

Como familia, hemos optado por compartir algunas cosas sobre nuestro padre —que mucha gente no sabe—, con el propósito de dar esperanza y aliento a quienes también enfrentan desafíos difíciles. Aunque es algo muy personal para nosotros, sabemos que muchos tienen pruebas similares e incluso mayores, por lo que compartimos esto con un espíritu de amor y empatía.

En 2007, mi madre se sometió a una cirugía de espalda y le colocaron varillas de titanio en toda la columna. Las varillas fueron efectivas para estabilizar su espalda, pero ella desarrolló una infección grave que le provocó daños en los nervios de las piernas y los pies. Estuvo hospitalizada durante cuatro meses y tuvo que someterse a muchas cirugías; su vida estuvo en riesgo en numerosas ocasiones. Durante este período, no sabíamos si alguna vez estaría lo suficientemente bien como para salir del hospital y tener de nuevo una vida normal, o incluso si se recuperaría.

Para nuestra decepción, el daño en los nervios de su médula espinal la dejó confinada, de forma casi permanente, a una silla de ruedas. Para nuestra madre, que nunca había tenido problemas de espalda y «nunca había estado enferma un día en su vida» (como nos recordaba a menudo), ¡esto fue horrible! Pasó de ser una persona que nunca se perdía de nada a alguien a quien apenas reconocíamos. Era completamente incapaz de caminar y necesitaba atención las 24 horas del día. La vida de nuestra maravillosa madre y abuela de nuestros hijos cambió de la noche a la mañana, con problemas de salud complicados que ahora consumían cada momento de vigilia. En muy poco tiempo, pasó de la independencia a la completa dependencia. Fue un momento muy traumático, pero como familia confiamos en nuestra fe y en los otros; además, oramos sin parar para que las cosas mejoraran.

Antes de las cirugías de espalda de mi mamá, siempre que mi papá estaba en la ciudad, tenían un ritual: se iban juntos por el vecindario, en una motocicleta Honda 90, para «platicar», como ellos decían. Era su parte favorita del día, la cual mantuvo su relación vibrante y renovada. Más tarde, como adultos con hijos propios, nos encantaba verlos andar en moto, conversando, y admirábamos la cercanía que compartían.

Nuestros padres tenían una maravillosa vida conyugal y, aunque a veces tenían enfoques diferentes, se equilibraban: en las cosas más importantes estaban de acuerdo. Habían criado nueve hijos juntos, sirvieron en varios puestos de liderazgo en la Iglesia y en su comunidad, y ambos habían logrado mucho. Nuestro padre viajaba a menudo para dar consultas, escribir y hablar. Después de que los hijos crecimos, mamá lo acompañaba a menudo, brindándole comentarios cruciales, a veces hablando en sus presentaciones y, a menudo, cantando, ya que este era un maravilloso talento suyo. Su matrimonio fue un gran ejemplo de amor y compromiso para nosotros.

Durante las diversas cirugías y hospitalizaciones de mi mamá, buscamos liderazgo y consuelo en mi papá. Sin embargo, por esa misma época, empezamos a notar que él ya no era el mismo. Mostraba poca iniciativa cuando veía a los médicos de mi mamá; con frecuencia, cuando visitaba el hospital, inmediatamente se dormía en lugar de ayudar a lidiar con las complicadas decisiones médicas. Lo peor de todo era que nuestro padre, que siempre había sido muy empático y familiar, comenzó a parecer distante e incluso un poco apático. Era obvio para nosotros que estaba teniendo dificultades para lidiar con la condición de mi mamá. Lo atribuimos a su disgusto por los hospitales, porque cuando era un niño tuvo una operación traumática en la cadera que lo confinó a unas muletas durante tres años. Desde entonces, siempre palidecía un poco en los hospitales a causa de los malos recuerdos.

Después de cuatro largos y dolorosos meses, nuestra familia se emocionó cuando mamá estuvo lo suficientemente bien como para salir del hospital, aunque confinada en una silla de ruedas y dependiente de los demás para todo. Papá, que siempre la había adorado y tratado como una reina, demostró su amor brindándole atención médica las 24 horas del día para hacerle la vida más fácil. Compró una camioneta especial y adaptó la casa para que pudiera moverse sin problemas con silla de ruedas; trató de hacerle la vida lo más fácil posible. Esperaba que ella volviera a caminar pronto y que pudieran reanudar una vida normal juntos.

Aunque los problemas de salud de mi mamá fueron difíciles para todos nosotros, parecían afectar más a mi papá, y él continuó alejándose. Siempre había sido una persona reservada, pero ahora, había enfermeras allí cada minuto, a menudo de dos en dos, ya que tenían que bañar y vestir a mamá. Papá se volvió más distante, agitado y parecía desinteresado en la vida.

Cuando se volvió evidente que en definitiva algo andaba mal con él, se hizo unos estudios y le diagnosticaron demencia frontotemporal. Estábamos atónitos de que tuviera esta terrible enfermedad, ya que siempre se había mantenido mental y físicamente activo. De modo terminante, papá se negó a aceptar el diagnóstico e incluso se burló del análisis del médico. Pero estaba claro que este tenía la razón. Fuimos testigos de un cambio dramático de su personalidad. Comenzó a volverse socialmente inapropiado, exhibiendo falta de juicio y pérdida de inhibición, repitiendo historias que acababa de contar, diciendo y haciendo cosas que para él, antes, hubieran estado por completo fuera de lugar.

Fue en ese momento cuando tuvimos que insistir para que dejara de viajar, de dar charlas y de escribir; básicamente, para que le pusiera fin a su carrera profesional, en contra de su voluntad. Fue un momento muy triste y difícil para todos nosotros: el final de una era de contribuciones increíbles que tanto había durado.

A la larga nos dimos cuenta de que había estado luchando con las etapas iniciales de esta enfermedad durante un tiempo. Todos los síntomas fueron devastadores, porque veíamos a nuestro padre —el «exuberante» patriarca de la familia— deteriorarse frente a nuestros ojos. Nos sentíamos por completo impotentes. Vimos cómo su personalidad divertida, única y extrovertida se transformaba en algo que apenas reconocíamos. A veces, podíamos ver un temor genuino en su mirada, porque él sabía que le estaba pasando algo que no podía controlar. Pero también sentíamos un gran amor por él; queríamos apoyarlo y cuidarlo en este momento tan difícil.

Como familia, estábamos tristes y abrumados: por un lado, con una madre que estaba en silla de ruedas, que lidiaba con una variedad de problemas de salud complicados; al mismo tiempo, con un padre que tenía demencia y se estaba deteriorando rápidamente. Sentíamos que ya no teníamos a *ninguno* de nuestros padres. Fue un momento muy desafiante y difícil para la familia Covey.

Hicimos lo mejor que pudimos juntos. Confiamos el uno en el otro, turnándonos para estar con mamá y papá, tratando de alegrarles la vida, devolviéndoles todo el amor y cuidado que habíamos recibido de ellos toda nuestra vida. Todos participaron: hermanos, parejas, nietos, tías, tíos, familiares y amigos de toda la vida.

En el camino, también recibimos muchas bendiciones que nunca habíamos experimentado en tiempos más fáciles. Nos volvimos mucho más cercanos que nunca —entre hermanos y con nuestras parejas—, compartiendo nuestro dolor y confiando en el apoyo mutuo. Nuestras relaciones se hicieron más ricas; nos perdonamos voluntariamente por pequeñas cosas que ahora parecían insignificantes, nos volvimos menos críticos. Experimentamos un verdadero gozo al servir a nuestros padres. Fuimos más tiernos con nuestros propios hijos. Agradecimos por la fe, que fue nuestra ancla, que nos brindó la fuerza y el valor necesarios para seguir adelante. Saboreamos los días que fueron buenos y los momentos en los que hicimos felices a nuestros padres; nos deleitamos rememorando los recuerdos de días mejores.

En lugar de llorar todo el tiempo, como hacíamos al principio, ¡aprovechamos las personalidades optimistas de nuestros padres y empezamos a reír de nuevo! Nos encantaba cantar un tema clásico de una de nuestras producciones favoritas: «José el Soñador», que describía cómo nos sentíamos: «Aquellos días de Canán, tiempos que ya no vooolveeerááán…! ¿A dónde han ido, a dónde se fuerooooooooon!».[2]

Para nosotros, «aquellos días de Canaán» representaban nuestra vida antes de la cirugía, antes de la demencia, antes de todos los cambios drásticos en nuestros padres: cuán agradecidos nos sentíamos por nuestros maravillosos recuerdos de días mejores.

A nuestra familia siempre le han gustado las películas; por ello, también adoptamos una frase de uno de nuestros clásicos favoritos, *Los tres amigos*, que aplicaba muy bien a nuestra situación. Tratando de animar a sus compañeros para seguir adelante durante los momentos difíciles, Lucky Day (Steve Martin) dice: «En cierto modo, todos nosotros tenemos un El Guapo que enfrentar. [El Guapo era el malo de la película]… ¡Para nosotros, El Guapo es un tipo grande y peligroso que quiere matarnos!».[3] Nos dimos cuenta de que estos momentos difíciles eran El Guapo de nuestra familia; esa era la frase que usábamos para «divertirnos» a menudo, lo cual nos salvó durante estos momentos oscuros.

Además de volvernos más cercanos, descubrimos que habíamos desarrollado más caridad y comprensión por las dificultades o las penas de los demás. Sabíamos de primera mano lo que era sufrir, experimentar una pérdida, ver con impotencia a nuestros padres luchar y deteriorarse. Nos volvimos mucho más conscientes de lo que otras personas estaban pasando durante sus dificultades y, como resultado, tuvimos más empatía. Para salir adelante, pusimos en práctica uno de los dichos favoritos de papá: «Sea fuerte en los momentos difíciles». Y, poco a poco, nos dimos cuenta de lo mucho que él había luchado contra su enfermedad, lo mucho que se había esforzado para *vivir la vida in crescendo*, hasta que ya no pudo más.

Pronto descubrimos cuántas personas, en verdad, amaban a nuestros padres y cuánto ellos habían dado y contribuido a lo largo de sus vidas. Los amigos de toda la vida e incluso los parientes lèjanos venían con regularidad a pasar tiempo con mi papá o a invitarlo a almorzar. También demostraron un gran amor y apoyo a mi mamá, quien a menudo necesitaba un amigo o alguien que la escuchara, un hombro para llorar y aliento para seguir adelante. El hermano de mi papá, John, quien siempre había sido su mejor amigo, fue un salvavidas para nosotros; venía con frecuencia para estar con su hermano y nos apoyaba adoptando el papel del padre que ya no teníamos. Su esposa, Jane, también nos visitaba seguido; era una verdadera amiga para nuestra madre, a quien ella realmente necesitaba y apreciaba. Nos dimos cuenta de lo bendecidos que éramos realmente porque no estábamos solos en esto; teníamos amigos y familiares que se preocupaban. Supimos que Dios todavía nos estaba cuidando.

Con el tiempo, mi mamá se adaptó a su nueva vida de una manera notable y valiente, con lo cual volvió a involucrarse en nuestras vidas. Su salud mejoró poco a poco; pronto, ya no podíamos lograr que se quedara quieta. Organizó muchos eventos familiares, volvió a frecuentarse con sus amigos y a tener actividades, disfrutó de una vida tan feliz y rica tanto como le fue posible, a pesar de la silla de ruedas. Al igual que las muchas personas inspiradoras destacadas en este libro, ella no se dejó definir por sus desafíos y contratiempos, sino que los enfrentó con fe y valor, siguió mirando hacia lo que aún estaba por suceder.

Mamá pasaba la mayor parte del tiempo tratando de hacerle la vida maravillosa a mi papá, cuyas capacidades mentales y físicas comenzaron a verse más afectadas. Pronto, él se volvió muy dependiente de ella, así como de los demás para todos sus cuidados. Todos los días, mamá planeaba cosas divertidas para que hicieran juntos: una salida o una actividad significativa; pasar tiempo con viejos amigos o nuestra familia; llenar sus días con cosas que disfrutaba. Ella le contaba recuerdos familiares maravillosos, lugares a los que habían viajado y momentos que habían disfrutado juntos. Papá hablaba cada vez menos, pero escuchaba atentamente lo que ella decía y quería estar con ella todo el tiempo. Mamá hizo todo lo posible para mantenerlo a salvo y cuidarlo, aunque este fue el momento más triste y solitario de su vida.

En abril de 2012, mi papá estaba dando un paseo en su bicicleta eléctrica, cerca de casa, una de sus actividades favoritas que aún podía disfrutar. Aunque estaba con un ayudante, de alguna manera, perdió el control al bajar la colina, golpeó el borde de la acera y salió volando de su bicicleta, cayendo sobre su cabeza. Aunque llevaba puesto un casco, experimentó una hemorragia interna. Estuvo hospitalizado durante algún tiempo y nosotros nos preguntábamos si sería entonces cuando lo perderíamos. Sin embargo, después de varias semanas, pareció recuperarse un poco y pudo volver a casa; aunque sus habilidades eran más limitadas, todavía estaba con nosotros.

Ese verano, visitamos nuestra cabaña familiar en Montana y disfrutamos lo que no sabíamos que serían nuestros últimos días con papá. Tuvimos una parrillada maravillosa el 4 de julio; hablamos y cantamos juntos alrededor del fuego, asamos malvaviscos y preparamos s'mores; disfrutamos de la compañía de nuestros primos de todas las edades; reímos y jugamos juntos; inventamos bailes locos al ritmo de la música y entonamos canciones patrióticas. También lanzamos fuegos artificiales, que fue la culminación ideal para esa noche de verano perfecta. Mi papá parecía responder y disfrutar como hace tiempo no lo hacía. Años antes, había imaginado esa noche cuando construyó nuestra cabaña, a la que llamó apropiadamente *Legado*. Había planeado con cuidado cada área del jardín para que su familia disfrutara junta, en la hermosa zona de Big Sky, nuestro lugar favorito. Esta hermosa cabaña y esa área fueron el verdadero legado que nos dio; ahora recordamos esa noche mágica con gran cariño, ya que tan solo unas semanas después, nuestro padre nos dejó.

El 15 de julio, de forma inesperada, a papá le volvió la hemorragia en la cabeza y se lo llevaron al hospital en ambulancia. Al escuchar que estaba en una condición tan grave, en ese momento los nueve hijos con nuestras familias, sin importar dónde estábamos, fuimos a verlo; queríamos estar a su lado. Como un milagro, todos llegamos a tiempo para despedirnos; fuimos parte de una experiencia espiritual, ya que nuestro padre falleció en paz la madrugada del lunes 16 de julio, rodeado por su esposa y su familia, tal como él lo hubiera querido. En ese momento, hubo un sentimiento abrumador de amor y de paz profunda, que siempre recordaremos y apreciaremos. Murió apenas unos meses antes de su cumpleaños número ochenta —años antes de lo que habíamos pensado—. Como familia, creemos firmemente que volveremos a estar con él.

Durante las siguientes semanas, todos extrañamos mucho a nuestro maravilloso padre, pero debido a las limitaciones físicas y mentales que le impuso la enfermedad, estábamos agradecidos de que estuviera libre de dolor y sufrimiento. Al final, apenas podía hablar, uno de los síntomas de ese tipo de demencia. Qué ironía: su gran don, que había bendecido a tantos —el hablar y con ello inspirar a otros, a través de sus palabras e ideas—, fue en definitiva lo que se le había arrebatado. Había cerrado su ciclo.

No llores porque terminó, sonríe porque sucedió.
AUTOR DESCONOCIDO

En este libro, usted ha sido *desafiado* y, con suerte, *inspirado* a *vivir in crescendo.* Pero no hemos discutido la posibilidad de que los problemas de salud mental o física, u otras circunstancias fuera de su control, le impidan hacerlo durante el tiempo que desee. En realidad, uno solo puede hacer lo mejor posible.

Creemos que nuestro padre dio el ejemplo de tratar de vivir la *mentalidad crescendo* hasta que ya no pudo más. Antes de que comenzara a mostrar signos de demencia, estaba trabajando en varios proyectos de escritura diferentes, incluido este libro, y estaba involucrado en muchas otras iniciativas importantes que lo emocionaban. Además, estaba completamente comprometido como padre y abuelo; tenía muchas actividades y viajes planeados para ayudar a reunir y fortalecer a nuestra familia. Siempre nos compartía sus experiencias, aprendizajes clave y nuevas ideas que estuviera escribiendo o enseñando, en las reuniones familiares o durante las llamadas personales que cada uno de nosotros, los hermanos, recibíamos de forma regular. Sí, estaba comprometido de manera total, entusiasta y profunda con la idea de que su mayor obra aún estaba por delante… hasta el momento en que comenzó a experimentar su declive mental.

No mucho antes de terminar este libro, nuestra madre, Sandra Merrill Covey, falleció de manera inesperada, pero pacífica. Ella también fue un poderoso ejemplo de *vivir in crescendo.* A pesar de haber estado en silla de ruedas los últimos 12 años de su vida, ejemplificó esta mentalidad a diario y disfrutó plenamente de la vida como matriarca de la familia Covey. Ella nos asombró e inspiró a todos hasta el final.

En su funeral, cada uno de sus nueve hijos rindió un breve homenaje a algunas características admirables que exhibió a lo largo de su vida. Yo conté una de mis historias favoritas sobre su personalidad luchadora y su actitud proactiva (*carpe diem*), en busca de una vida con propósito: Hace años, en un viaje a Francia, después de un día de turismo, mi mamá buscaba con desesperación un baño. Cuando entró en un restaurante, la dueña le hizo señas para que se fuera, señalando el cartel de «cerrado». Pero mi mamá insistió:

—Por favor, en verdad necesito usar su baño —le dijo ella a la dueña.

—¡Señora, *se acabó*! —contestó la mujer.

La respuesta de mi madre fue pasar a su lado mientras gritaba encima del hombro:

—*¡No se ha acabado!* —y bajó corriendo las escaleras.

Enojada de que mi mamá hubiera pasado sin permiso, la mujer apagó las luces a propósito, de modo que mi madre tuvo que avanzar a tropezones para encontrar el baño, en un sótano desconocido, y subir las escaleras a tientas, en la oscuridad. Cuando finalmente llegó arriba, y se topó con la mirada de la mujer, mi madre levantó el brazo en señal de triunfo y gritó en francés, *en voz alta*: «VIVE LA FRANCE!», y salió del lugar.

Su declaración, «*¡No se ha acabado!*», es un indicativo de cómo vivió su vida *in crescendo*. Después de sus cirugías y su recuperación, *no había terminado* de vivir, así que a pesar de los desafíos, luchó arduamente para recuperar su vida y regresar a sus muchas actividades, incluso con sus continuos problemas de salud. No miró hacia atrás ni se compadeció de sí misma cuando estaba confinada a una silla de ruedas, sino que siempre anticipó lo que estaba por venir: la próxima reunión familiar, el próximo gran evento, la próxima etapa de la vida, siempre emocionada por lo que deparaba el futuro y siempre deseosa de hacer más.

Aunque navegaba por la vida todos los días en una silla de ruedas, nuestra madre *no había acabado* de disfrutar de los clubes sociales, de liderar las discusiones en su club de lectura, de participar en la iglesia, de aprovechar las oportunidades de servicio, de servir en el concejo de la universidad local, de animar a su equipo en partidos de futbol y baloncesto, de apoyar a sus nietos en diversas actividades, de disfrutar de las salidas con sus múltiples amigos. Celebraba cada fiesta a lo grande y con la mayor cantidad de gente posible.

En el Día de San Patricio, entregaba galletas en forma trébol a sus vecinos. Se reía a carcajadas cuando podía hacerle una broma a cualquiera en el Día de los Inocentes. Trató de incluir socialmente a una variedad de personas. A menudo, invitaba al azar a las familias vecinas para pasar una divertida noche de s'mores, alrededor de una fogata. Le encantaba hablar de política y, durante las elecciones, invitaba a diferentes amigos a casa para que se discutieran de forma abierta los temas de actualidad. Un tanto ingenua, los identificaba como amigos conservadores o liberales, pidiéndoles que compartieran su punto de vista de una manera informal y en un ambiente amigable.

Tan solo tres semanas antes de su fallecimiento, le pidió a su hija Colleen que comprara y envolviera sesenta regalos de Navidad. Rodó en su silla hasta su camioneta y le ordenó a su hijo menor, Joshua, así como a los hijos de este, que entregaran cada regalo, personalmente, en la puerta de sesenta de sus amigos y vecinos más cercanos. Ella ejemplificó la actitud *carpe diem* a lo largo de todas las estaciones del año.

Aunque experimentó problemas de salud años antes, *no había acabado* de contribuir a su comunidad, y cumplió el sueño de su vida de construir un centro de artes en Provo, Utah, su ciudad natal. Había pasado varios años trabajando como presidenta de un comité dedicado a este proyecto, y juntos lograron que los funcionarios de la ciudad y los ciudadanos se involucraran; encontraron un edificio para remodelar y recaudaron fondos para llevar a cabo el proyecto. Ahora, el Covey Center for the Arts (Centro Covey para las Artes, nombrado así en su honor), está en pleno uso, durante más de trescientos días al año, albergando ópera, *ballet*, obras de teatro, representaciones, así como otros eventos culturales y de entretenimiento.

Más que nada, nuestra madre *no había acabado* de ser la matriarca de su numerosa y creciente familia. Cuando su cuerpo estaba apagándose en el hospital, se recuperó varias veces; consideramos que experimentó «milagros» que prolongaron su vida, una y otra vez.

Nunca perdió la oportunidad de reunir a su descendencia, en muchas ocasiones especiales, durante todo el año. Participó en la celebración de nacimientos, bendiciones de bebés, bautizos, graduaciones, bodas, cumpleaños, días festivos, juegos y presentaciones de nietos; cualquier ocasión importante. Hasta el final, envió tarjetas de cumpleaños individuales a cada persona de la familia; con nueve hijos y sus parejas, 55 nietos, más 43 bisnietos, ¡aquello fue prácticamente un trabajo de tiempo completo! Todos los miembros de la familia se sentían amados, conectados con ella, y la visitaban con frecuencia. Tenía una relación especial con sus nietos y bisnietos, quienes de cariño la llamaban «¡Mere, Mere!». Tomando prestada la descripción que usaba nuestro padre, ella era «¡magnífica!».

En su funeral, todos sus nietos y bisnietos se pusieron de pie para rendir homenaje a su legado, cantando, como ella lo había solicitado, «Fill the World With Love» (Llena el mundo de amor), cuya letra refleja la misión de su vida.

Estamos felices de decir que nuestra amada madre llenó nuestro mundo de amor. Ella eligió *vivir in crescendo*, a pesar de los desafíos que enfrentó, y fue, hasta el último momento, «fuerte, valiente y fiel». Ella ha sido una inspiración para nosotros y para todos los que la conocimos y amamos. Y así, como familia, proclamamos con orgullo: «Vive la Sandra!».

Comparto estas ideas personales con la esperanza de demostrar que, sin importar las circunstancias de *su* vida, siempre es posible vivir la *mentalidad crescendo*, sea lo que sea para usted y durante el tiempo que pueda. Aunque por ahora ya no estemos junto a nuestros padres, su legado sigue vivo, a través de su descendencia y de aquellos que también están inspirados para *vivir la vida in crescendo.*

Vivir en los corazones de los que
dejamos atrás no es morir.
Thomas Campbell

Sujetar la esperanza: la Fundación Rachel Covey

Una vez que eliges la esperanza, todo es posible.
CHRISTOPHER REEVE

Dos meses después de la muerte de mi papá, mi hermosa sobrina, Rachel Covey, falleció a la edad de 21 años, debido a los efectos de la depresión. Esto fue difícil, en particular, para mi hermano Sean y su esposa Rebecca, sus amados padres, aún más debido a la reciente pérdida de nuestro padre. Rachel era la mayor de ocho hijos, sobrina y prima de muchos en ambos lados de su familia; todos la queríamos y su fallecimiento nos afectó profundamente.

Rachel demostró tener *grandeza primaria* y poseía muchos dones notables: era amable, afectuosa, sensible, divertida, amorosa, creativa, desinteresada, aventurera y generosa. Tenía una risa contagiosa, los niños la adoraban. Además, una pasión y un amor increíble por los caballos. Nos consolamos con nuestra fe en Dios, pensando que no fue casualidad que su abuelo hubiera fallecido justo antes que ella.

Sean y Rebecca eligieron, con valentía, mencionar la batalla de Rachel contra la depresión, en su obituario, para ayudar así a otras personas que luchan contra ella. Fue un acto generoso en medio de su dolor, el cual bendijo a otros que sufrían de manera similar. Muchos acudieron a ellos y, con lágrimas en los ojos, compartieron su propia experiencia, o la de un familiar, abriendo así caminos de sanación. La familia Covey se unió nuevamente; abrazó a Sean, a Rebecca y a sus hijos, al igual que a los parientes lejanos y amigos.

Por esos días, un vecino comentó que seguramente Sean tendría para siempre un hueco en su corazón, tras el fallecimiento de Rachel. Aunque lo dijo sin malas intenciones, mi hermano estaba en verdad perturbado por esta afirmación; mientras pensaba en ello, decidió que en lugar de tener ese hueco, para siempre, desarrollaría un nuevo músculo en su corazón. Con esta mentalidad, tanto Sean como Rebecca nos inspiran y nos sorprenden a todos en su viaje de recuperación.

Aunque ha sido increíblemente difícil, han optado por seguir adelante con fe y valor; su familia es fuerte y funciona del todo bien.

A Rachel le encantaba competir en carreras de resistencia a caballo, las cuales son de 40 km; cuando completó la primera, les dijo con entusiasmo a sus padres: «He encontrado mi vocación». Después de su fallecimiento, algunos de los amigos de Rachel se acercaron a Sean y Rebecca para contarles cómo ella los había ayudado, en sus momentos difíciles, enseñándoles a montar. Aunque todavía estaban de luto, Sean y Rebecca se sintieron inspirados para honrar y celebrar la vida de su hija, así que iniciaron una fundación que ayudaría a otras mujeres jóvenes a recuperar la alegría.

Rebecca relató: «Un lado de mí decía: "¡Ni siquiera quiero estar haciendo una fundación, solo quiero a Rachel de vuelta! La quiero de vuelta en su caballo, quiero ver esa sonrisa en su rostro". Pero luego, otro lado de mí dijo: "Está bien, pero ella no está aquí. Así que vamos a buscar a chicas que tengan dificultades, las llevaremos al establo y les enseñaremos a montar a caballo, para que puedan sentirse bien consigo mismas y superar sus dificultades».

Entonces, en medio de su dolor, nació Bridle Up Hope: The Rachel Covey Foundation (Sujeta la esperanza: Fundación Rachel Covey).[4] Su misión es inspirar esperanza, confianza y resiliencia en mujeres jóvenes a través del entrenamiento ecuestre. Ofrece un programa único de 14 semanas para chicas, de 12 a 25 años, que luchan contra la baja autoestima, la ansiedad o la depresión, que han sufrido traumas o abusos, o que simplemente han perdido la esperanza. En el rancho Bridle Up Hope, las niñas aprenden a montar y relacionarse con los caballos, desarrollan habilidades para la vida y encuentran una nueva perspectiva a través del servicio. En un mundo donde demasiadas niñas sienten que nunca están a la altura y que no pueden tener éxito, Bridle Up Hope las ayuda a reconocer su valor y potencial inherentes, generar confianza y superar las luchas personales.

Basado en los *7 hábitos* de nuestro padre, Sean es el autor del exitoso libro *Los 7 hábitos de los adolescentes altamente efectivos.* Estos se enseñan en el curso Bridle Up Hope, donde aprenderlos y aplicarlos es una parte esencial del programa. Además de ganar confianza para montar un caballo, las lecciones de vida que las niñas aprenden se extienden, entre otras lecciones valiosas, a tener éxito en la escuela, lidiar con la presión social, tomar buenas decisiones, evitar sustancias adictivas o retribuir con servicio. Todo esto puede ayudarlas a navegar los altibajos que los adolescentes inevitablemente enfrentan. ¡Sean y Rebecca creen que, si salvas a una niña, salvas varias generaciones!

Una graduada del programa compartió su historia hace poco:

> Antes de experimentar este programa, había asistido durante más de un año a consejería y todavía estaba luchando por recuperarme. Me esforzaba tanto como podía para hacer frente al trauma y los subsiguientes problemas que enfrentaba, pero sentía que mi vida estaba arruinada. Me preguntaba si alguna vez podría, en verdad, volver a ser feliz o exitosa. Esperanza es lo que hizo falta en mi vida durante años y justo eso fue lo que encontré en Bridle Up Hope. Aprendí, a través de los caballos, increíbles instructores y los 7 hábitos, cómo aprovechar el poder de la esperanza en mi vida, para finalmente comenzar a avanzar.
>
> Lo más importante que aprendí fue el concepto de *responsabilidad personal.* Era un equilibrio complicado evitar sentirme culpable por cosas que no eran culpa mía y, al mismo tiempo, aceptar la responsabilidad de mi sanación, de la recuperación de mi vida actual. Al trabajar con los caballos, aprendí a establecer y mantener límites, a comunicar estos con claridad a los demás. Con el tiempo, sentí que me devolvieron mi poder personal para crear la vida que quería. Aprender a poner en práctica los 7 hábitos, y creer que podía lograr la vida que esperaba tener antes del trauma, fue la mayor bendición de mi vida durante un tiempo aparentemente sin esperanza.

Así, Bridle Up Hope ha transformado las vidas de más de mil niñas. Hoy se ha expandido a múltiples estados y países. Su visión es que el símbolo de la fundación, la herradura rosada, algún día sea reconocida como un emblema global para generar esperanza en las mujeres jóvenes —igual que la cinta rosada es un símbolo global para la concientización sobre el cáncer de mama—. Se planea establecer hasta mil sucursales de Bridle Up Hope alrededor del mundo, logrando así un impacto en decenas de miles de niñas.[5]

La ansiedad y la depresión en los adolescentes, sobre todo, en las adolescentes, se ha convertido en una pandemia mundial. Las niñas luchan por sentirse lo suficientemente buenas, inteligentes, bonitas o delgadas, y las redes sociales no están ayudando. Creen que necesitan estar a la altura de un estándar perfecto e imposible, lo cual está afectando su bienestar mental. Como consecuencia, la demanda del programa ha sido tan grande que está superando la rapidez con la que la fundación puede recaudar fondos. Entonces, para ayudar a recaudar dinero y proporcionar becas para niñas, Sean y Rebecca abrieron una tienda en línea llamada Bridle Up Hope Shop. La tienda vende sudaderas, camisetas con afirmaciones afirmativas, joyería y otros artículos, todos con un toque ecuestre. Como sucede con la línea de productos de Newman's Own, el 100% de las ganancias de esta tienda se destinan a apoyar a la fundación.[6]

Unos tres años después de la muerte de Rachel, Sean habló en una conferencia de duelo en la que todos los asistentes habían perdido, hacía poco, a alguien cercano a ellos. Fue una tarea difícil para él, ya que nunca había hablado del fallecimiento de Rachel en público. Empezó diciendo:

> Estoy aquí para hacer el duelo con ustedes, no para tratar de arreglarlos. Como probablemente hayan experimentado, las personas bien intencionadas dirán las cosas más insensibles en su intento por ayudarlos a sanar. No hay atajos para el duelo. Tienes que pasar por ello. Quiero que sepan que siento su pérdida y los entiendo.

Luego, con valor, Sean contó su propia historia de duelo y recuperación durante los tres años anteriores. Comentó que, después del fallecimiento de Rachel, descubrió que: «básicamente, tienes tres opciones cuando te enfrentas a una tragedia o una situación que te cambia la vida. Primera: puede destruirte. En segundo lugar, puede definirte. Y en tercero, puede fortalecerte».

Aunque fue lo más difícil que ha hecho en su vida, Sean tomó la decisión consciente de adoptar la tercera opción. Aunque reconoció que no existe un calendario mágico para la sanación, compartió algunas ideas que ayudaron a fortalecerlo a él y a su familia para poder seguir adelante.

- *Escriba lo que quiera recordar.* En un diario especial, Sean y Rebecca registraron experiencias, sentimientos y recuerdos que no querían olvidar, algunos donados por la familia y otras personas. Escribieron sobre los muchos pequeños milagros que ocurrieron después del fallecimiento de Rachel y lo que otros habían dicho sobre su influencia en sus vidas. Lo leen a menudo en familia, cuando quieren sentirse cerca de ella y como una forma de honrarla.

- *Celebre los días importantes.* Sean y Rebecca no querían enfocarse en el día de su muerte, por lo que todavía celebran el cumpleaños de Rachel con sus hijos y, a menudo, con su familia extendida. Cuentan historias sobre Rachel, se ríen de sus divertidas frases ingeniosas, reviven recuerdos y le preparan un increíble pan de plátano con salsa casera. Y siempre sirven sandía, la favorita de Rachel. Es un momento significativo que anhelan pasar juntos y hace que su cumpleaños sea más llevadero, al convertirlo en una celebración de su vida.
- *Encuentre su voz y saque algo bueno de lo sucedido.* Esta es la razón por la que Sean y Rebecca fundaron Bridle Up Hope. A través del trabajo de esta fundación, ven cómo cambian vidas todos los días, y están honrando a Rachel al ayudar a otros que luchan de manera similar. En palabras de Sean: «Bridle Up Hope es Rachel, esparcida por todas partes».

Cuando uno «encuentra su voz y ayuda a otros a encontrar la suya, puede lidiar mejor con la pérdida», comentó Sean. Uno sanará y volverá a encontrar la felicidad mientras bendice a otros.

Sean reiteró que no hay un calendario establecido para el duelo. Es diferente para cada persona. Sin embargo, su mensaje final fue de esperanza: «A Dios le importa. La vida continúa. Y algún día podrás sentirte completo y feliz de nuevo, tal como yo lo he hecho. Lo prometo».[7]

Nota de la autora

Espero que haya disfrutado leyendo este libro tanto como yo disfruté escribiéndolo (con mi padre): que le haya ayudado a cambiar su paradigma y a encender su pasión. A estas alturas, también espero que se dé cuenta de que, sea cual sea la edad y la etapa en la que se encuentre, siempre puede *vivir la vida in crescendo.*

Para mí, esta obra ha sido un compromiso sagrado que me otorgó mi padre hace muchos años, cuando comenzamos a trabajar juntos. Ha sido un viaje largo y no ha sido fácil terminarlo, pero he aprendido mucho y me he sentido realmente inspirada por la multitud de ejemplos edificantes que he encontrado alrededor del mundo.

No importa cuál sea su edad o su posición en la vida, uno nunca termina de contribuir. Siempre debe seguir buscando algo más alto y mejor en la vida. Puede obtener satisfacción de los logros pasados, pero la próxima gran contribución siempre está en el horizonte. Quedan relaciones por construir, una comunidad que servir, una familia que fortalecer, problemas que resolver, conocimiento que adquirir y grandes obras que crear. Ya sea que esté en plena batalla de la mediana edad, haya experimentado la *cima del éxito*, esté enfrentando un contratiempo que le cambió la vida o esté en la *segunda mitad de la vida*, tenga en cuenta que, a pesar de los desafíos, *su trabajo más grande e importante realmente puede estar adelante de usted*, si así lo desea.

Como leyó en la conclusión, el viaje de nuestra familia para aprender a *vivir in crescendo* adquirió un nuevo significado, a medida que fuimos atravesando nuestros propios desafíos personales. Las docenas de historias inspiradoras que he compartido en este libro son evidencia de que la *mentalidad crescendo* puede integrarse con éxito en cualquier etapa y de que enriquecerá enormemente su vida.

Piense en todos los talentos que puede compartir, el bien que puede lograr, las vidas que bendecirá y el gozo que fluirá en su corazón al hacerlo. ¡Así que comience, cree su propio y maravilloso legado de contribución! No dude de usted mismo: tiene el poder y la habilidad para hacerlo, y su capacidad se expandirá. Estoy segura de que, con ello, con sus dones, talentos y contribuciones que cambian vidas, iluminará su propia vida, a su familia, a su comunidad e incluso al mundo.

CYNTHIA COVEY HALLER

Apéndice

Ideas sobre dónde encontrar oportunidades de voluntariado y lugares para servir.

volunteermatch.org. Volunteer Match es una de las bases de datos más grandes para conectar con organizaciones sin fines de lucro y voluntarios a nivel mundial.

justserve.org. JustServe es un servicio internacional para ayudar a vincular las necesidades de la comunidad con los voluntarios; estos pueden buscar y encontrar fácilmente oportunidades de voluntariado dentro de sus propias comunidades.

createthegood.org. Esta organización sin fines de lucro, patrocinada por American Association of Retired Persons (AARP, Asociación Estadounidense para las Personas Retiradas), ofrece una base de datos de oportunidades de voluntariado y conecta organizaciones benéficas con voluntarios, según sus intereses y habilidades.

bbbs.org. Big Brothers and Big Sisters of America (Hermanos y hermanas mayores de Estados Unidos). Esta organización sin fines de lucro tiene la misión de «crear y apoyar relaciones de tutoría personales que enciendan el poder y la promesa de la juventud».

encore.org. Esta organización anima a las personas mayores de 50 años a encontrar un nuevo propósito en causas significativas. Involucra a adultos mayores que ayudan a orientar e inspirar a voluntarios más jóvenes en su propia área.

unitedway.org. United Way es una de las organizaciones de voluntarios más antiguas y estimadas; puede buscar oportunidades y encontrar un servicio o trabajo que se adapte a usted y esté acorde con sus necesidades.

doinggoodtogether.org. Con la misión de criar niños que se preocupen y contribuyan, Doing Good Together (Juntos Haciendo el Bien) recluta a padres e hijos para que trabajen juntos con un espíritu de servicio desinteresado.

pointsoflightengage.org. Esta es la red de voluntariado digital más grande del mundo; conecta a las personas con oportunidades locales de voluntariado; también puede iniciar un nuevo proyecto de servicio donde haga falta.

catchafire.org. Esta es una red de voluntarios, organizaciones sin fines de lucro y financiadores, que trabajan juntos para resolver problemas urgentes y ayudar a las comunidades.

globalvolunteers.org. Esta organización ofrece oportunidades de voluntariado en todo el mundo para estudiantes, familias, individuos, profesionales y jubilados, y los involucra en la cultura o con las personas que apoyan.

americorps.gov. Los miembros de AmeriCorps y los voluntarios de la tercera edad de AmeriCorps trabajan directamente con organizaciones sin fines de lucro para abordar los desafíos más apremiantes del país.

nvoad.org. National Voluntary Organizations Active in Disaster (Organizaciones Voluntarias Nacionales Activas en Desastres) es una coalición de más de setenta instituciones que alivian el impacto de las catástrofes naturales y brindan servicios en las áreas afectadas.

habitat.org. Habitat for Humanity (Hábitat para la Humanidad) es una organización global sin fines de lucro, que trabaja en comunidades de los Estados Unidos y otros setenta países, luchando para que la gente tenga mejores viviendas.

redcross.org. La Cruz Roja Americana previene y alivia el sufrimiento humano ante emergencias; moviliza el poder de los voluntarios y la generosidad de los donantes.

Voluntariados locales. Busque colaborar con bancos de alimentos, refugios para personas sin hogar, refugios para animales, hospitales, con la limpieza de parques, Meals on Wheels, comedores comunitarios u ollas comunes; con asilos o centros de vida asistida; grupos de lectura y tutoría para estudiantes, o de entrenamiento, etcétera.

Agradecimientos

Con profundo aprecio, deseo agradecer a las muchas personas que han hecho posible la redacción y publicación de este libro. *Vive in crescendo* ha sido un proyecto de más de una década y estoy muy agradecida por el tremendo apoyo que muchas personas solidarias me han brindado a lo largo del camino.

Estaré eternamente agradecida con mi mejor amigo y esposo —durante 42 años—, Kameron Haller, por su constante amor y apoyo inquebrantable hacia mí y hacia la *mentalidad crescendo.* Kameron ha reforzado mi confianza y ha creído en mi capacidad para completar este libro de la mejor manera posible. Su perspicacia, crítica, sabiduría y juicio, siempre acertados, me han sostenido en momentos de desánimo o retroceso, y aprecio mucho su influencia en mi vida.

Además, me gustaría agradecer el apoyo de mis seis maravillosos hijos y sus parejas: Lauren y Shane, Shannon y Justin, Kameron y Haley, Mitchell y Sara, Michael y Emilie, Connor y Hannah. No solo me ofrecieron palabras alentadoras, sino que también me enviaron comentarios útiles, mostraron paciencia cuando estaba ocupada escribiendo y me animaron. Como me recordó amablemente mi hijo menor, Connor: «¡Termina ya! ¡Has estado escribiendo este libro durante la mitad de mi vida!». Mis 21 adorables nietos también me brindan una oportunidad constante de *vivir in crescendo.*

Un agradecimiento especial a mi hermano Sean, quien creyó en mí y en *Vive in crescendo* desde el principio, y me guio a lo largo de todo el proceso, desde la escritura hasta la publicación, incluida la valiosa asistencia editorial, la experiencia contractual y la orientación en mercadotecnia. Agradezco a mis ocho hermanos, que leyeron los primeros borradores del libro y me ofrecieron apoyo: María brindó asistencia editorial adicional, mientras que Stephen promovió *Crescendo* donde pudo.

Gracias a mi tío John, cuyas llamadas de aliento fueron oportunas. A mis familiares y amigos por su interés y apoyo. En particular, a Carol Knight, por sus importantes contribuciones desde el principio; a Greg Link, quien leyó varios borradores y me brindó valiosos consejos para muchos años.

Extiendo mi gratitud al equipo de FranklinCovey, especialmente a Debra Lund por sus esfuerzos extraordinarios para reunir patrocinios; asimismo, por la muy bienvenida ayuda de Scott Miller, Annie Oswald, Laney Hawes y Zach Chaney.

Estoy en deuda con mi agente, Jan Miller, y su socia, Shannon Miser-Marven, quienes creyeron en el concepto de *Vive in crescendo* desde sus inicios. Qué agradecida estoy de haber tenido unos editores tan competentes: Dave Pliler y Robert Asahina, cuyas habilidades profesionales elevaron tanto el contenido como la presentación. Jan Miller y Robert Asahina también fueron agentes de mi padre, editores de *Los 7 hábitos de la gente altamente efectiva*. Mientras preparaba este manuscrito para su publicación, tuve la suerte de trabajar de cerca con mi equipo en Simon & Schuster, incluida mi editora, Stephanie Frerich, junto con Emily Simonson y María Méndez, quienes me guiaron a mí, una autora primeriza, a lo largo de todo el proceso.

Vive in crescendo fue la «última lección» de mi padre, por así decirlo, así que siento su aprobación porque he cumplido mi palabra de terminar el libro que él imaginó y que comenzamos juntos, allá por 2008. A lo largo del proceso de escritura, he sentido mucho su influencia; le rindo homenaje como un padre magnífico y un líder inspirador que «vivió, amó y dejó un legado». Mi madre, Sandra Covey, era igual a papá en todos los sentidos. Ella también creyó en mí y en mis hermanos durante toda nuestra vida, reafirmando nuestra confianza. ¡Qué regalo haber sido moldeada tan poderosamente por unos padres tan nobles!

Por último, sería una desagradecida si no extendiera mi reconocimiento a Dios, por su bondad e influencia en mi vida. De todo corazón, expreso mi profunda gratitud por Su guía e inspiración, por infundirme el valor y la confianza para emprender un esfuerzo tan enorme, y por la capacidad de llevarlo a cabo.

Notas

PRIMERA PARTE. LA CRISIS DE LA MEDIANA EDAD

1. Cita atribuida a George Bernard Shaw, https://www.goodreads.com/quotes/1368655-two-things-define-you-your-patience-when-you-have-nothing.
2. Cynthia Haller, entrevista, agosto de 2017.
3. Frances Goodrich, Albert Hackett y Frank Capra, *It's a Wonderful Life* (Liberty Films, 1946).
4. Phil Vassar, «Don't Miss Your Life», RodeoWave Entertainment, letra mode.com, 2012. Reimpresa con autorización.
5. Clayton Christensen, hbr.org/2010/07/how-will-you-measure-your-life.
6. Cynthia Haller, entrevista, mayo de 2018.
7. Cynthia Haller, entrevista, octubre de 2019.
8. goodreads.com/quotes/273511.
9. Kenneth Miller, «Don't Say No», readersdigest.com, 2008.
10. «Middle School Principal Drops Weight and Inspires Students», ksl.com, 18 de marzo de 2008.
11. Tiffany Erickson, «Glendale's Big Losers: Principal Drops 173 Pounds; Staff Also Slims Down», deseretnews.com, 2 de enero de 2007.
12. Cynthia Haller, entrevista, mayo de 2018.
13. John Kralik, John. *A Simple Act of Gratitude: How Learning to Say Thank You Changed My Life* (Hyperion, 2010).
14. Carol Kelly-Gangi, editor, *Mother Teresa: Her Essential Wisdom* (Fall River Press, 2006), p. 21.
15. Relatado a Cynthia Haller, julio de 2015.
16. burritoprojectslc.webs.com.

17. Heather Lawrence, «Engineer Returns to Thank Engaging Churchill Science Teacher», *Holladay Journal*, noviembre de 2020.
18. Narrado a Cynthia Haller, abril de 2010.
19. Lawrence, «Engineer Returns».
20. Relatado a Cynthia Haller, por Mindy Rice, 20 de mayo de 2018.
21. Relatado a Cynthia Haller, por Robyn Ivins, 2020.
22. Relatado a Cynthia Haller, 2020.
23. Relatado a Cynthia Haller, 2016.
24. brainyquote.com/quotes/marian_wright_edelman.
25. goodreads.com/quotes/15762.
26. Cynthia Haller, entrevista, octubre de 2019.
27. Tennessean.com/story/entertainment/music/2019/11/20/garth-brooks-exploded-like-no-country-star-before-him-cma-entertainer-year-4226820002/.
28. dailymail.com.uk/tvshowbix-3030642/Garth-Brooks-chose-family-fame-walked-away-music-14-years-article-3030642/.
29. usatoday.com/story/entertainment/music/2019/11/22/garth-brooks-bled-reclaim-top-spot-country-music/42707530021/.
30. usatoday.com/story/entertainment/music/2020/03/29/corona virus-garth-brooks-trisha-yearwood-announce-cbs-live-show-2935608001/.
31. Netflix. «*Garth Brooks: The Road I'm On*», 2019.

Segunda parte. La cima del éxito

1. Brian Williams, entrevista a Peter Jackson, rockcenter.nbd.news.com, 6 de diciembre de 2012.
2. Kent Atkinson, «Peter Jackson Gives $500,000 for Stem Cell Research», Nzherald.co.nz, 15 de julio de 2006.
3. Susan Strongman, «Sir Peter Jackson Rescues Beloved Church», nzherald.co.nz, 12 de agosto de 2015.
4. Relatado a Cynthia Haller por Chip Smith, 23 de julio de 2012.
5. Aleksandr Solzhenitsyn, en *At Century's End: Great Minds Reflect on Our Times* (Alti Publishing, 1997).

6. Carol Kelly-Gangi, editor, *Mother Teresa: Her Essential Wisdom* (Fall River Press, 2006), p. 101.
7. Henry Samuel, «Millionaire Gives Away Fortune Which Made Him Miserable», telegraph.co.uk, febrero de 2010.
8. E. Jane Dickson, «Nothing But Joy», *Readers Digest*, octubre de 2010, pp. 142-146.
9. Exraído de *The Quiltmaker's Gift*, de Jeff Brumbeau. Copyright 2000 por Jeff Brumbeau. Reimpreso con el permiso de Scholastic Inc.
10. Alena Hall, «How Giving Back Can Lead to Greater Personal Success», *Huffington Post*, junio de 2014.
11. Neal Tweedie, entrevista a Bill Gates: «I Have No Use for Money; This Is God's Work», telegraph.co.uk, 18 de enero de 2013.
12. David Rensin, «The Rotarian Conversation: Bill Gates», *Rotarian*, mayo de 2009, pp. 45-53.
13. gatesfoundation.org/Who-We-Are/General-Information/Letter-from-Bill-and=Melinda-Gates, Annual Report, 2018.
14. Bill y Melinda Gates, «We Didn't See This Coming», gatesnotes.com/2019-Annual-Letter.
15. Melinda Gates, *The Moment of Lift: How Empowering Women Changes the World* (Flatiron Books, 2019), pp. 14, 15, 38.
16. *Ibidem*, p. 11.
17. cnbc.com/2017/10/24/bill-gates-humanity?-will-see-its-last-case-of-polio-this-year.
18. Sarah Berger, «Bill Gates Is Paying Off This Country's $76 Million Debt», cnbc.com.
19. Rensin, «The Rotarian Conversation».
20. Gates, *The Moment of Lift*, pp. 19, 118-121.
21. *Ibidem*, pp. 50-53.
22. givingpledge.org.
23. *Idem*.
24. Laura Lorenzetti, «17 More Billionaires Join Buffett and Gates' Giving Pledge This Year», fortune.com, 1 de junio de 2016.
25. Buffet, Warren. «My Philanthropic Pledge». givingpledge.org.
26. Brendan Coffey, «Pledge Aside, Dead Don't Have to Give Away Half Their Fortune», bloomberg.com, 6 de agosto de 2015.
27. Relatado a Cynthia Haller, junio de 2018.

28. cnbc.com/2017/02/07/ruth-bader-ginsburg-says-this-is-the-secret-to-living-a-meaningful-life.html.
29. Cynthia Haller, entrevista con John Nuness, julio de 2012.
30. Kenneth H. Blanchard y Spencer Johnson, *The One Minute Manager* (William Morrow & Co, 1982).
31. goodreads.com.
32. Kim Lacupria, «Single Mom at Pizza Hut Amazed When Stranger Pays Tab», Inquisitr.com, 28 de octubre de 2013.
33. *Idem.*
34. Stephen R. Covey, «Affirming Others», *Personal Excellence*, agosto de 1996, p. 1.
35. Will Allen Dromgoole, «The Bridge Builder», *Father: An Anthology of Verse* (EP Dutton & Company, 1931).
36. Relatado a Cynthia Haller, octubre de 2018.
37. Relatado a Cynthia Haller, abril de 2020.
38. coachwooden.com/the-journey.
39. John Wooden and Don Yaeger, *A Game Plan for Life: The Power of Mentoring* (Bloomsbury USA, 2009), pp. 3-4.
40. *Ibidem*, p. 13.
41. coachwooden.com/favorite-maxims.
42. Don Yaegar, success.com/article/mentors-never-die, 27 de agosto de 2010.
43. John Wooden y Don Yeager, *A Game Plan for Life*, p. 4.
44. The Abolition Project, «John Newton (1725-1807): The Former Slaver & Preacher», abolition, e2bn.org/people.
45. nfl.com/manoftheyear.
46. teamsweetness.com/wcpf.html.
47. Andie Hagermann, «Anquan Boldin: Named 2016 Payton Man of the Year», nfl.com, febrero de 2016.
48. *Idem.*
49. John Connell, *W.E. Henley* (Constable, 1949), p. 31.
50. *Idem.*
51. «The Good Guy», *People* Tribute Commemorative Issue: Paul Newman, 1925-2008, pp. 82, 88, 89.
52. newmansownfoundation.org (about-us, history, and mission).
53. holeinthewallgang.org/about.
54. «The Good Guy», p. 80.

55. Natasha Stoynoff y Michelle Tauber, «Paul Newman 1925-2008: American Idol», *People*, 13 de octubre de 2008, p. 63.
56. newmansownfoundation.org/about-us/timeline.
57. newmansownfoundation.org/about-us/total-giving.
58. newmanitarian.org.
59. Si visita newmansownfoundation.org, se sentirá inspirado por las historias dc filantropía, experiencias divertidas en campamentos y testimonios en video. Es posible encontrar fácilmente oportunidades para ofrecer su tiempo, habilidades o dinero como voluntario, en la medida de sus capacidades, en su propia ciudad o estado.
60. *People*, Edición Conmemorativa de Homenaje, p. 96.
61. «Meet the New Heroes», PBS, New York, 1 de julio de 2005.
62. «Muhammad Yunus-Biographical», nobelprize.org, 2006.
63. «Meet the New Heroes».
64. «World in Focus: Interview with Professor Muhammad Yunus», *Foreign Correspondent*, 25 de marzo de 1997.
65. Jay Evensen, «Muhammed Yunus Still Saving People One at a Time», *Deseret News*, 13 de marzo de 2013.
66. «Muhammad Yunus-Facts», nobelprize.org, 2006.
67. «Meet the New Heroes».
68. Evensen, «Muhammed Yunus Still Saving People».

Tercera parte. Contratiempos que cambian la vida

1. Jane Lawson, «Stephenie Nielson of NieNie Dialogues: Sharing Her Hope», ldsliving.com, julio/agosto de 2012.
2. Shana Druckman y Alice Gomstyn, «Stephanie Nielson's Story After Tragic Crash, Mom of Four Nearly Lost All», abcnews.go.com, 12 de mayo de 2011.
3. nieniedialogues.com.
4. Stephanie Nielson, Heaven Is Here (Hyperion, 2012), p. 308.
5. Lawson, «Stephanie Nielson of NieNie Dialogues».
6. *Idem.*
7. eji.org/cases/anthony-ray-hinton/.
8. Anthony Ray Hinton with Lara Love Hardin, *The Sun Does Shine: How I Found Life, Freedom, and Justice* (St. Martin's Press, 2018), pp. 104, 145.

9. *Ibidem*, p. 147.
10. *Ibidem*, p. xvi.
11. *Ibidem*, pp. 291-294.
12. abcnews.go.com/nightline/video/30-year-death-row-inmate-celebrates-days-freedom-30548291.
13. *Idem*.
14. Greg McKeown, *Essentialism: The Disciplined Pursuit of Less* (Currency, 2014), p. 36.
15. goodreads.com
16. Doug Robinson, «The Comeback Kid: After a Devastating Accident, Anna Beninati Finds Happiness», *Deseret News*, octubre de 2012.
17. «Teen in Tragic Train Accident: "I Remember Thinking I Was Going to Die"», today.com, 27 de enero de 2012.
18. goodreads.com.
19. elizabethsmartfoundation.org.
20. Elizabeth Smart y Chris Stewart, *My Story* (St. Martin's Press, 2013), pp. 25-50.
21. *Ibidem*, pp. 60-61.
22. *Ibidem*, p. 275.
23. Elizabeth Smart, oradora principal, Crimes Against Children conference, 2011, elizabethsmartfoundation.org.
24. Smart, *My Story*, p. 53.
25. goodread.com/quotes/80824-one-of-the-things-i-learned-when-i-was-negotiating.
26. «Biography of Nelson Mandela», nelsonmandela.org.
27. William Ernest Henley, «Invictus», Poetry Foundation.
28. Johann Lochner, «The Power of Forgiveness: Apartheid-era Cop's Memories of Nelson Mandela», cnn.com, 12 de diciembre de 2013.
29. Marcus Eliason y Christopher Torchia, «South Africa's First Black President Known for Role as Peacemaker», *Deseret News*, 6 de diciembre de 2013.
30. «Top 10 Nelson Mandela Quotes», movemequotes.com.
31. Eliason y Torchia, «South Africa's First Black President».
32. Dominic Gover, «Four Acts of Forgiveness That Sowed South Africa Path Away from Apartheid», ibmtimesco.uk, 6 de diciembre de 2013.

33. Eliason and Torchia, «South Africa's First Black President».
34. «Nelson Mandela Dead: Former South Africa President Dies at 95», *Huffington Post*, 23 de enero de 2014.
35. Nelson Mandela, *Long Walk to Freedom* (Back Bay Books, 1995).
36. Smart, *My Story*, pp. 285-286.
37. «Elizabeth Smart Relieves Kidnapping Ordeal at Mitchell Hearing», ksl.com (testimonio del tribunal).
38. Smart, *My Story*, p. 302.
39. daveskillerbread.com.
40. daveskillerbread.com/about-us.
41. Cynthia Haller, entrevista personal, octubre de 2019.
42. «His Tragic Loss Helps Others Gain Sight», cnn.com, cnn heroes, 15 de agosto de 2008.
43. «Dr. Chandrasekhar Sankurathri: A Real Hero», global1.youth_leader.org.
44. «His Tragic Loss Helps Others Gain Sight».
45. srikiran.org/about-us.
46. srikiran.org.
47. «Dr. Chandrasekhar Sankurathri: A Real Hero».
48. Frankl, *Man's Search for Meaning*, pp. 84-85, 88.
49. *Idem.*
50. «Does Every Cactus Bloom?», homeguides.sfgate.com/cactus-bloom-62730.html.
51. elizabethsmartfoundation.org.
52. Michael J. Fox, *A Funny Thing Happened on the Way to the Future* (Hyperion, 2010).
53. Amy Wallace, «Michael J. Fox's Recipe for Happiness», readersdigest.com, mayo de 2010, p. 83.
54. Chris Powell, «The Incurable Optimist», Costco Connection, noviembre de 2020, pp. 48-49.
55. *Idem.*
56. Cynthia Haller, entrevista, junio de 2016.
57. *Idem.*
58. goodreads.com/quotes/14830-these-are-the-times-in-which-a-genius-would-wish.
59. *Dead Poets Society* (Touchstone Pictures, 1989).
60. littlefreelibrary.org/ourhistory/.

61. Smith, Russell C, Foster, Michaell. «How the Little Free Library is Re-inventing the Library». huffpost.com/entry/little-free-library_b_1610026, 21 de junio de 2012.
62. littlefreelibrary.org/about/.
63. littlefreelibrary.org/todd-notice/.
64. daysforgirls/history.org.
65. daysforgirls/ourimpact.org.
66. *Camelot* (Warner Bros., 1967).
67. Danica Kirka, «Malala's Moment: Teenage Nobel Laureate Gives Primer in Courage and Peace», startribune.com, 10 de diciembre de 2014.
68. biography.com/activist/malala-yousafzai.
69. Baela Raza Jamil, ElenaBaela Raza, Matsui, Elena, y Rebecca Winthrop, Rebecca. «Quiet Progress for Education in Pakistan», brookings.edu, 8 de abril de 2013.
70. «Malala Yousafzai's Speech at the Youth Takeover of the United Nations», theirworld.org, 12 de julio de 2013.
71. nytimes.com/2014/10/31/world/middleeast/malala-yousafzai-nobel-gaza-school.html.
72. amberalert.ojp.gov/statistics.
73. Elizabeth Smart y Chris Stewart, *My Story* (St. Martin's Press, 2013). Epílogo.
74. elizabethsmartfoundation.org.
75. radKIDS.org/2018/07/2018-radKIDS-at-a-glance.
76. Elizabeth Smart with Chris Steward, My Story, p. 303.

Cuarta parte. La segunda mitad de la vida

1. Winston Churchill, *The Second World War* (Houghton Miflin, 1951).
2. Hans Selye, *The Stress of Life* (McGraw Hill, 1978), pp. 74, 413.
3. Suzanne Bohan y Glenn Thompson, *50 Simple Ways to Live a Longer Life* (Sourcebooks, Inc., 2005), p. 188.
4. Dan Buettner, «Find Purpose, Live Longer», *AARP The Magazine*, noviembre/diciembre de 2008.

5. Bohan y Thompson, *50 Simple Ways.*
6. Albin Krebs, «George Burns, Straight Man and Ageless Wit, Dies at 100», *New York Times*, marzo de 1996.
7. Shav Glick, «Hershel McGriff Finishes 13th at Portland», Espn.go.com, julio de 2009.
8. «Nominees Announced for Hall of Fame Class», hometracksnascar.com, febrero de 2015.
9. Glick, «Hershel McGriff Finishes 13th».
10. Buettner, «Find Purpose, Live Longer».
11. Robert Lee Hotz and Joanna Sugden, «Nobel Physics Prize Awarded to Trio for Laser Inventions», *Wall Street Journal*, octubre de 2018.
12. Allen Kim, «John B. Goodenough Just Became the Oldest Person, at 97, to Win a Nobel Prize», cnn.com, octubre de 2019.
13. Bill Gray, «Making Deals, Irma Elder: The Businessperson», *AARP The Magazine*, noviembre/diciembre de 2007.
14. Bill Gray «They Got Game», *AARP The Magazine*, noviembre/ diciembre de 2007, p. 58.
15. Cynthia Haller, entrevista, mayo de 2021.
16. Cindy Kuzman, «Barbara Bowman's Tips for Living to 90», chicagomag.com, 28 de enero de 2019.
17. *Idem.*
18. goodreads.com/quotes/649680-this-is-the-true-joy-in-life-being-used-for.
19. Warren Bennis, «Retirement Reflections», *Personal Excellence*, julio de 1996.
20. Cynthia Haller, entrevista con Crawford y Georgia Gates, 2015.
21. Laura Landro, «How to Keep Going and Going», *Book Review*, marzo de 2011.
22. Beth Dreher, «For a Long Life, Watch Your Attitude», *Health Digest*, resumido por readersdigest.com, marzo de 2011.
23. Amy Norotney, «The Real Secrets to a Longer Life», *Monitor. American Psychological Association*, diciembre de 2011.
24. «Secrets to Longevity: It's Not All About Broccoli», entrevistas con el autor, NPR Books, npr.org, 24 de marzo de 2011.
25. Elbert, Sarah. «Step in Time». *Renew*, noviembre de 2016.
26. Dreher, «For a Long Life».

27. Norotney, «The Real Secrets».
28. Marjorie Cortez, «Activities, Art Aid Senior's Health», dn.com, noviembre de 2007.
29. Julie Andrews, «I Went into a Depression-It Felt Like I'd Lost My Identity», *AARP: The Magazine*, octubre/noviembre de 2019.
30. Alynda Wheat, «Julie Andrews: 'Losing My Voice Was Devastating», people.com, 20 de marzo de 2015.
31. Andrews, «I Went into a Depression».
32. Katherine Bouton, «80 Years, a Longevity Study Still Has Ground to Cover», *New York Times*, 18 de abril de 2011.
33. National Science Foundation, «Staying Alive: That's What Friends Are For», usnews.com, 29 de julio de 2010.
34. Bouton, «80 Years».
35. «Work and Retirement: Myths and Motivations-Career Innovations and the New Retirement Workscape», imagespolitico.com, 4 de junio de 2014.
36. Cathy Allredd, «Lady of Legacy: Lehi-Rippy Family Literacy Center Founder Dies», heraldextra.com, 15 de febrero de 2014.
37. «Hesther Rippy», Pointoflight.org, 17 de diciembre de 2003.
38. lehi-ut.gov/recreation/literacy/about-us/.
39. Lois Collins, «Pamela Atkinson Is Welcomed Among Kings and Paupers», *Deseret News*, 2 de octubre de 2010.
40. Kim Burgess, «Pamela Atkinson», *Community Magazine*, 2010.
41. Devin Thorpe, «13 Lessons from a Great Social Entrepreneur», forbes.com, 20 de septiembre de 2012.
42. Cynthia Haller, entrevista con Romana, mayo de 2014.
43. Tonya Papanikolas, «A Show of Love», dn.com, 6 de febrero de 2007.
44. Andrew Marshall, «Group Sews Humanitarian Items for Kids», *Deseret News*, 2010.
45. Cynthia Haller, entrevista, octubre de 2010.
46. Suzanne Bohan and Glen Thompson, *50 Simple Ways to Live a Longer Life* (Sourcebooks, Inc., 2005), pp. 43-44.
47. *Magnificient Obsession*. Universal International Technicolor, 1954.

48. Matthew 6:1, King James Version.
49. William Shakespeare, Sonnet 29, *The Complete Works of William Shakespeare* (Avenel Books), p. 1196.
50. Linda y Richard Eyre, *Life in Full: Maximizing Your Longevity and Your Legacy* (Famillus, LLC, 2015).
51. Linda y Richard Eyre, «Ignore Those Old Clichés About Aging», *Deseret News*, 21 de octubre de 2015.
52. theeyres.com.
53. Linda y Richard Eyre, «Ignore Those Old Clichés About Aging».
54. Cynthia Haller, entrevista, octubre de 2019.
55. passion.com/inspirational-quotes/4244-a-hundred-years-from-now-it-will-not-matter.
56. brainyquote.com/quotes/george_bernard_shaw_103422.
57. Harold Kushner, *When All You've Ever Wanted Isn't Enough: The Search for a Life that Matters* (Fireside, 1986), p. 18.
58. Steve Hartman, «Couple Who Restores Musical Instruments Has Given Away Hundreds to Rochester Students», cbsnews.com, 13 de diciembre de 2019.
59. «Why Keep Going?», Question and Answer, Renew by UnitedHealthcare, 2015.
60. Viktor Frankl, *Man's Search for Meaning* (Simon & Schuster, 1984), p. 113.
61. Robert Ryland Thompson, «In Search of a Logo», *Personal Excellence*, noviembre de 1996, p. 2.
62. biography.com/us-president/jimmy-carter.
63. biography.com/us-first-lady/rosalynn-carter.
64. «Rosalynn and Jimmy Carter Center: 2020 Habitat for Humanity Work Project to Take Place in Dominican Republic», habitat.org, 11 de octubre de 2019.
65. Jimmy y Rosalyn Carter, *Everything to Gain: Making the Most of the Rest of Your Life* (Thorndike Press, 1988).
66. *Idem.*
67. azquotes.com/quote/203937.
68. Nanci Hellmich, «How to Make a Smooth Transition to a New Life», *USA Today*, 19 de mayo de 2015.
69. nyam.org/news/article/nyam-president-dr-judith-salerno-discusses-covid-19-response-inside-edition/.

70. nyam.org/news/article/dr-judith-salerno-discusses-covid-19-response-goo-morning-america/.
71. Salena Simmons-Duffin, «States Get Creative to Find and Deploy More Health Workers in COVID-19 Fight», npr.org, 25 de marzo de 2020.
72. Simmons-Duffin, «States Get Creative».

CONCLUSIÓN

1. quotefancy.com/quote/926564 /Victor-Hugo-The-nearer-I-approach-the-end-the-plainer-I-hear-around-me-the-immortal.
2. genius.com/Andrew-lloyd-webber-those-canaan-days-lyrics.
3. rottentomatoes.com/m/1021312_three_amigos/quotes?#:Lucky Day%3A In a way, who wants to kill us.
4. bridleuphope.org.
5. bridleuphope.org/shop.
6. Cynthia Haller, entrevista con Sean Covey, noviembre de 2015.

Sobre los autores

Reconocido como uno de los 25 estadounidenses más influyentes por la revista *Time*, Stephen R. Covey (1932-2012) fue una autoridad, respetada internacionalmente, en el tema de liderazgo, experto en familias, maestro, consultor organizacional, líder empresarial y autor. Sus libros han vendido más de 40 millones de copias (impresas, digitales y de audio) en más de cincuenta idiomas en todo el mundo, y *Los 7 hábitos de la gente altamente efectiva* fue nombrado el libro de negocios más influyente del siglo XX. Después de recibir un máster de la Universidad de Harvard y un doctorado por la Universidad Brigham Young, se convirtió en cofundador y vicepresidente de FranklinCovey, la empresa de liderazgo más confiable del mundo.

Cynthia Covey Haller es autora, maestra, oradora y participante activa en su comunidad. Ha contribuido a la redacción de varios libros y artículos, en particular *La 3.ª alternativa,* de Stephen R. Covey, *Los 7 hábitos de los adolescentes altamente efectivos* y *Las 6 decisiones más importantes de tu vida*, ambos de Sean Covey. Cynthia ha ocupado múltiples puestos de liderazgo en organizaciones de mujeres; se desempeñó como presidenta de la Asociación de Padres y Maestros, como organizadora de ayuda para refugiados y voluntaria para proveer despensas de alimentos. Actualmente, trabaja con su esposo, Kameron, como voluntaria en apoyo a las necesidades de desempleo. Se graduó de la Universidad Brigham Young y vive con su familia en Salt Lake City, Utah.

Durante casi tres décadas, FranklinCovey Education, una división de FranklinCovey, ha sido uno de los proveedores de programas de liderazgo educativo y procesos de transformación más destacados y confiables del mundo. Nuestra misión es permitir la grandeza en estudiantes, maestros y escuelas en todas partes. El equipo de FranklinCovey Education está compuesto principalmente por destacados exmaestros y administradores de varios niveles educativos y entidades.

FranklinCovey es una empresa pública mundial que se especializa en la mejora del rendimiento. Ayudamos a organizaciones e individuos a lograr resultados que requieren un cambio en el comportamiento humano. Nuestra experiencia se enfoca en siete áreas: liderazgo, ejecución, productividad, confianza, desempeño de ventas, lealtad del cliente y educación.

Para obtener más información sobre el programa *Leader in Me* u otras ofertas de FranklinCovey Education, puede contactarnos en:

educate@franklincovey.com
800-236-5291
LeaderinMe.org